Über das Buch:
DJs sind heute schon viel mehr als bloß die Popstars des 21. Jahrhunderts. HipHop, Reggae, House und Techno liefern weltweit die Mythen für die Clubgeneration. Stets im Zentrum des Geschehens: Zwei Plattenspieler, ein Mischpult. Und eben Menschen. „From Skratch" macht sich auf die Suche nach der Magie vor und hinter der DJ-Kanzel. In anschaulicher und verständlicher Form werden Geschichten, Methoden, Techniken und geschäftliche Prinzipien der DJ-Musik erläutert. International hochgeschätzte DJs aus den USA, England, Deutschland und Frankreich erzählen ihren persönlichen DJ-Entwurf „von Anfang an".
Tragende Figuren wie Jeff Mills, David Rodigan, Westbam, Kemistry&Storm, Assault, Gilles Peterson, John Acquaviva, Cristian Vogel, Norman Jay, Deep, Grandwizard Theodore, Claude Young, Invisbl Skratch Piklz und die X-Ecutioners öffnen ihre Plattenkisten. Zusammen mit renommierten Fachleuten aus Technik, Recht und Business zeigen sie, was es alles an Grundlagen und Fingerfertigkeiten braucht, damit es auch morgen noch heißen kann: „Last night a DJ saved my life".
„From Skratch" ist die inhaltliche Essenz der vielbeachteten „Red Bull Music Adademy" in Berlin. 336 Seiten, über 100 Abbildungen stark. Kurzum: Das Buch zum Mitreden.

Die Autoren:
Ralf Niemczyk schreibt seit 1982 für Underground- und Mainstream-Zeitschriften über Musik, Popkultur, Sport und Stadtplanung. Gegenwärtig arbeitet er als freier Autor und Media Consultant in Köln. Im Frühjahr 1999 veröffentlichte er zusammen mit den Fantastischen Vier „Die letzte Besatzermusik – Die Autobiographie".
Torsten Schmidt, Weltmeisterjahrgang 1974, widmet sich zeitgenössischem Unfug. Lange verantwortlicher Redakteur der Magazine Groove und Spex, sortiert er heute als Media Assassin seine Plattensammlung in Köln und studiert in Frankfurt am Main. Als DJ ist er Gründungsmitglied des notorischen Championlover Soundsystems.

FROM SKRATCH
Das DJ Handbuch

**Ralf Niemczyk und
Torsten Schmidt**

Kiepenheuer & Witsch

Originalausgabe

3. Auflage 2002

© 2000 by Verlag Kiepenheuer & Witsch, Köln
Alle Rechte vorbehalten. Kein Teil des Werkes darf in irgendeiner Form
(durch Fotografie, Mikrofilm oder ein anderes Verfahren) ohne schriftliche
Genehmigung des Verlages reproduziert oder unter Verwendung elektronischer
Systeme verarbeitet, vervielfältigt oder verbreitet werden.
Umschlaggestaltung: Cornel Windlin, Zürich
Illustration: Adi Ehrat/Grafikstudio
Tag: Torsten Schmidt
Typografie: Katja Taubert, Köln
Gesetzt aus der 9/13° ITC Usherwood
Satz: Greiner & Reichel, Köln
Druck und Bindearbeiten: Clausen & Bosse, Leck
ISBN 3-462-02909-6

„Ich liebe es, wenn man eine Platte auflegt
und in der Rille knistert's wie Schinken
in der Pfanne."

Grandwizard Theodore

Inhalt

„From Skratch"
Eine Einleitung 13

SOUNDS & GESCHICHTE 17

„Je älter der Mond, desto heller scheint er"
Dancehall, Dub, Reggae an' Tings mit *David Rodigan* 19

„Keine Blockparty ohne Laternenpfahl"
Grandwizard Theodore, der Erfinder des Scratches 33

„Been there, done that"
Norman Jay und das Leben als ewiger Soulboy 49

„Wein, Weib und Gesang"
Das $^4/_4$-Prinzip, vorgelebt von *John Acquaviva* 65

„Dies ist Disko Deutschland"
Westbam zwischen Record Art und Celebration Generation 79

„Underground im Nadelstreifen-Anzug"
Das Techno-Konzept: *Jeff Mills* 93

„Hardcore U Know The Score"
Kemistry & Storm, die integrativen Großdamen
des Drum'n'Bass 109

„Meine Maschine groovt anders"
Cristian Vogel – Wege aus der digitalen Langeweile 125

„Ein Amerikaner in Paris"
DJ Deep: Ein Leben für die Leidenschaft House **139**

„Arsenal & Ambitionen"
Gilles Peterson bringt den Jazz auf die Straße **151**

„Detroits tiefster Bass"
Aus dem Kofferraum von DJ Assault **165**

„Plattenspieler zu Orchestern"
Von HipHop zum Turntablism mit den X-Ecutioners **177**

TECHNIK & SKILLS 187

„Hallo, Echo"
Akustik, Klang und Wahrnehmung von Elmar Krick **191**

„In der Rille liegt die Kraft"
Eine Kleine Platten- und Nadelkunde von Sascha Vogt und
Peter Undersander **205**

„Mischpulte und ihr Innenleben"
Von den Reglern, die man braucht, um den Shit tight zu machen von
Dirk Linneweber **211**

„On the wheels of steel tonight we have ..."
Aufstellen, Einstellen, Anschließen, Markieren –
Die Vorbereitungen **219**

„Get Retarded"
Kleine Fingerübungen für große Meister
mit den X-Ecutioners und Invisbl Skratch Piklz **223**

RECHT & GESCHÄFT

„Letzter Aufruf für Flug LH 400 nach New York"
Lokale Helden, internationale Bookings **245**

„Die Weißmustermaschine"
Erste Gehversuche auf dem Weg zur eigenen 12-inch **251**

„Wir sehen uns vor Gericht"
Einführung in das Urheberrecht: Royalties, Samples und
Remixes von *Sascha Lazimbat & Kristina Ehle* **257**

„Wo soll ich unterschreiben?"
Im Bett mit der Industrie **281**

Bonus-Cut:
Die wichtigsten Vertragsarten und ihre Hürden
von *Sascha Lazimbat & Kristina Ehle* **287**

„Downloading at 6.7 k/sec, 30 secs remaining"
Zukunftsbiz zwischen Vinyl und Internet **299**

Tracks **303**

Compilations **313**

Bücher **315**

Dank **322**

Glossar **325**

Register **327**

Bildnachweis **335**

From Skratch ...

Das Bild des DJs präsentiert sich heute trotz aller Erfolge der Clubkultur genauso uneinheitlich wie in den Jahrzehnten zuvor. Dieselben DJs, die auf Open-Air-Veranstaltungen wie der Love Parade oder dem Notting Hill Carnival ein Millionenpublikum verzücken, schlagen sich durchaus auch mal vor 20 Leuten die Nacht im Club um die Ohren. Da ergeht es ihnen nicht anders als dem ambitionierten Plattenliebhaber, der für ein paar Bier und fünfzig Mark Handgeld die abendliche Kneipen-Beschallung übernimmt. In seiner übergeordneten Bedeutung für das aktuelle Popgeschehen allerdings hat der DJ längst mit dem Musiker klassischer Prägung gleichgezogen. Seine Funktionen dabei sind vielfältig. Die Künstler- und Produzentenrolle fällt in einer Person zusammen. Er beherrscht sein Instrument, den Plattenspieler, und hat seinen Soundentwurf als Matrix im Kopf, die „nur noch" digital umgesetzt werden muss. Oftmals in endloser Kleinarbeit.

Der interessierte Betrachter steht oft ein wenig hilflos vor den Gattern dieser komplexen Welt und bittet um Einlass. Genau hier, am Anfang, setzt „From Skratch – Das DJ-Handbuch" an. Aber: Lässt sich DJ-Musik überhaupt in ihrer gesamten technischen und kulturellen Spannbreite angemessen vermitteln? Ist es möglich, von den Erfahrungen zu lernen, die sich jahrelang in Clubs und Heimstudios, in Presswerken und Labelbüros angesammelt haben? Die spontane Antwort kann nur „Ja, ja ... deine Mudder" lauten, um es mit Fünf Sterne deluxe zu sagen. Dennoch. Die Idee, einige Antworten auf all jene Fragen zu liefern, die sich im ständigen Wettbewerb um Coolness und Popwissen niemand mehr zu stellen traut, erschien reizvoll.

Erste Ergebnisse dieser Überlegungen wurden im April 1998 in einer umgebauten Fabriketage im Berliner Stadtteil Friedrichshain präsentiert. Die Red Bull Music Academy führte hier in zwei 14-tägigen Blöcken jeweils 25 Nachwuchs-DJs aus dem gesamten deutschsprachigen Raum mit den Branchenprofis zusammen. Internationale Stars erzählten nicht nur ihre persönliche Geschichte hinter den Plattentellern, sondern streiften gleichzeitig die wichtigsten Stationen „ihres" favorisierten Musikstils. Spezialistentum mit Scheuklappen gegenüber den anderen Genres war dabei genauso wenig gefragt wie die einseitige Beschränkung auf handwerkliche Fähigkeiten am Mischpult. Es ging um das gesamte Bild. Und zum Alltag eines DJs gehören eben gewisse Grundkenntnisse aus den Bereichen Technik, Recht und Geschäft. Zumindest sollte man mal davon gehört haben. Mit der gleichen Konzeption wandte sich die Music Academy im Juni 1999 an internationale Teilnehmer aus neun europäischen Ländern. Das DJ-Prinzip geriet zur grenzüberschreitenden Erfahrung: „Was läuft bei euch in Prag, wie ist es in Antwerpen?"

Das vorliegende Buch greift auf das Material und die Ergebnisse der beiden Berliner Veranstaltungen zurück. In der konkreten Situation vor Ort wurde die Teilnehmerzahl bewusst beschränkt, um ein konzentriertes Arbeiten zu gewährleisten. Die reichhaltige Information aber, die sich in den Vorträgen und Workshops angesammelt hatte, sollte nicht verloren gehen. Die Idee einer kompakten Materialsammlung mit Handbuch-Charakter war geboren. Zur Inspiration, zum Nachschlagen und Herumschmökern. Und damit hier direkt zu Beginn keine falschen Vorstellungen aufkommen: „From Skratch" ist keine Berufs- oder Lebenshilfe nach dem Motto „in sechs Monaten zum DJ-Star". Genauso wenig ist die Red Bull Music Academy davon ausgegangen, auch nur annähernd fertige Profis mit Diplom und Auszeichnung zu schaffen. Wie in allen schöpferischen Bereichen kann Wissensvermittlung oder gar „Ausbildung" in der Popkultur immer nur eine strukturierte Anregung für die eigene Praxis sein. Auch in Zukunft wird die elektronische Tanzmusik als Ergebnis ungeregelter Prozesse und Deals munter weiter wuchern. Keine leichte Situation für Neu- und Quereinsteiger, wenn es darum geht, erst einmal die grundsätzlichen Fragen in dieser großen Unübersichtlichkeit zu klären. Was sich die Vorgänger aus dem Nichts erarbeitet haben, verlangt heute bereits nach Vermittlung. Eine Aufgabe für „From Skratch".

Die nachfolgenden Interviews mit zwölf internationalen DJs (bzw. DJ-Teams) machen deutlich, wie die stilistische Vielfalt im Dancefloor-Bereich entstanden ist. Vieles musste durchgesetzt und erkämpft werden. Gegen Clubbesitzer, Jazz-Puristen oder rockende Anhänger der „Disco-Sucks"-Bewegung. So unterschiedlich diese Biografien auch sein mögen, machen sie doch deutlich: Unterhalten zu wollen ist beim DJing genauso wichtig wie die Fortentwicklung des eigenen Stils. Oft führen Überraschungen und interessierte Blicke über den Plattentellerrand hinaus weiter als stumpfes Beharren auf dem einmal gefundenen Erfolgsmodell. Gerade heute scheint es ungemein wichtig, sich mit offenen Ohren über die Zersplitterung der Szenen und Subszenen hinwegzusetzen.

Das Kapitel „Technik & Skills" behandelt dagegen grundsätzliche Fragen: physikalische Grundlagen, Equipment sowie Tricks an Plattenspielern und Reglern. Kurzum: ein paar Fingerübungen zum Ausprobieren und Trainieren. Zusammengestellt mit der festen Überzeugung, dass handwerkliche Fähigkeiten zwar längst nicht alles sind, sie aber manch schönen Moment in einem DJ-Set noch verstärken können. Sachen zum Nachmachen wie in einem Kochbuch. Wobei man nie vergessen sollte, dass man auch nicht sofort ein erfolgreiches Restaurant eröffnet, wenn einem zum dritten Male hintereinander ein Coq au Vin gelingt.

Die Sektion „Geschäft & Recht" vermittelt schließlich einen Überblick, in welchem ökonomischen Rahmen sich DJ-Musik heute abspielt. Wer den Schritt zur eigenen Produktion erst einmal gewagt hat, findet ein kleinteiliges Netzwerk aus Labels, Bookern, Agenturen, Vertrieben und Zeitschriften vor, das weit hinein in die Unterhaltungsindustrie reicht. Die Branche selbst befindet sich in einer nachhaltigen Umbruchsituation. Ausgang noch ungewiss. Niemand kann gegenwärtig sagen, wie stark das Internet die Vertriebs- und Verwertungskanäle der Zukunft prägen wird.

Eines steht jedoch fest: DJs sind heute schon viel mehr als bloß die Popstars des 21.Jahrhunderts. Die unterschiedlichen Genres liefern weltweite Mythen für die Clubgeneration. Stets im Zentrum des Geschehens: zwei Plattenspieler, ein Mischpult. „From Skratch" macht sich auf die Suche nach der Magie vor und hinter der DJ-Kanzel. Und die kann, bei aller hier geleisteten Starthilfe, nur von den Menschen selbst geschaffen werden.

Köln am Rhein im November 1999
Ralf Niemczyk und Torsten Schmidt

SOUND & GESCHICHTE

„Je älter der Mond, desto heller scheint er"

DANCEHALL, DUB, REGGAE AN' TINGS MIT *DAVID RODIGAN*

Ein Leben für die Musik aus der Karibik. Wenn David Rodigan hinter seinem Mischpult auf- und niederspringt, dabei unermüdlich 7-inches oder Dubplates aus seinem Koffer fischt, ist seine Passion und Energie im ganzen Club zu spüren. Der am 24. Juni 1951 geborene Sohn eines schottischen Berufssoldaten und einer irischen Mutter stieß 1966 in der Nähe von Oxford auf Ska und Bluebeat. Seitdem ist er der reichhaltigen Geschichte der jamaikanischen Sounds aufs Engste verbunden geblieben. Ob als Radiomoderator bei diversen Sendern (u. a. elf Jahre „Roots Rockers" bei Capitol Radio, dazu „Rodigan's Rocker" auf BFBS und mehrere Shows bei Londons Kiss 100 FM), oftmaliger Gast Jamaikas oder als Selector auf ungezählten Soundclashes und Dances. Im Gespräch mit Torsten Schmidt ließ er am 14. Juni 1999 das nachhaltige Erbe der westindischen Insel und dessen besondere Rolle für die DJ-Musik Revue passieren.

Du reist durch die Dancehalls dieser Welt und stehst dabei im Wettbewerb mit DJs und Musikern, die gerade mal halb so alt sind. Wie fühlst du dich dabei?
Mich kümmert das nicht. In Jamaika gibt es den Spruch: Je älter der Mond, desto heller scheint er. Ich kann einfach nicht anders. 1966 habe ich mir die ersten Reggae-Platten gekauft. Seitdem lebe ich für sie. Auch mit 48 gehe ich noch begeistert in die Plattenläden und suche nach neuen Sounds und Entwicklungen. Mit meiner Beute sitze ich dann daheim in meinem Studio, das zu Kinderzeiten mal mein Schlafzimmer war, und freue mich über jeden Ton. Das ist mein höchstes Erlebnis, meine Abfahrt. So gesehen ist in den letzten 30 Jahren eigentlich alles gleich geblieben, und mein Alter kann ich nun mal nicht ändern. Ich liebe diese Platten und fühle mich regelrecht privilegiert, mich auch weiterhin so intensiv damit beschäftigen zu können.

Hast du als weißer Europäer jemals Unterschiede oder gar
Widerstände in dieser Szene verspürt?

1979 war ich zum ersten Mal in West Kingston, und viele Leute dort hatten noch nie einen Weißen in ihrem Viertel gesehen. Ich muss gewirkt haben wie eine Erscheinung. Hätte ich jedes Mal einen Penny dafür bekommen, wenn jemand „weißer Mann" sagte, wäre ich reich geworden. Die Kids liefen auf die Straße, schauten ungläubig und riefen „Weißer Mann". Die Armut in Kingston war unglaublich. Prince Lincoln lebte mit seiner Familie in einer Art Gartenhütte aus groben Steinbrocken. Im Gegensatz dazu die Situation in Uptown, wo es kübelweise Geld gibt. Die soziale Diskrepanz dort ist extrem. Zurück im Hotel fragte mich der Portier: „Wo warst du heute?" „Waterhouse", antwortete ich, und der Typ war völlig perplex. Es heißt ja, Liebe macht blind. Ich liebe diese Musik, und so habe ich mir nie Gedanken gemacht, was mir in diesen Vierteln hätte passieren können. Klar habe ich davon gehört, dass Leute ausgeraubt oder angemacht worden sind. Doch ich lief im T-Shirt und meinen alten Armeehosen herum und habe Leute getroffen, die sehr freundlich waren. Ich hatte zwar 1978 gerade mit dem Radio bei BBC London angefangen, doch bis auf einige musikbedingte Anlaufstellen kannte ich niemanden in Jamaika.

In Soundclashs geht es auch oft darum, das gegnerische Soundsystem
mit Worten fertig zu machen. Hattest du dabei jemals Probleme, weil
du weiß bist?

Eher selten. Ironischerweise werden Crews, die es darauf anlegen, meist selbst von einem schwarzen Publikum ausgebuht. Zum Beispiel 1993 in Miami, ein Riesending mit 2500 Leuten, und ich war nervös wie ein Kind. Schließlich ging es gegen den großen Waggy T und sein Team. Ähnliches ist mir schon vorher mit anderen Selectors passiert, die ebenfalls weggegrölt wurden. Das Publikum mochte diese Anmache „er ist weiß, ein alter Sack und hat 'ne Glatze", oder „Rodigan du weißärschige Hure, hau ab, verpiss dich" einfach nicht. Offenbar hatten diese Crews bei den Soundclashs schlichtweg die falsche Karte gezogen.

Wie ist die leidenschaftliche Beziehung zu dieser Musik entstanden?

Meine Liebe zu Jamaika erblühte in einem Kaff in Oxfordshire. Ausgerechnet dort. Eines Tages entdeckte ich die Piratenstation Radio Caroline auf der Skala. Ihr Sender funkte angeblich von einem Nordsee-Schiff, was ich sehr spannend fand. Der Sound, den ich bereits bei meinen Klassenkumpels gehört hatte, die sich gelegentlich im kleinen westindischen Viertel von Oxford herumtrieben, nannte sich Ska. Ich war total fasziniert, obwohl ich die Texte durch das Patois kaum verstanden habe. Ich habe mich immer gewundert, woher diese Sprache stammte, denn einige Worte klangen schon irgendwie englisch, manche französisch oder gar afrikanisch. Die Eltern meiner Freunde erteilten mir dann erste karibische Lektionen. Irgendwann erfuhr ich, dass die Radiostation WINZ, die aus Florida hinüberstrahlte und außerordentlich beliebt war, die heutige Musik Jamaikas ungemein beeinflusst hat. Damals existierte dort – von Calypso und Mento mal abgesehen – noch keine eigenständige Musikproduktion. WINZ spielten Rhythm'n'Blues, was die Jamaikaner kurzerhand Blues nannten. Einige Fanclubs dieser Musik besorgten sich die entsprechenden Platten in Amerika und gründeten eigene Soundsystems. Pioniere wie Clement „Sir Coxsone" Dodd oder V-Rocket montierten einfach Lautsprecher so groß wie Wandschränke auf gerade noch fahrtüchtige LKWs und zogen mit diesen mobilen Discos durch die Gegend, um amerikanischen Rhythm'n'Blues zu spielen. Die Soundsystem-Macher ignorierten den immer stärker aufkommenden Rock'n'Roll. Auf ihren USA-Reisen besorgten sie sich stattdessen Soul-Scheiben, von denen sie Label und Titel abkratzten, Fantasienamen wie „Coxsone's Hop" draufschrieben und so als rare Entdeckungen ausgaben. Auf diese Weise wurde der DJ-Exklusivitätswahn geboren, der in regelrechten Soundsystem-Schlachten nach dem Motto „ich spiele etwas, was du nicht kennst" ausgefochten wurde. Jedes Soundsystem, kurz Sound genannt, strebte nach einem Programm, das es nirgendwo sonst zu hören gab. Diese Idee des Clash wurde zu einem außerordentlich wichtigen Bestandteil der jamaikanischen Musik.

Wie hat man sich eine solche Veranstaltung vorzustellen?
Zu den großen Namen zählten damals DJs wie King Stitt, King Sporty und später U-Roy, die wortgewaltig über die neuen Platten schwadronierten oder das Publikum per Mikrofon anspornten. Der Selector, also der DJ nach unserem Verständnis, stoppte die laufende Platte, drehte sie herum oder nahm sie mit einer Hand vom Plattenspieler und legte eine neue mit der anderen nach. Das ging alles so schnell, dass es fast wie ein Mix wirkte. Sie hatten unglaubliche Tricks drauf, als würden die Scheiben an ihren

Fingern kleben. Diese Mischung aus Moderation und ständigem Plattenwechseln war die Geburtsstunde von DJ-Musik. Lange bevor sie in die Studios getragen wurde. Von diesem recht eigenwilligen Umgang mit amerikanischer Musik ließen sich auch eine Hand voll Musiker beeinflussen, die recht bald als The Skatalites stilprägend werden sollten. Ihre Musik war der „scat", und das Wort selbst wurde zum Sound. The Ska nannte sich auch der entsprechende Tanz, der von Energie und Wahnsinn lebte. Man konnte den treibenden Rhythmus regelrecht spüren. Die maßgeblichen Ska-Jahre dauerten von 63 bis Anfang 66. Damals wanderten viele Jamaikaner nach England aus, und in London und den Industriestädten bot man ihnen jene Jobs an, welche die Engländer nicht mehr machen wollten. Sie kamen massenhaft und brachten ihre Musik mit. Doch es gab keine Orte, wo man diese Musik hören konnte, also fanden diese Blues-Dances in Kellern von Wohnhäusern statt. Ähnlich wie Jahrzehnte später Ladenlokale oder Industriehallen in Ost-Berlin für Clubs vereinnahmt wurden, machten es die Jamaikaner im Brixton der Sechziger.

Einen bemerkenswerten Weg nahm „My Boy Lollipop" von der US-Sängerin Barbie Gayle. Die jamaikanische Coverversion dieser überaus populären Platte wurde zum Grundstein von Island Records, dem wichtigsten Reggae-Label der Welt. Gründervater Chris Blackwell war geborener Jamaikaner mit englischen Eltern, der in Harrow die Schule besuchte und dann nach Jamaika zurückging, wo er 1964/65 Island gründete, um jamaikanische Musik nach England zu exportieren. Es war damals unmöglich, solche Musik auf einem Major-Label zu veröffentlichen. Blackwell überzeugte Philips Records, zumindest den Vertrieb zu übernehmen, und prompt schoss sie in die britischen Popcharts. Dieser neue Stil wurde schnell als Bluebeat bekannt, weil ein älterer jüdischer Herr, der gute Verbindungen zu wichtigen Figuren wie Prince Buster hatte, auf seinem Blue-Beat-Label ebenfalls Ska-Platten aus Jamaika veröffentlichte. Die neue Version von „My Boy Lollipop" stammte von einem jungen Schulmädchen namens Millie, die in der Fernsehshow „Ready, Steady, Go!" auftrat, wo alle meine R'n'B-Favoriten wie James Brown oder The Ronettes schon gespielt hatten. Ich durfte damals aufbleiben und mir die Show im Schlafanzug anschauen. Ein unvergesslicher Augenblick, als sie auf die Bühne trat, Lollis lutschte und ringsherum tanzten gestylte Mod-Typen in Anzügen.

Mit Ska und Bluebeat hatte sich Jamaika seinen eigenen R'n'B geschaffen, und die bisherigen Soundsystem-Betreiber Dodd und Reid erkannten den enormen Bedarf für Aufnahmekapazitäten. Auf der ganzen Insel gab es nur ein einziges Studio, das ursprünglich in staatlicher Trägerschaft war. Manchmal wurden neue Songs auch in lokalen Radiostationen produziert, aus denen dann ein sog. *softwax*, heute bekannt als Dubplate, hergestellt wurde. Duke Reid war zum umtriebigen Geschäftsmann geworden, der sein Treasure Island Studio einfach auf das Dach seines Schnapsladens an der Bond Street in Downtown Kingston setzte. Er schuf dort oben einen wundervollen Bass-Sound, den das Drum-and-Bass-Duo der Skatalites Lloyd Knibbs und Lloyd Brevett wesentlich mitprägte. Ihr Rhythmus trieb diese Musik voran. Eine frühe, außerordentlich populäre Ska-Einspielung hieß „Carry go bring come", ein Musterbeispiel an Energie and treibender Kraft.

Der Begriff „Carry go bring come" hat in der jamaikanischen Musik eine ganz bestimmte Bedeutung. Es geht darum, Geschichten zu erzählen ...

Ganz genau. Gerüchte werden herumgereicht. Man erzählt sie, hört zu, trägt sie irgendwohin weiter, redet über anderer Leute Geschäfte oder zerreißt sich das Maul darüber. Ab 1966 änderte sich die Stimmung. Es war ein extrem heißer Sommer, und das Publikum wollte offenbar einen ruhigeren Beat. Ein Riddim voller Harmonie und Lieblichkeit, der später einmal Rocksteady heißen sollte, wurde immer beliebter. Die tiefen, schweren Basslinien aus Reids hölzernem Studio stehen exemplarisch für die Ablösung des eher hektischen Ska-Sounds früherer Jahre. Wenn Duke Reid und sein Soundsystem diese Melodien in den Dancehalls spielten, sah man zig hundert Raver in kurzen Hosen und Turnschuhen, die erst spätabends zusammenkamen und bis in den frühen Morgen tanzten. Ein führender DJ dieser Jahre hieß U-Roy, der beim Dickie's-Dynamic-Soundsystem toastete und irgendwann von einem genialen Tüftler namens King Tubby entdeckt wurde. Über die Verbindung zu Duke Reid und seinen Rocksteady-Rhythmen ergab sich ein Aufbruch in völlig neue Musikwelten. King Tubby baute Ende der Sechziger seine eigenen Verstärker und Lautsprecher. Er war ein Elektronik-Genie. Ich hatte das große Glück, ihn 1979 in seinem Studio in Waterhouse zu treffen. Ich fühlte mich wie auf einer Pilgerreise zu einem Mann, der die jamaikanische Musik entscheidend verändert hat. Mit ihm begann das Konzept der Versions. Und damit die Zerstörung klassischer Stücke durch Filter, Echos und massiven Einsatz von Bässen. Die Dub-Version entstand, klassische Rocksteady-Nummern wurden in ihre Bestandteile zerlegt und als Instrumentals neu eingespielt. Tubby machte die unglaublichsten Dinge mit seinem selbst gebastelten Equipment, das er im Herzen des Ghettos in West Kingston in einem abgerissenen Flachbau installiert hatte. Der Sound kam aus acht enormen Boxen, und ein Wandschrank war zum Gesangsstudio umfunktioniert. Wenn die Einspielung lief, musste der Aufnahmestart immer angesagt werden: „Kann ich ein Rotlicht haben?" Und der Toningeneur sagte: „Rotlicht" und fuhr die Bänder ab. Alles war improvisiert, trotzdem stellte er mit den Riddims, die ihm die Musiker der ganzen Insel brachten, bahnbrechende Verfremdungen an. Er benutzte 1979 bereits ein selbst konstruiertes Mobiltelefon, eine Art aufgemotztes Funkgerät, wenn er mit seinem Lieferwagen durch West Kingston fuhr. Er war außerdem absoluter Jazzfan. Einmal führte er mich in den Hinterraum seines Studios. Hier lagerte seine immense Jazz-Sammlung, die für ihn eine ganz wichtige Inspirationsquelle war und die er besonders sorgfältig hütete.

In Tubbys Studio fand auch eine bahnbrechende Zusammenkunft mit einem Mann statt, der im Frühjahr 1999 gestorben ist: Augustus Pablo, der Sohn eines Angestellten aus Uptown Kingston. Sein Musikfaible brachte ihn nach Downtown, wo er mit seinem Rockers-Soundsystem abermals einen neuen Sound innerhalb der jamaikanischen Musik schuf. Er sorgte für den Übergang von Rocksteady zu Reggae. Auch Pablo brachte seine Riddims zu Tubby, der sie wiederum durch sein Equipment jagte, wobei die legendäre Platte „King Tubby meets the Rockers Uptown" entstand. Pablo hatte eine Melodica von einem Schulmädchen aus der Schule geborgt, wo er Piano spielte. Diesem Spielzeug, einem Kinderinstrument, entlockte er einen geradezu mystisch-geheimnisvollen Sound. Kein Wunder, dass damals die Bezeichnung Far-East-Reggae fiel.

Das große Erbe der jamaikanischen Musik besteht also in einem ständigen Wechselspiel zwischen Soundsystems, Studiotüftlern und regulären Bands und Instrumentalisten. Damit wurde eine Entwicklung vorweggenommen, die später auch die übrige Popmusik erfasste. Ich möchte an dieser Stelle auf die größte Reggae-Band aller Zeiten eingehen. Ohne die Wailers wäre das Bild einfach unvollständig. Bereits in den Jahren 1963–66 nahmen Bunny Livingston, Bob Marley und Peter Tosh in Clement Dodds berühmtem Studio One dutzende Ska-Songs auf. Auch Bobs Schwester Rita stieß in jener Zeit zur Band. Sie erkannten bald, dass Musiker im jamaikanischen Geflecht der Studios und Labels als bloße Handwerker betrachtet wurden. Abzockerei war an der Tagesordnung, und so gründeten sie mit Wail'n'Soul und später Tuff Gong eigene Labels. Damit konnten sie die Veröffentlichung ihrer Produktionen kontrollieren. Zusammen mit dem mittlerweile verstorbenen Skatalites-Saxofonisten Tommy McCook veröffentlichten sie 1971 z. B. das Instrumental „Live", dessen Riddim sie für die Vokalversion „Lively Up Yourself" zu einem regelrechten Song bearbeiteten. Reggae war bis dato eine reine Underground-Musik, die kaum im Radio gespielt wurde. Die Platten kamen in kleiner Stückzahl als White Labels aus Jamaika und waren in den spezialisierten Läden schnell vergriffen. Wenn man dort nicht laufend auf der Matte stand, hatte man keine Chance. Es war Musik für Liebhaber und Spezialisten. Umso erstaunlicher, dass 1969 „The Liquidator" und „Return Of Django" von The Upsetters in die britischen Popcharts einstieg. Produzent Lee Perry arbeitete mit dieser Truppe, die in gleicher Besetzung als The Hippie Boys auftrat oder auch mit Bob Marley zusammenarbeitete. Die britischen Kids standen plötzlich auf diese Sounds. Dazu kam die latent politische, geschichtliche und soziale Positionierung, welche diese Platten ebenfalls sehr wichtig machten. Ausgerechnet die frühen Skinheads – damals noch nicht gleichbedeutend mit rechtsradikal – entdeckten diese Musik für sich, womit sie die coolen und smart gekleideten Mods ablösten. Die Skinheads stiefelten mit Kahlköpfen und dicken Dr. Martens-Stiefeln durch die Gegend, wirkten aggressiv, und ihre Musik galt als zu extrem für Guardian-lesende Uni-Intellektuelle. Reggae war schlechte Musik, sie war nicht sauber und stand nicht für Inspiration, sondern für einen Haufen gewalttätiger Bekloppter, ganz egal wie sie aussahen.

Erst Bobby Marley and The Wailers haben dieses Image korrigiert. 1972/73 schlossen sie für ihr Album „Catch a Fire" einen Deal mit Chris Blackwells Island-Label. Es war das erste Reggae-Album überhaupt. Bis dahin ging es lediglich um stapelweise Singles. „Catch a Fire" markierte einen dramatischen Wandel. Ich erinnere mich an einen Typ auf der Uni, der meine Reggae-Begeisterung absolut nicht verstehen konnte. „Wie kann man so einen Schrott nur gut finden?" Doch auch ihn bekehrten die Wailers. Als sie zum ersten Mal in England tourten, wurden sie von allen Seiten hofiert, an vorderster Front die Rolling Stones mit Mick Jagger und Bill Wyman. Reggae wurde schlagartig hip, und die Wailers-Songs verliehen dieser Musik eine stärkere Identität. Und ich glaube nicht, dass es irgendwo auf der Welt einen Ort gibt, wo Marleys Musik nicht geliebt wurde. Vom fernen Osten in die westliche Welt – sein Wirken war außerordentlich. Geradezu phänomenal, wie viele Leute sich mit ihm identifizierten. Bob Marley ist immer noch der bestverkaufende Reggaemusiker. „The Legend" steht seit der Veröffentlichung ununterbrochen in der amerikanischen Hot-100-Verkaufsliste. Alle zwei, drei Jahre klettert sie ein paar Plätze – offenbar kommen noch immer neue Hörer hinzu. Andererseits ist es nicht verwunderlich, wenn man die Qualität des Songwritings dieses Mannes betrachtet und seine Fähigkeit, das auch auf Platte rüberzubringen. Mich fasziniert besonders daran, dass man die Intensität der Musik in jedem Ton hören kann. Diese Rimshots, das wilde Pumpen des Basses, und plötzlich übernimmt Bob die Initiative und singt sich das Herz aus dem Leib. Man bleibt einfach an ihm hängen. Phänomenal. Trotz aller Innovationen hatte der computerisierte Reggae das nicht geschafft.

Ich habe Marley zum ersten Mal in einem Pub auf der Londoner Fulham Road gesehen. Was heißt gesehen, man konnte ihn lediglich hören. Dieses „dumdumddumdum I hear the voice of the rastaman say" klingt mir noch heute in den Ohren. Und schließlich wurde es dunkel. Alles saß schwitzend und total begeistert auf dem Boden. Bob stand auf. Ihn schien die brüllende Hitze nicht zu stören, jedenfalls trug er eine kanadische Holzfällerjacke. Er schwieg bedächtig, doch als Carlton Barret seine Rimshots spielte und Aston Barret den Bass pluckern ließ, begann er mit seinen Harmonien. Das war nicht von dieser Welt, und ich habe so etwas nie wieder erlebt. Später ver-

suchte ich ihn hinter der kleinen Bühne kurz zu sprechen. Totales Getümmel, keine Chance, und dann waren sie verschwunden. Ich marschierte mit meiner Freundin die Straße entlang, und plötzlich drang aus einem Eingang eine dichte Rauchwolke. Ich dachte nur, der Laden brennt, und schaute durch die Tür: Dort hockten Bob Marley und seine Band und rauchten dicke Joints. Ich sagte zu meiner Freundin: „Ich werd verrückt. Da ist er." Sie meinte nur: „Warum gehen wir nicht einfach rein und sagen hallo!" Es war wie bei einer Majestätsaudienz. Ich stotterte total nervös herum. Marley dagegen, unheimlich entspannt, meinte nur: „Cool man, one love man". Kurz darauf stieg er mit Earl „Wire" Lindo ins Auto und brauste davon. Dabei bescherte er mir einen Moment, den ich nie vergessen werde: Beim Wegfahren drehte er sich noch einmal um und winkte mir zu. Ich hatte Bob Marley getroffen, und er hat sich persönlich von mir verabschiedet! Das bedeutete alles für mich, denn seine Musik war so deep.

Burning Spear kam aus den Kirchhöfen von St. Ann's Bay. Ich traf ihn zum ersten Mal 1979 – in dieser Zeit habe auch ich noch Ganja geraucht

– als er einen dicken Spliff in seiner kleinen Hütte an Jamaikas Nordküste baute. Er hatte eine Art Jugendclub, wo er Fußball spielte, sie alle waren Fußball-Fanatiker. Wir kickten den Ball durch die Gegend, und in den Pausen gab es Saft. Er reichte mir den fertigen Joint, ich griff zu und rauchte ihn halb. Nach 25 Minuten musste ich mein Interview mit ihm abbrechen, weil ich nur noch Blödsinn erzählte und irre lachte. Inzwischen rauche ich gar nicht mehr. Den letzten Spliff in Jamaika hatte ich 1985. Damals war ich so high, dass ich fürchtete, nie wieder runterzukommen. Dieses Kraut wächst in Jamaika in freier Natur, für die meisten Musiker ist es eine fast heilige Inspirationsquelle. Sly and Robbie dagegen packen es nicht an. Sie sind immer völlig nüchtern, wenn sie ihre Riddims einspielen. Es gibt eine Vielzahl von Ganja-Songs, der bekannteste ist sicherlich „Legalise it" von Peter Tosh oder auch „Police in Helicopter" von John Holt. Einer der ersten, der sich direkt gegen den Staat richtete, der 1984 die Ganjafelder abfackeln ließ. Ganja ist eine Macht und der Lebensunterhalt für viele arme Jamaikaner.

Die Sounds der Studios bildete die Substanz dieser Vokalisten. Alle vier, fünf Jahre wurde ein Riddim von Studio One wieder reaktiviert und neu bearbeitet. Der junge, blinde Sänger Frankie Paul stand stellvertretend für die Entwicklung in den frühen achtziger Jahren. Er wurde von der Heilsarmee gepflegt und erlangte schließlich nach einer Operation auf einem Hospitalschiff im Hafen von Kingston sein Augenlicht zumindest teilweise wieder. Er verbrachte sein Leben damit, Radio zu hören, und konnte so gut wie jede Stimme nachahmen. Außerdem war er Multi-Instrumentalist. 1984 machte ich ihn schließlich ausfindig. Um sechs Uhr morgens tauchte er in meinem Hotel in Kingston auf, und wir gingen zum Pool runter. Er erzählte viele Witze und erwies sich als König der Imitation. Ich konnte kaum aufhören zu lachen. Er hatte ein bemerkenswertes Talent, und eine seiner frühen Aufnahmen ist ausgerechnet eine Version des Beatles-Songs „Norwegian Wood". Auf der B-Seite ahmt Frankie Paul den Wachhund einer Dancehall nach, was ziemlich durchgeknallt ist.

Das Konzept von Version und Exkurs ist einmalig in der jamaikanischen Musik. Ich nenne es schlicht Kreativität. Man greift sich einen gewissen Riddim heraus und variiert ihn. Als würde man ein Kabel aufspleißen, um daraus vier neue Stränge zu gewinnen. Die meisten dieser großen

Riddims hatten ihren Ursprung in Treasure Island oder Studio One. Über lange Jahre entstanden daraus dutzende Soundvarianten, die sogenannten Versions. Ein Grund dafür war der direkte Bezug zu den Dancehalls, wo Originalität und eine möglichst euphorische Reaktion der Tänzer zählte. Das erreichte man zum Beispiel mit einer exklusiv aufgefrischten Fassung eines bekannten Grundthemas. Das Publikum konnte auf bewährte Tanzrhythmen einsteigen und wurde gleichzeitig durch neue Elemente überrascht. Daraus wurde ein regelrechtes Ritual. Von manchen Songs existieren mittlerweile 15 oder mehr Versions. Gerade bei den Soundclashes, auf denen der musikalische Wettstreit durch die Reaktionen des Publikums entschieden wurde, waren Wiederholungen absolut tödlich. Wer einen Song auflegte, den ein Vorgänger-Sound bereits gespielt hatte, war unten durch. Es setzte Buhrufe und Beschimpfungen, und ganz schnell stand das nächste Soundsystem an den Plattentellern.

Der bis heute nachhaltigste Einschnitt in die Geschichte der jamaikanischen DJ-Musik erfolgte mit dem Siegeszug des computerisierten Reggae. Wenn man den Legenden glauben will – ich tue es –, dann haben die Wailers als Erste eine Rhythmusmaschine benutzt. Aston „Family Man" Barret setzte eine Rhythm King aus Amerika ein. Als er gefragt wurde, was er mit einer Maschine wolle, wo sein Bruder doch der größte Reggae-Drummer der Welt wäre, meinte er trocken: „Nun, es gab Probezeiten mit Bob, wo Carlton einfach unauffindbar war. Da leistete uns dieser Kasten treue Dienste." 1985 bekam dann Wayne Smith, ein junger Typ aus Kingston, eine Casio Drumbox geschenkt. Er spielte damit herum, schrieb einen Riddim und brachte ihn zu Prince Jammy. Der ehemalige Toningenieur von King Tubby hatte mittlerweile sein eigenes Studio in West Kingston eröffnet und wurde später genauso wie sein Mentor Tubby zum „König" befördert. Aus diesem simpel fiepsenden Casio-Sound produzierte Smith eine Nummer, die später als „Under Me Sleng Teng" die Geburtsstunde des computerisierten Reggae markieren sollte. Der Song nahm auch Großbritannien wie im Sturm. Ich erinnere mich noch genau, wie ich die Dubplate vor 2500 Leuten an einem Sonntagnachmittag im Londoner Lyceum spielte. Die Reaktion war unglaublich. Dieser Riddim traf exakt den Geschmack einer neuen Generation und veränderte das Gesicht des Reggae. Viele Puristen behaupteten damals, damit wäre der

Tod des „echten" Reggae eingeläutet worden. Doch die Realität in den Dancehalls von Jamaika sah und sieht anders aus. Dort zählte wieder Energie und Geschwindigkeit. Es wirkte wie eine Frischzellenkur, die mir auch bitter nötig schien, nachdem ich in London des Öfteren mitbekommen hatte, dass sich 15- bis 16-jährige schwarze Kids vom Reggae abwendeten. Einfach nur aus dem Grund, weil es nicht cool war, die favorisierte Musik ihrer Väter und Großväter zu mögen. Sie wollten ihre eigene Identität. Und die finden sie im heutigen Dancehall.

RODIGANS All Time Movers & Rockers

THE ABYSSINIANS: *Declaration Of Rights*
Eine sehr bewegende Schilderung von Afrikanern, die man in die Sklaverei auf der Insel Jamaika verschleppt hat. Gespenstische Harmonien und schmerzerfüllter Gesang von Bernard Colins. Eingespielt in Coxsone's Studio One.

BOB ANDY: *Unchained*
Ein weiterer klassischer Protestsong von einem der größten Singer/Songwriter des Reggae. Zu finden auf seinem ersten Album „Bob Andy's Songbook".

BOB MARLEY: *Waiting in Vain*
Ein wunderschönes Liebeslied mit einer wundervollen Melodie.

SAM COOKE: *A Change is gonna come*
Die Geschichte eines Mannes und seines Kampfes darum, etwas im Leben zu erreichen.

MARVIN GAYE: *What's going on*
Müsste eigentlich die Hymne von Greenpeace sein. Eine ergreifende Beobachtung der Zerstörung der Erde durch den Menschen.

BUNNY WAILER: *Blackheart Man*
Ein erstaunlicher Sänger und Songschreiber. Der Titelsong seines ersten Soloalbums nach seinem Ausstieg bei den Wailers. Bewegendes Zeugnis über die missliche Situation der Rastas in den Sechzigern und Siebzigern, als die Gesellschaft sie wie Ausgestoßene behandelte.

DELROY WILSON: *Dancing Mood*
Einer der größten Sänger Jamaikas. Ein Song aus dem Jahr 1967, der stellver-

tretend für den Wechsel von Ska zu Rocksteady steht. Die wunderschön zurückhaltende Darbietung macht ihn zum „coolen" Song schlechthin.

GREGORY ISAACS: *Love is overdue*
Ein perfektes Beispiel des außerordentlichen Sounds und einzigartigen Stils von Gregory Isaacs. Superber Rhythmus, saubere Leadgitarre und eine magische Melodie. Ein großes Liebeslied, Jahrgang 1974.

JAMES BROWN: *I love you Porgy*
Vergiss all das Herumspringen, die Schreie und die seltsame Frisur – hier kommt knietiefer sündiger Soul vom Paten selbst. *Haunting.* Einmal gehört, nie vergessen.

JIMMY CLIFF: *Many Rivers To Cross*
Stammt vom Soundtrack des Films, der viele zu Reggae gebracht hat: „The harder they come", in dem Jimmy die Hauptrolle spielte. Aufgenommen in New York, bleibt das einer seiner bewegendsten Songs.

„Keine Blockparty ohne Laternenpfahl"

GRANDWIZARD THEODORE, DER ERFINDER DES SCRATCHES

Charlie Ahearns „Wild Style" gilt zu Recht immer noch als einer der besten Musikfilme aller Zeiten. Unter Mitwirkung nahezu aller namhaften Beteiligten der HipHop-Frühphase, der Old School, wurde hier unverkrampft dargestellt, wie sehr B-Boys, Writer, MCs und DJs die Säulen einer Kultur bildeten, die fortan die Welt verändern sollte. Bei der Organisation des formidablen Soundtracks spielte Grandwizard Theodore eine entscheidende Rolle. Einen mindestens ähnlich bedeutenden Meilenstein setzte er als junger DJ eher aus Zufall: Das von ihm entdeckte Scratchen änderte das Verhältnis des DJs zu seinem Hauptwerkzeug, dem Vinyl, ganz entscheidend. Auch zwei Dekaden später ist der DJ-Pionier noch hinter den Rädern aus Stahl zu finden. Doch statt um Stretch-Limousinen und Champagner-Whirlpools dreht sich das Leben des Theodore Livingstone jr. mehr um die Erziehung seines Sohnes und seinen Job als Lastwagenfahrer. Seinen eigenen Charme – von seinen Skills mal ganz abgesehen – hat er dennoch nicht verloren, wie Torsten Schmidt am 18./19. April 1998 erfahren durfte.

In der Rap-Geschichtsschreibung bekommen meist Grandmaster Flash oder Kool DJ Herc ihre Credits als DJ-Pioniere. Von dir ist bestenfalls am Rande die Rede.
Ich bin ein normaler Typ und nicht für das Rampenlicht geschaffen. Mir war dieses Gehabe mit Bodyguards und fetten Limousinen nie so wichtig. In New York fragt mich niemand nach Autogrammen. Viele andere dagegen sind richtig heiß darauf. Sie heften sich alle möglichen Verdienste an die Brust und machen so viel Lärm wie möglich. Dennoch kommt an mir niemand vorbei. Egal, was sonst behauptet wird. Ich habe einen wichtigen Teil zur ganzen Geschichte beigetragen, und das kann mir niemand nehmen.

Immerhin schreibt man dir die Erfindung des Scratches zu …

Eines Abends habe ich daheim die Anlage ein bisschen zu laut aufgedreht. „Bumm-bumm-bumm" – meine Mutter ballerte an die Tür, platzte herein und herrschte mich an: „Wenn du nicht sofort die Musik leiser machst …" Während sie mich anbrüllte, hatte ich die Platte angehalten und die Kopfhörer an die Ohren gepresst. Die Platte rutschte ein Stück nach vorne, und ich zog sie wieder zurück. Das ergab ein komisches Geräusch. Als meine Mutter weg war, dachte ich nur: „Wow, toller Effekt!" Ich habe damit herumexperimentiert, bis ich einige Monate später den Bogen raus hatte und zum ersten Mal vor Publikum scratchte. Fast alle DJs spielten immer die gleichen alten Platten, ich wollte mich davon absetzen. Ich hatte meinen speziellen Sound gefunden – jeder, der mich hörte, wusste: Das ist Grandwizard Theodore.

Wie bist du zum „Grand Wizard" geworden?

Lang ist's her. 1973/74 war ich *record boy* für Grandmaster Flash. Ich zog durch die Plattenläden und besorgte die neuen Scheiben für seine Partys am Freitag und Samstag. Flash arbeitete damals für einen Kurierdienst und hatte tagsüber keine Zeit, einkaufen zu gehen. Ich ging noch zur Schule und konnte nachmittags in die Stadt fahren. Wenn er abends nach Hause kam, hatte ich eine Auswahl für ihn getroffen. Für mich war das vollkommen selbstverständlich. Mein Bruder Mean Jean war damals ein Partner von Flash, doch irgendwann brachen ihre unterschiedlichen Auffassungen durch. Flash gründete seine Band. Mean Jean formte mit mir und meinem anderen Bruder 1975 die L Brothers. Das stand für Livingstone oder Love Brothers oder was auch immer. Zu diesem Zeitpunkt begann dann auch meine DJ-Karriere. Zu Hause hatte ich, wenn niemand da war, schon seit längerem geübt. Damals besaß ich noch keine Kopfhörer. Wenn man den Tonarm aufsetzte, konnte man sofort den Sound laut hören. Wir schauten auf der Platte nach dem Abschnitt mit den breit gepressten Rillen, dem Breakpart, wo gewöhnlich die fettesten Grooves zu finden waren. Niemand benutzte damals Kopfhörer oder Mischpulte, wir mischten diese Breakbeats einfach nach Augenmaß. Selbst wenn einzelne Stellen nur einige Sekunden lang waren. Die Partymeute sollte einfach im gleichen Rhythmus bleiben.

Wie bist du mit Grandmaster Flash zusammengekommen?
Über meinen Bruder Mean Jean. Wenn sie gemeinsam weggingen, bin ich in sein Zimmer geschlichen, hörte die Platten bis zum Abwinken durch und versuchte erste Tricks. Jeder wollte damals DJ werden, doch bis zur Gründung unserer Band hatte ich nie die Gelegenheit dazu. Wir hatten damals keine MCs. Ohnehin wurde das Mikrofon nur benutzt, um Durchsagen wie „Irgendjemand hier blockiert mit seinem roten Auto eine Ausfahrt. Derjenige sollte schnellstens da wegfahren" oder „Joey, deine Mutter ist an der Tür. Du sollst sofort nach Hause kommen!" Will Smith, Biz Markie oder die späteren Kid'n'Play kamen zu unseren Parties. Ein großer Teil der Rapper, die mittlerweile zig Millionen machen, waren damals dabei. Viele standen nur rum und haben uns beim Auflegen zugesehen. Wir haben eine ganze Menge Leute dazu inspiriert, DJ zu werden. Wohl die meisten werden heute bestätigen, dass sie zu den Partys von Flash, Kool DJ Herc oder Afrika Bambaataa gegangen sind. Es ging nicht um Geld. Mir war es genug, wenn die Leute „ihre" Platten hören konnten und glücklich und zufrieden nach Hause gegangen sind. Das Karriere-Modell DJ oder Rapper folgte erst später.

Könntest du etwas näher beschreiben, wie es damals auf diesen Partys zuging?
Wir haben alles selber gemacht. Flyer drucken, Anlage schleppen und aufbauen, Türkontrolle organisieren und natürlich Platten auflegen. Kurzum: Es waren unsere Partys. Flash und ich haben sogar Flyer auf der Straße und in den High Schools verteilt. Die Partys verliefen sehr entspannt, selbst auf langsame Platten wurde getanzt. Große Schlägereien waren kein Thema, und wenn es mal Ärger gab, wurde das draußen vor der Tür geklärt, und die Party ging weiter. Wenn es heute eine Auseinandersetzung gibt, kommt der Typ mit 'ner Knarre zurück. Wenn man jemand versehentlich auf die Füße getreten hatte, reichte ein „Sorry". Wenn dir das heute passiert, wirst du gleich erschossen oder eine Saalschlacht bricht los. Wenn jemand für eine Fünf-Dollar-Party nur drei Dollar hatte, war das auch ok. Wir feierten auch 1,99-Dollar-Partys mit einem großen Penny-Topf an der Tür, und jeder bekam seinen Penny zurück. Selbst 99-Cent-Parties gab es. Für mich persönlich war die Musik der beste Weg, den Alltagssorgen zu entgehen. Man kommt auf eine Party, hört eine spezielle Platte, und für drei-Minuten-sonstwas sind die Sorgen vergessen.

Maxi-Singles im 12-inch-Format gab es damals noch nicht.
Mit welchen Platten habt ihr gearbeitet?
Kleine 7-inches, die auf 45 rpm liefen und viel lauter und dynami-
scher waren als Langspielplatten. Albumproduktionen klangen ziemlich dumpf – die 45er dagegen unglaublich. Als würde man eine CD mit
einer Kassettenaufnahme vergleichen. Jeder benutzte seinerzeit die 7-
inches.

Wie war die Reaktion, als in euren Mixes altbekannte Platten plötzlich
anders klangen?
Jeder hat seine Lieblingsplatten, von denen man ganz genau weiß, wie
sie anfangen und ausklingen. Wenn ich die Platten spielte, hörte man diese Parts wieder und wieder neu kombiniert. Alles drängte sich um die
Decks und staunte: „Wow, was macht dieser Typ da?"

Hast du damals mitbekommen, wie andere DJs diese Idee aufgegriffen
und weiter vorangetrieben haben?
Ich war sehr glücklich, dass es so lief und ich meinen Punkt setzen konnte. Jeder sagte: „Ich mache es wie er und entwickle seine Idee weiter."
Ein tolles Gefühl, so viele DJs scratchen zu sehen. Ich war selber erstaunt
und hätte nie geglaubt, welche Tricks noch möglich waren. Offensichtlich
hatten mir viele Leute zugehört, die es nun auf ein anderes Level ho-
ben.

Wie lange hast du in diesem Umfeld aufgelegt?
Eigentlich bis heute. Nach den Blockpartys habe ich unzählige kleine
College-Gigs gehabt. Es gab nicht viele DJs, die eine so große Musikauswahl hatten. Wenn ich auflege, spiele ich für alle. Ich lege Dean Martin
auf, Elvis oder Jimi Hendrix. Ich spiele Musik für jedermann, das macht
für mich einen DJ aus. Man kann nicht nur HipHop-DJ sein und den ganzen Abend das Gleiche spielen. Darum haben mich die Colleges engagiert, weil ich Musik für jedermann im Programm hatte. Selbst wenn
jemand zu den Plattenspielern kam und meinte: „Hi, hast du Billy Joel?"
Dann spiele ich eben Billy Joel.

Billy Joel?? Konntest du damit überhaupt etwas anfangen oder hast du
solche Nummern wirklich nur fürs Publikum gespielt?

Ich mag jede Art Musik. Wenn ich sie spiele, mag ich sie. Es gibt immer Hit-Platten, welche die Leute hören wollen, um darauf zu tanzen. Ob Billy Joel oder Billy Squire ... Es gibt nur ganz wenige Platten, die ich überhaupt nicht mag. Ich stehe nicht auf negative Musik. Ich mag Musik, der man zuhören oder von der man sogar etwas lernen kann. Ich habe mal an einem Seminar am städtischen College teilgenommen, wo ich Eltern erklärte, wie wichtig es ist, darauf zu achten, welche Platten die Kids hören. Platten, die von Mord und Totschlag handeln, sind definitiv schlecht für Kids. Ich würde solche Platten niemals spielen. Bei den ganzen kalkulierten Chart-Hit-Nummern ohne Herz und Seele spiele ich eben die Instrumentalversion, und die Leute können sich die Texte dazu denken.

Mitte der Neunziger habe ich Jungle für mich entdeckt und versuchte, das für die College-Kids zu spielen, was sie überhaupt nicht verstanden haben. Zwei Monate später war ich wieder am gleichen Ort und brachte diese Platten gar nicht erst mit. Diesmal fragten sie ganz gezielt nach Jungle, was sie vorher total bescheuert fanden. Also bin ich zwischendurch nach Hause gefahren und habe diese Platten geholt. Ich spiele eben alles, was die Leute hören wollen. Vergiss meinen Geschmack, den kann ich zu Hause ausleben. Ich bin für die Leute da, und wenn sie sich amüsieren, freut mich das.

Welche Musik hast du bei den Blockpartys aufgelegt?
Vor allem Old School Beats. Das sind meine wirklichen Favoriten. Heutzutage basieren 80 % aller Rap-Platten auf der Musik, die wir damals gespielt haben. Und diese Typen machen damit zig Millionen Dollar. Ich bin nicht neidisch, doch sie stehen in der Öffentlichkeit und gelten sogar als Vorbilder. Mein Sohn ist 14 Jahre, und ich will eigentlich nicht, dass er Gangster Rap hört. Ich habe meinen Sohn einmal angerufen, um sicherzugehen, dass er aus der Schule zurück war. „Yo, yo Dad, was geht, Dad!?" sagte er. Ich fragte nur, welches Tape er nun wieder gehört hatte. Natürlich kann man in New York nicht wirklich verhindern, dass Kids Gangster Rap hören. Allein die vielen Autos, die mit ballerndem Sound durch die Straßen fahren. Ich kann meinem Sohn nur erklären, dass es im Rap massenweise Negativität gibt. Er muss lernen, Negatives und Positives zu unterscheiden.

Wie kam es eigentlich zu dem Begriff HipHop?
Wenn du ganz am Anfang auf einer Bühne gestanden und über die Tanzfläche geschaut hast, wirkte es, als würden alle hüpfen. Und da diese ganze Angelegenheit als extrem „hip" gehandelt wurde, entstand das Kürzel HipHop. Auf alten Videos von damals lässt sich dieses quirlige Auf-und Ab-Hüpfen gut beobachten. Ansonsten besteht HipHop aus verschiedenen Elementen: Breakdancing, Graffiti, DJing, MCing und ein bestimmter Kleidungsstil. All das zusammen bedeutet HipHop.

Welches Equipment hat man damals benutzt?
Technics 2300. Meine Mutter hatte damals irgendeinen Kenwood-Plattenspieler. Als ich damit herumspielte, habe ich 45er-Singles aufgelegt, und wenn der Break-Teil der Platte kam, begann es: Anstatt nur die Platte zurückzudrehen, hebt man einfach die Nadel hoch und setzt sie an der gleichen Stelle der Platte wieder auf. Das zu entwickeln und zu perfektionieren hat lange gedauert. Stunde um Stunde habe ich vor dem Plattenspieler meiner Mutter gestanden, nur um die Dennis-Coffey-Platte vor- und zurückzudrehen, die Nadel hochzustellen, zurück und vor, um sie wieder an der gleichen Stelle anzusetzen.

Es gibt legendäre Geschichten über den Crossfader. Ist es wahr, dass Flash ihn zum Einsatz brachte?

Stimmt genau. Die Regler waren vertikal angebracht und mussten hoch und runter geschoben werden. Es gab verrückterweise sogar auf beiden Seiten einen rechten und linken Kanal. So musste man beide Kanäle bewegen, um auf die andere Platte überzuwechseln. Flash hat ständig Elektronik-Fachbücher gelesen und immerzu an diesem oder jenem herumgebastelt. Er erzählte mir, dass er in einem Radiosender eine Vorhörfunktion an einem Mischpult gesehen hatte. Er blätterte noch mal in einem Buch und baute sich so ein Ding. Irgendwann kam er darauf, dass es ein horizontaler Crossfader anstatt der vertikalen Schieberegler sein musste. Er besorgte sich daraufhin einen Gemini-Mixer mit eingebautem Crossfader und war damit absolut vorne dran.

Du hast immer wieder die Blockpartys erwähnt. Wie sind die Leute im Park zusammengekommen?
Am Anfang stand der elektrische Strom, der irgendwo herkommen musste. Keine Blockparty ohne Laternenpfahl. In den meisten Crews war irgendjemand Elektriker. Die schraubten die Abdeckklappen auf und schlossen Stecker und Kabel an. Dann musste man nur seine Anlage anschließen, sie richtig laut aufdrehen, und die Leute kamen von selbst. Die Häuserblocks standen recht eng zusammen, und das Echo der Musik hallte durch die Straßen. Das gab diesen Effekt „Wow, was ist das?" und alle versuchten, dem Echo nachzugehen und zur Party zu finden. Wir fingen schon tagsüber an, so blieb genügend Zeit für Mundpropaganda. Es gab regelrechte Telefonketten, doch ursprünglich hörte man ein Echo und wusste: Irgendwo in der Nähe steigt eine Blockparty.

Und niemand ging dazwischen, keine Polizei?
Das New Yorker Ordnungsamt sagt: Bis zehn Uhr darf Musik gespielt werden, dann können die Cops vorbeikommen und die Sache beenden. Doch meistens haben sie sich nur davon überzeugt, dass alle im Park sind und es keinerlei Stress oder Randale gibt. Manchmal kamen sie und drehten die Musik leiser. Solange niemand ausgeflippt ist oder mit Flaschen um sich geworfen hat, ließen sie uns gewähren. Es hat ihren Job einfacher gemacht. Sie mussten nur noch Streife fahren und nicht mehr jede Straßenecke kontrollieren. Alle waren im Park und amüsierten sich. Natürlich wurde auch auf den Partys gedealt, doch grundsätzlich passierte dort weniger als sonst ...

Hast du eigentlich deinen Tages-Job nie aufgegeben?

Nein, nie. Ich habe den Job immer behalten und bin jetzt seit zehn Jahren auf der gleichen Stelle als LKW-Fahrer. Ich fahre einen großen Truck. Ich kann aber jederzeit einige Monate unbezahlten Urlaub nehmen und dann wieder zurückkehren. So habe ich immer was zu tun.

Wie sah deine Zeit zwischen Schule und heute aus?

Veranstaltungen organisieren halt. Außerdem habe ich den Soundtrack für den Film „Wild Style" gemacht. Der zweite Teil wird übrigens gerade produziert. Es gibt in New York viele MCs, die nur einen Haufen Texte, aber keine Musik haben. Sie kommen bei mir zu Hause vorbei, und ich bastle ihnen dann entsprechende Tracks dazu.

Wie habt ihr euch als ursprüngliche Partymacher gefühlt, als 1979 plötzlich Platten der Retortengruppe Sugarhill Gang erschienen sind?

Tja, wie war das!? Mir ging's eigentlich ganz gut dabei. Schließlich wurde Rap auf diese Weise bekannt und die Szene größer. Für mich war „Rapper's Delight" von der Sugarhill Gang die perfekte Platte. Es gab keine Zoten, wirklich nichts Negatives. Es war eine nette Spaßplatte. Rap trat damit aus der dubiosen, negativen Ecke.

Dieser plötzliche Erfolg brachte viele Vokalisten auf den Plan, die ohne DJ auftraten.

Viele Rapper haben das versucht, weil sie keinen DJ kannten oder bezahlen wollten. Ich habe mich neulich noch mit Creazy Legs von der Rocksteady Crew darüber unterhalten. Doch das war nur ein Strohfeuer ohne Substanz. Auf einer Party sollte ein richtiger DJ auflegen und scratchen. Ich liebe es, wenn man eine Platte auflegt und es in der Rille knistert wie Schinken in der Pfanne. Das ist wahrer HipHop.

War es nicht eher enttäuschend, als diese Platten rauskamen und alles, was euch wichtig war, wurde für den Mainstream verbraten?

Ich halte das für unnötige Eifersucht. Wenn jemand eine James-Brown-Platte verwendet hat, eine Platte, die wir damals auch spielten, dann kann ich daran nichts Verwerfliches sehen. Wenn sich überhaupt einer beklagen kann, dann James Brown selbst. Mich bestätigte das eher, wenn irgendwelche New School Kids erkannten, was wir damals schon gemacht haben, obwohl sie überhaupt nicht wussten, wer Grandwizard Theodore ist. Möglicherweise werden sie die ganze Geschichte auch nie erfahren, wenn sie einen DJ scratchen sehen. Wenn man Michael Jordan bewundert, spricht man auch nicht gleich über Julius „DR J" Erving oder Wilt Chamberlain, die Basketball lange vor ihm zu Sternstunden geführt haben. Zumindest Michael Jordan verteilt seine Props an die Old School. Im Gegensatz zu vielen neuen Rappern und DJs.

Wenn wir schon bei Geschichte sind: Man bezeichnet die Bronx gerne als die Wiege des HipHop.
Definitiv. Und das lässt sich beweisen. Aus keinem anderen Stadtteil gibt es Tapes aus den Jahren 1971, 72 oder 73. Kein anderer Stadtteil, keine andere Stadt hat Tapes und Flyer aus dieser Zeit. Auch manche Typen in Kalifornien reklamieren den HipHop-Ursprung, doch es existieren keine Beweise. Eigentlich ist es mir ja egal, wo genau es hergekommen ist. Wichtig ist, dass Rap als sehr positive Sache begann.

Wie lange dauerte es eigentlich, bis eure Musik nach Downtown Manhattan kam?
Viele Leute aus Manhattan sind in die Bronx gekommen, um Partys zu feiern. Oder aus Brooklyn. Wie zum Beispiel Biggie Smalls – Gott schütze ihn –, der mir erzählte, dass er bei unseren Partys war. Als er seine Crew mitbrachte, wurde er von den Gangs aus Queens und der Bronx verjagt. Auch LL Cool J meinte, er wäre trotz der weiten Anfahrt öfters dabei gewesen.

Wie war es, zum ersten Mal in Downtown zu spielen? Wie reagierten die Leute?
Wow! Der erste Club in Downtown war die Danceteria, die ich sehr gemocht habe. In der Bronx waren hauptsächlich Schwarze und Latinos dabei. In Midtown-Manhattan dagegen war das Publikum total gemischt. Chinesen, Weiße, Jamaikaner – der totale Schmelztiegel, alle unter einem Dach. Ohne Gewalt und Randale, es ging wirklich nur um Party. Nachdem ich das mitbekommen hatte, wollte ich nie mehr woanders spielen. Ich sagte meinem Manager damals, dass die Bronx nun passé wäre – ich wollte nur noch Manhattan. So gingen wir ins Roxy und in The Grill. Ich habe

im Limelight aufgelegt, bis der Betreiber wegen dubioser Geschäfte verhaftet worden ist. Dieser Club war früher mal eine Kirche. Jedesmal wenn ich hier hinter den Plattenspielern stand, dachte ich nur: „Gott, vergib mir".

Vorhin sagtest du, am Anfang hättet ihr fast alles selbst gemacht. In Manhattan gab es Clubbetreiber samt Personal für alles. Inwieweit hat dieser Umstand eure Partys beeinflusst?

Sie engagierten uns, und wir mussten nur noch unsere Platten und Plattenspieler mitbringen und sie ins hauseigene System einstöpseln. Wir spielten zwei, drei Stunden, dann kam DST für zwei Stunden dran und später Afrika Islam für den Rest der Zeit. Es war in erster Linie weniger Arbeit für ungefähr die gleiche Gage. Außerdem hatte jeder Club sein eigenes Publikum, für das wir gespielt haben, und das bedeutete einfach Spaß.

Inwieweit wurde euer Auftreten und Lebensstil davon verändert? Manch einer soll das mit den „White Lines" falsch verstanden haben. Auch von Flash sagt man, dass er mit dem plötzlichen Erfolg nicht klarkam.

Flash wollte „White Lines" gar nicht veröffentlichen, was die Plattenfirma einfach damit beantwortete: Wenn ihr das Stück nicht rausbringt, habt ihr auch keine Plattenfirma mehr. Ich habe mir darauf folgenden Reim gemacht: Wenn du auf dem Weg nach oben bist, triffst du exakt die gleichen Leute wie auf dem nach unten. Sei also nett und anständig, wo es nur geht. Man weiß ja nie, wessen Hilfe man irgendwann wieder braucht. Sie sind damals in fetten Daimlern und mit ihren Motorrädern durch die Gegend gefahren. Und sie hingen plötzlich nicht mehr mit den gleichen Kumpels herum wie vorher. Als es aber schließlich an den Punkt kam, wo nichts mehr ging und sich die Band auflöste, verschwanden ihre Autos, ihre Motorräder und der ganze Protzkram plötzlich wieder. Und schon waren sie auf dem Weg nach unten. Sie haben wieder versucht, Partys zu schmeißen, aber niemand ist hingegangen. Das Showgeschäft ist eine sehr merkwürdige Angelegenheit. Man muss definitiv man selbst und loyal gegenüber seinen Fans bleiben.

Wann hast du zum ersten Mal realisiert, dass der Lärm, den du mitgeprägt hast, überall in der Welt gehört wurde?

Während der Produktion von „Wild Style". Chris Stein, Blondie-Gitarrist und Mann von Debby Harry, wollte Tapes von uns, die wir ihm auch gegeben haben. Er brachte sie wiederum seinen Freunden in London und überall in den Staaten mit. Selbst heute höre ich noch unsere Tapes, wenn ich mal in England bin. Es ist unglaublich und ein sehr erhebendes Gefühl.

Wie kam das ganze „Wild Style"-Projekt überhaupt zustande, und wie bist du dazu gekommen?
Der Regisseur Charly Ahearn hing mit Bussy Bee Starsky herum, den ich wiederum gut kannte. Charly war fast ein ganzes Jahr über in der Bronx auf jeder Party. Eine Art Forschungsarbeit. Als mir klar wurde, was er da überhaupt trieb, beschloss ich, ihm ein wenig auf die Sprünge zu helfen. Ein Jahr lang Recherche ist schon ganz ordentlich, aber alles bekommt man halt doch nicht mit. Er hing mit Flash ab, dann eine Weile mit meinen Jungs und mir. Eigentlich war er mit allen Crews jener Zeit zusammen. Und dann begann er mit der Arbeit an seinem Drehbuch, und eines Tages fragte er Fab Five Freddy und mich, ob wir nicht den Soundtrack dazu machen könnten. Ich hatte keinen Schimmer, wie so etwas ging, doch ich liebte diese Musik und hatte somit nichts zu verlieren. Und heute werden diese Sounds für Sprite-Werbespots benutzt.

Im Gegensatz zu den meisten anderen Drehbüchern war der Soundtrack ein integraler Bestandteil von Ahearns Drehbuch und kein später über den Film gelegter und relativ auswechselbarer Klangteppich.
Ganz genau. Wir haben mit der eigentlichen Arbeit begonnen, als etwa die Hälfte der Szenen im Kasten war. Es gab in Manhattan ein kleines Büro mit einem kleinen Monitor für den Rohschnitt. „Ok, hier kommt ein

Zug", lautete eine Frage. „Welche Musik sollen wir dazu nehmen?" Das war das Schwierigste, was ich je in meinem Leben gemacht habe.

Wobei die Szenen mit den U-Bahn-Zügen noch relativ einfach aufzu-lösen waren. In anderen Einstellungen jedoch, wie zum Beispiel die vom Basketballfeld, hat die Musik die Szenen erst geschaffen.
Fab Five Freddy war ein witziger Typ. Wir trafen uns immer wieder, und ich weiß nicht mehr, wie viele Biere wir vernichtet haben, bevor etwas zustande kam. Am Anfang war ich regelrecht leer im Kopf, doch nach und nach fanden wir unseren Rhythmus. Außerdem haben sie alle geholfen ... Grandmaster Flash, Starsky, DST. Jeder kam vorbei, und so fand sich alles zusammen. Charly Ahearn wusste genau, was er wollte. Nur so konnte dieses Durcheinander funktionieren. Keine Sounds von Breakbeat-Compilations zum Beispiel, er wollte die Originale. Zwischendurch gab es eine längere Arbeitspause von sechs, sieben Monaten. Charlie erzählte uns nie den wahren Grund, er hatte wohl Geldprobleme. Chris Stein, der den Film mitproduziert hatte, war damals schwer erkrankt und lag ewig im Krankenhaus. Die ganze Finanzierung brach plötzlich zusammen. Wir, etwas naiv, haben Ahearn vorgeschlagen, eine große Party zu veranstalten und den Film mit den Einnahmen fertig zu stellen. Er ist nie so recht darauf eingegangen.

Der Film wurde absolut stilprägend. Wie wirkte es auf dich, Kids in aller Welt zu begegnen, die mit fetten Schnürsenkeln und Cazal-Brillen posen?
Ich erinnere mich daran, als ich 1991/92 mit Grandmaster Flash, K7 und Kool Herc zu einer Art Revival-Tour nach Berlin kam. Ich konnte es kaum glauben. Das Publikum trug 69ers und Kangools, als wären sie den frühen Siebzigern entsprungen. Einerseits wirkten sie wie Jahre zu spät. Andererseits wurde mir klar, dass da eine Kunst und Ausdrucksform gefeiert wurde. Die Kapuzenjacken und die Breakdance-Einlagen auf dem Parkett wirkten für mich wie eine Zeitreise zu unseren Anfängen.

Konntest du damals überhaupt schon auf einer landesweiten Ebene agieren? Der Tourbetrieb im HipHop startete doch erst Mitte der Achtziger?
Meine Band Fantastic Five und ich waren mit Sugarhill auf einer Zehn-Städte-Tour in den USA. Mehr nicht. Die Jungs galten als böse Buben, weil

sie immer mit den anderen Rappern herumstritten. Es war ohnehin nicht einfach, diese Band zusammenzuhalten, weil man so viele Styles und Ansichten unter einen Hut bringen musste. Wenn es darum ging, die Nummern zu schreiben, wollte einer verantwortlich für die Musik sein und der andere für die Tanzschritte. Jeder Einzelne wollte einfach zu viel. Schließlich kamen wir zu dem Punkt, wo wir jeweils freitags und samstags eine Party schmissen. Was sich aber nicht rechnete, fünf Musiker waren nicht zu bezahlen. So kam ich auf die Idee, zwei Partys am Abend zu veranstalten. Erst eine in Queens und dann rüber in die Bronx. Zuerst wollte sich niemand damit anfreunden, doch nachdem wir es einmal angetestet hatten und wirklich fast doppelt so viel Geld hängen geblieben ist, meinten alle: „Ja, ja, lass uns das wieder machen."

Gibt es heute noch vergleichbare Events?
Wenn es heute zu laut wird, gibt es Ärger. Einige Typen haben mittlerweile unglaubliche Anlagen in ihren Autos, und die Cops geben ihnen sofort einen Strafzettel. Heute gibt es keine Blockpartys mehr! Nur wenn eine Benefizveranstaltung dahinter steht, ist es überhaupt noch möglich. Sobald es dunkel wird, ist auch hier definitiv Schluss. In staatlichen Parks schmeißen die Sheriffs jeden in den Knast, der Bier in der Öffentlichkeit trinkt. Selbst in der Bronx läuft nichts mehr. Bürgermeister Giuliani hat die Stadt eben gründlich aufgeräumt.

Übst du immer noch zu Hause?
Jeden Tag. Wenn mein Sohn mich unterbricht und fragt: „Was machst du da, Dad? Lass die Platte doch durchlaufen", sage ich nur: „Geh Fernsehgucken!" Er interessiert sich ohnehin mehr für Computer.

Mit GRANDWIZARD THEODORE, dem Mann, der seine Platten streichelt wie ein Bluesmusiker seine Gitarre, durch die Jahrzehnte.

DENNIS COFFEY: *Scorpio*
New York ist das absolute Bootleg-Paradies. Die Typen, die diese Platten nachpressen, verdienen mehr damit als die eigentlichen Musiker. Das FBI war in dieser Richtung eine Zeit lang ziemlich aktiv. Typen mit dunklen Sonnenbrillen durchstöberten die Plattenläden und konfiszierten alle Platten and Mixtapes. Früher haben sie sowas wie Tipp-Ex oder Nagellack benutzt, um die Labels auf

den Platten zu übermalen. Wenn man vorne am DJ-Pult nachschauen wollte, welcher Song da gerade lief, schaute man auf einen weißen Fleck.

MICHAEL VINER'S INCREDIBLE BONGO BAND: *Apache*
Ich benutze eigentlich selten wirkliche Markierungen. Heh, die Platten sind doch schon markiert. Da gibt es Schrift und Logos und Bilder. Die meisten DJs, die ihre Platten so kennzeichnen, sind einfach nur faul. Ich nehme gerne die Herausforderung an, eine Platte einfach so zu benutzen, wie sie kommt. Obwohl: Flash, der erste DJ überhaupt, der Backspins machte, hatte seine Platten bereits markiert. Ich habe dennoch meistens darauf verzichtet und mit der Platte an sich gearbeitet. Einfach den Tonarm drauf und ab geht's. Ich will keine Namen nennen, aber ich habe schon damals gedacht: Wenn ihr das nötig habt – bitte schön.

JUST-ICE W/KRS-ONE: *Going Way Back*
Eines der ersten Stücke, das ich produziert habe. Als es rauskam, mochte es fast niemand. Ich musste die Typen quasi anbetteln, es doch zu veröffentlichen. Naja, manchmal markiere ich mir meine Platten doch – aber nur in absoluten Ausnahmefällen.

KRS-ONE: *MCs Act Like They Don't Know*
Ja, da haben Premier und ich zusammen dran gearbeitet. Momentan sind wir auch dabei, den Soundtrack für Wild Style II zusammenzustellen. KRS kenne ich schon ziemlich lange. Aber dieses ganze Dissen ... Viele der Rapper sind doch nur noch daran interessiert, irgendjemanden zu dissen – weil sie wissen, dass sie damit Geld verdienen können. Sie sollten sich lieber darauf konzentrieren, ihre eigentliche Aufgabe wieder ordentlich zu erledigen. Das kocht doch nur die Animositäten hoch. Deswegen wurde 2Pac und dann Biggie umgebracht. Sie dissen sich die ganze Zeit, statt Musik zu machen.

„Been there, done that"

NORMAN JAY UND DAS LEBEN ALS EWIGER SOULBOY

Sein erstes Soundsystem gründete er mit 16. Seine Radiosendung bei der damaligen Piratenstation Kiss FM prägte Mitte der Achtziger den Genre-Begriff Rare Groove. Er bestritt ungezählte genre-definierende Clubnächte, veranstaltete illegale Raves und war drei Jahre lang A&R-Manager bei Phonogram Records. Mittlerweile steht der Londoner seit 27 Jahren hinter den Plattenspielern. Zu eigenen Produktionen ist der Mann vieler Hüte nie gekommen, es gab einfach zu viel gute Musik, die nach Präsentation schrie. Die vielfältigen Entwürfe britischer Clubkultur erschloss er sich eher zufällig, wenn er und seine Kumpels in einem Austin Mini Cooper die Auswärtsspiele der Tottenham Hotspurs besuchten. Verwandtschaftliche Bande führten ihn immer wieder über den großen Teich. Ob Soul, Funk, HipHop oder Garage House – Jay ist in vielen Stilen zu Hause. Am 29. April 1998 traf Christian Tjaben den „DJ der DJs", dem heute vor allem eines am Herzen liegt: das große Erbe der schwarzen Musik immer wieder neu zu entdecken.

Du hast bereits 1973 mit dem Plattenauflegen begonnen. Du bist in England geboren und aufgewachsen und hattest einen direkten Draht nach Amerika: ein Teil deiner Familie zog damals nach New York.

Stimmt! Zusammen mit meinem jüngeren Bruder habe ich seinerzeit das „Sounds Good"-Soundsystem betrieben. Doch wie in den meisten afrokaribischen Familien hielt Musik schon sehr viel früher unseren Haushalt zusammen. Ganz egal, ob mehr Reggae, amerikanischer Jazz, R'n'B oder Gospels liefen. Seit der frühesten Jugend sangen die Leute im Chor. Mit sieben Jahren saß ich immer fasziniert vor dem Radio und habe die ganze Sixties-Pop-Dröhnung mitbekommen. Die aufgezwungenen Klavierstunden habe ich immer gehasst, und so verfiel ich diesem alten Plattenspieler, den mein Vater irgendwann mal gekauft hatte. Er spielte mir darauf schon sehr früh Jazz und afrikanische Musik vor. Irgendwann kramte ich mir diese Platten selber heraus, legte sie auf und tanzte dazu kopfnickend durch den Raum. Im Prinzip ist daraus das DJ-Ding gewachsen.

Zu jener Zeit gab es Radio Luxemburg, dort lief am Sonntagabend immer die gesamte US-Top-Forty-Hitparade. Musik, die ich nie zuvor gehört hatte: Otis Redding, Al Green, James Brown oder Aretha Franklin. Mir schien, als würden diese Künstler zu mir sprechen, und ich verband eine Menge mit den Songtexten: Bürgerrechte, das Leben im Ghetto, Unterdrückung, der Vietnam-Krieg. Die Leute auf diesen Platten kommentierten diese Ereignisse. Was zu diesem Thema im Fernsehen lief, habe ich schon damals nicht geglaubt, und fürs Zeitunglesen war ich noch zu jung. Die *oral culture* der schwarzen Kultur wurde hier mit der Information über Musik fortgeführt. Wenn der Beat gut genug war, um dich zu fesseln, und man den Song immer wieder hörte, achtete man plötzlich darauf, was die Leute sagten. Wenn man den Rhythmus oft genug gehört hat, denkt man plötzlich, „Hey, dieser Typ spricht zu mir." Ich kann mich noch erinnern, wie ich zum ersten Mal Stevie Wonders „Living for the city" hörte. Damals kannte ich nur die zusammengeschnittene Drei-Minuten-Version, ein fantastischer Song und großer Pophit. Es dauerte allerdings noch einige Jahre, bis ich alt genug war, um das komplette Album zu verstehen, das ich sehr billig in einem Second-Hand-Laden fand. Unbedingt kaufen, dachte ich nur. Ich hörte „Living for the city" zum ersten Mal in der langen Originalversion und stieß auf die Stelle mit der Straßenszene in New York. Das hat mich damals völlig weggeblasen. Ich wusste nicht, dass Menschen solche Musik machen. Mir wurde plötzlich klar, dass ich die Alben checken musste, um alles zu verstehen. Der politische Hintergrund ist bei diesen dreiminütigen Radioversionen wie wegzensiert. Musiker wie Stevie Wonder, James Brown und Jimi Hendrix verknüpften dieses Engagement mit der neuesten Musiktechnologie. Neue Sounds, Instrumente, Aufnahmetechniken. Für den inhaltlichen Teil der R'n'B-Bewegung der Sechziger war ich eindeutig zu jung, doch durch die Musik verstand ich die Aussagen auf Atlantic oder Stax. James Browns „Say it loud: I'm black and I'm proud" gab es nirgendwo zu hören oder zu kaufen. Ich glaube sogar, diese Platte war tatsächlich verboten. Nur in einigen englischen und karibischen Fanzines wurde in etwa vermittelt, worum es sich bei diesen Liedern drehte.

In den Siebzigern verbesserten sich die Umstände für die afro-amerikanische Community etwas: gleiche Rechte, zumindest theoretisch, bessere Ausbildung und Jobs. In der schwarzen Gemeinschaft Großbritanniens war es ähnlich. Auch wenn man nie in Amerika war, konnte man durch die Musik auch in England einiges damit verbinden. Als die Produzenten Gamble & Huff mit ihrem Philadelphia-Ding loslegten und Gruppen wie die Three Degrees aufkamen, interessierte mich das sehr. Es war nichts anderes als schwarzer R'n'B-Pop, jedoch mit klassischen Charakteristika des Songwriting. Diese Lieder waren simpel, in einfachen Reimen geschrieben. Songs über Liebe, *boy meets girl*, die wiederum die sozial-ökonomischen Zeiten widerspiegelten.

Wie lief dein erster direkter Kontakt mit den USA?
1974 war ich zum ersten Mal in New York. Ich hatte bislang einen großen Teil meines selbst verdienten Geldes in Platten investiert und war total erstaunt über die supergünstigen Preise dort. Mir fiel auf, dass viele Leute gleich zwei Exemplare kauften. In England wäre das unerschwinglich gewesen. Doch hier legte man sich die Lieblingssongs für jedes Zimmer zu, in dem ein Plattenspieler stand. Das mag ein Grund für die phänomenalen Plattenumsätze in dieser Zeit gewesen sein. Wenig später begann der Aufstieg von Disco. Die ersten Maxi-Singles erschienen im Spätsommer 1976. Donna Summer kam damals noch vor den englischen Produktionen heraus. Ich war ein großer Fan der Verbindung Philadelphia – New York und von Salsoul Records, die eine Mischung aus afro-karibischen und hispanischen Einflüssen in ihren Sounds verarbeiteten. Da die meisten Musiker noch Sklaven ihrer Plattenfirmen waren, mussten sie unter der Leitung eines Chefarrangeurs mal Jazz, mal Latin vom Blatt abspielen. Am Wochenende nahmen sie dann die Krawatten ab und wurden funky.

Die Musik befreite sich, war wiederum innovativ und spiegelte die Stimmung der Menschen wider. Für einen Teenager wie mich war das genau das Richtige. Du gehst in einen Club, und alle drehen durch. Viele Musiker sahen in diesen Disco-Tracks jedoch nur Eintagsfliegen. Schließlich waren wir in der Ära der großen Rock- und Pop-Alben mit ihren Millionen-Verkäufen. Was aber sollte man mit all den 98 % machen, die nicht das Zeug für ein ganzes Album hatten und nur für einen einzigen brauchbaren Song gut waren? Sollten sie sich mit drei Minuten auf einer 7-inch zufriedengeben? Die Alternative fand sich bei DJs wie Tom Moulton, dem die Plattenfirmen schon damals Stücke anvertrauten, die er erfolgreich mit seiner manuellen „Verlängerungs-Technik" auflegte. Für den Club besorgte er sich von manchen Platten zwei oder drei Exemplare und spielte einfach bestimmte Passagen mehrmals hintereinander. Nach und nach kamen die ersten Anfragen von anderen DJs, ob es diese Stücke nicht vorgefertigt gäbe. Da Moulton genau wusste, welche Stellen besonders gut ankamen, wurden die Stücke mit seiner Hilfe umarrangiert und dann von Studiomusikern verlängert. Die Industrie experimentierte damals mit dem 12-inch-Format herum. Als es erstmals im Laden stand, war ich total dagegen. Ein Zehn-Minuten-Song, der fast soviel kostete wie ein Album. „Abzockerei", dachte ich nur. Im Club jedoch, wenn man den DJ auflegen sah, wurde auf einmal klar, warum das einfach sein musste. Trotz meiner Boykott-Haltung war ich hin- und hergerissen, denn ich liebte einige dieser Songs. Es gab diese neu gemischte Version von „My Love is free" der Salsoul-Band Double Exposure aus Philadelphia. Ein absolutes Musterbeispiel und dazu einer der klassischen Original Garage Tracks, die in der Paradise Garage gespielt wurden.

Die sich in New York befindet.
Befand! Sie war von 1973 bis 1987 geöffnet: In ihrer späteren Phase war der Resident-DJ Larry Levan. Ich lernte ihn 1984 dort als „DJ der DJs" kennen, und wir freundeten uns an.

Soweit ich weiß, hatten sie dort drei Decks.
Es gab sogar vier Plattenspieler und ein Tonband. Wobei es schon viel früher DJs gab, die mit Zusatzgeräten arbeiteten. In England waren damals noch nicht mal ein Mischpult und zwei Plattenspieler üblich. Von zusätzlicher Technik ganz zu schweigen. Ich ging 1978/79 zum ersten Mal auf eine Straßenparty in New York, wo der DJ gleichzeitig seine Platten ansagte. Dort waren rund 1000 Leute im Park, und ich dachte nur: „Wow, was geht denn hier ab?" Sie hatten drei Plattenspieler mit Geschwindigkeitsreglern, eine Bandmaschine und alles lief. Sie spielten ihre Musik rückwärts und vorwärts, wie in einem Live-Remix. Es lief „Good Times" von Chic, offensichtlich fand hier ein DJ-Wettbewerb mitten im Park statt. Ich hatte niemals vorher etwas Ähnliches gesehen. Spä-

ter stellte sich heraus, dass die DJs Grandmaster Flash, Globe oder Wiz Kid hießen. Eigentlich unbekannte Jungs aus dem Viertel. Mein Cousin lebte in der gleichen Gegend wie sie. Offensichtlich war das hier etwas ganz Normales. Kopfhörer wurden übrigens nur am Anfang benutzt, um alles einzustellen. Viele benutzten sie gar nicht. Es war alles ziemlich krude, nicht so perfekt wie heute. Trotzdem dachte ich nur: Das ist die Zukunft, so sieht sie aus!

Du hast also den Übergang des Song-orientierten Plattenhörens zum DJ-Remixing live und direkt mitbekommen ...
Plötzlich verstand ich auch, warum die Leute zwei oder drei Exemplare derselben Platte kauften. Ich kam mit stapelweise Material zum Notting Hill Carnival 1979 zurück, um dort zum ersten Mal beim Soundsystem meines Bruders zu spielen, der Reggae-DJ war. Auch dort lebte alles von einem wild zusammengewürfelten Equipment. Mein Bruder war ein typischer Bastlertyp, der alle möglichen Verstärker, Mischer und Lautsprecher zusammenbaute, die wir in Gebrauchtwarenläden abstauben konnten. Kaum jemand in der afro-karibischen Community konnte es sich leisten, in einen Elektrohandel zu marschieren und alles aus dem Regal zu kaufen. Außerdem meinten die Typen in den grauen Kitteln sowieso immer nur: „Unmöglich!" Mit Tricks und Improvisationsgeist funktionierte es dann doch nach unseren Vorstellungen.

In der Londoner Szenerie kannte man sich damals noch nicht, doch auf diesem Carnival waren bereits Soul II Soul mit ihrem Soundsystem oder der House-DJ Paul „Trouble" Anderson. Wir waren damals die erste Generation von Engländern, die versuchte, Reggae mit mehreren Plattenspielern aufzulegen. Bislang gab es nur das klassische jamaikanische System mit Selector und dem DJ am Mikrofon. Mein Bruder und ich erweiterten das Line-Up nach dem New Yorker Vorbild, und ich erinnere mich noch, wie wir damit auf dem Carnival aufgelaufen sind. Die Leute haben gelacht: „Ihr seid wohl bescheuert. Warum braucht ihr zwei Plattenspieler? Warum habt ihr zweimal dieselbe Platte?"

Ich versuchte damals, mir das Scratchen beizubringen und meine Sound-Entdeckungen aus New York nachzuahmen. Ich hatte zweimal Chics „Good Times" auf den Plattentellern liegen und versuchte, sie ohne Geschwindigkeitsregler zusammenzuschneiden. Es jaulte fürchterlich, doch

das Publikum mochte es. Egal wie schlecht es war. Natürlich gab es auch massenweise Nörgler, die meinten: „Spiel einfach Musik und spar dir deine Faxen!" Doch wir hatten uns fest darauf eingeschossen. Ich reiste seit diesen Tagen immer wieder zurück nach New York. Drei-, viermal im Jahr streifte ich durch die Plattenläden, für die großen Discos fehlte mir meist das Geld, außerdem musste man 21 sein. Von daher waren die kostenlosen Straßenpartys mein Ein und Alles. Ich lernte diese frühen HipHop- und Electro-Tage in der South Bronx als schwarzer Europäer kennen. Eine faszinierende, eine ungemein kreative Zeit.

Anfang der Achtziger bist du dann zurück in England zur Warehouse-Szene übergewechselt?
Die Londoner Clubszene in den frühen Achtzigern war ziemlich langweilig und reglementiert. Doch besser als immer nur herumzunörgeln war, die Sache in die eigenen Hände zu nehmen. Unser Reggae-Soundsystem hieß ursprünglich „Great Tribulation", was wir dann als Tribut an besagte Chic-Platte in „Good Times" umbenannten. Das wurde gleichzeitig zum Motto, die Leute wollten eine gute Zeit, nicht mehr, nicht weniger. Diese Partys für die schwarze Community liefen weitgehend illegal. Wir spielten etwas Reggae, ein bisschen Soul und Jazz. Ich versuchte mehr oder weniger erfolgreich die Musik zu mischen. Die afro-karibische Szene

stand eigentlich nur auf Reggae, doch ich wollte einfach meine US-Einflüsse einbringen. Mit der Zeit verlor ich jegliche Lust, überhaupt noch Reggae zu spielen. Mein Bruder übernahm diesen Job, und ich kümmerte mich um den Rest. Meine riesige Sammlung kam mir dabei zugute. Schließlich wollte ich weg von etablierten Acts, weg vom Hitprogramm und allen Stereotypen wie „Er ist ein schwarzer DJ, also darf er nur Reggae oder Soul spielen." Ich legte viele experimentelle Platten auf, wofür mich die Leute oft genug gehasst haben. Doch ich glaubte fest daran und musste dieses Risiko einfach eingehen. Es dauerte drei, vier Jahre, bis ich meine Erfahrungen aus den USA auch in London vermitteln konnte. Irgendwann hatte sich das Markenzeichen etabliert. Mein DJ-Name war dabei allerdings zweitrangig – „Good Times" stand für ungewöhnliche Events in alten Mietskasernen und Fabriken.

Mal wieder in New York, besuchte ich 1982/83 im East Village einen Ort namens Loft, betrieben von Promoter David Mancuso. Ich war sehr erstaunt über das total gemischte Publikum, aber noch mehr über die Musikmixtur: Er spielte Latin, Reggae, African, Rock oder Disco. Ein totales Durcheinander, das jedoch nach einer richtigen Dramaturgie ablief, mit Höhepunkten, Aufbau- und ruhigeren Phasen. Als hätten die DJs den Sound programmiert, wovon ich viel lernte. Schließlich besaß ich die meisten dieser Platten, konnte für einen derartigen Mix aber nie das richtige Publikum finden. Nach dem Loft-Erlebnis wusste ich, was zu tun war. Zurück in London, fand ich diesen Ort am Rande der Docklands. Damals war East London noch völlig heruntergekommen. „Good Times" ließen wir diesmal weg und nannten das Projekt „Shake'n'Finger Pop". Wir blieben völlig anonym. Niemand wusste, wer oder was dahintersteckte. Keine DJ-Namen, kein Musikstil. Einfach nur Party von Freitagabend bis Sonntag früh. Wir verteilten unser gesamtes Equipment, das sich über die Jahre angesammelt hatte, auf verschiedene Ebenen einer alten Lagerhalle. Hier Reggae, dort Rock und Pop, und im Keller lief Soul. Ein wild gemischtes Publikum erschien damals. Wir verlangten keinen Eintritt, und es kamen gut 3000 Leute. Die Leute brachten ihre eigenen Getränke und Drogen mit. Ich habe Stücke von Thin Lizzy direkt nach James Brown und Alexander O'Neil gespielt. Niemand wusste so richtig, was als Nächstes passierte. Einige Besucher meinten, dass sie normalerweise nicht viel mit Schwarzer Musik anfangen konnten, doch diese Party wäre großartig. Aus diesem Kontext heraus hat sich auch die Londoner Rare-Groove-Szenerie entwickelt. Ich konnte plötzlich fünfzehn Minuten lange James-Brown-Stücke in ein aktuelles Programm einfließen lassen. Letztlich beendeten die Londoner Behörden diese völlig unangemeldeten Abenteuer. Nach vier, fünf Jahren Aufbauphase wurde es Zeit, ein wenig kürzer zu treten.

Stammte der Begriff Rare Groove nun von einem Club oder einer Radioshow?

Es kam wohl mehr wegen meiner Radioshow bei Kiss FM London. Das muss so 1984 gewesen sein. Piratensender hatten eine lange Tradition. Obwohl sie in England genauso verboten waren wie anderswo, bestand immerhin die Möglichkeit, sie als schwarzen Nachbarschaftssender zu deklarieren. Die Behörden waren dann ein wenig zurückhaltender, auch wenn sie alle paar Wochen versucht haben, uns hochgehen zu lassen. Doch einige meiner Freunde waren die totalen Radioexperten mit sehr guten technischen Kenntnissen. Wir wurden nie wirklich erwischt und sind alle paar Tage umgezogen. Durch verschiedene leere Häuser, in mein Schlafzimmer, in die Telefonzelle am Ende der Straße und in Parks oder Lieferwagen.

Wir begannen auf Kiss mit der Samstagsnachmittags-Sendung „The Original Rare Groove Show". Ich fühlte mich damals wie ein zorniger junger Mann mit der Mission, die Geschichte der Schwarzen Musik rüberzubringen. Für Soulmusik waren bis dato weiße DJs mit einer sehr geschmäcklerischen Haltung zuständig. Doch ich wollte unbedingt meine schwarze Sichtweise einbringen. Ich spielte fünfzehn Minuten lange Stevie-Wonder-Tracks, um den Leuten vorzuführen, was diese Musik anzubieten hatte. Die Resonanz war unglaublich. Auf dem Höhepunkt der illegalen Periode hörten uns jeden Samstag 100.000 Leute zu, was die legalen Stationen ziemlich aufgebracht hat. Der Druck, uns hochgehen zu lassen, verstärkte sich von Woche zu Woche.

Auf der anderen Seite lief die Vermarktungsmaschine an, was dich extrem frustriert hat ...

Ich war jung, idealistisch und ziemlich naiv. Ich dachte, was man aufzieht, davon müsste man auch ideell profitieren. Wir waren davon überzeugt, etwas Gutes und Sinnvolles zu tun. Wir brachen Rassen- und Klassen-Barrieren nieder und führten ganz verschiedene Menschen mit Musik zusammen. Eine fantastische Sache. Weder einem Regierungsprogramm noch einer Medienmacht wäre das gelungen. Ich musste mit ansehen, wie die ganze Rare-Groove-Szene in den Mainstream entführt worden ist. Eben spielten wir noch vor tausend Kids, die einfach das mochten, was wir taten, und plötzlich rannten uns Guardian oder New Musical Express hinterher. Ich konnte nur staunen. Was hatte unser Ding mit Rockmusik zu tun?

Man springt halt auf einen Zug auf ...
Nur langsam verstand ich, wie dieses *jumping on a bandwagon*-Prinzip bei neuen Kulten oder Jugendkulturen funktionierte. Ich fand mich plötzlich im Fernsehen wieder, wie ich versuchte, Mittelklasse-England zu erklären, was Rare Groove war. Mir kam das so sinnlos vor, und ich begann, mich von meinem eigenen Ding zu distanzieren. Die ursprünglichen Ideen schienen verloren. Ich dachte nur, jetzt fälschen sie wieder die Geschichte der Schwarzen Musik. Mittlerweile betrachte ich Popularität etwas entspannter.

Welche Rolle hast du zu Beginn der britischen Rave-Szene gespielt, die von Ibiza auf die Clubs zurollte?
Ich war eher ein Zaungast und mit anderen Sachen beschäftigt. Gegen Ostern 1988 war das Rare-Groove-Ding für mich gelaufen. Ich hatte genug davon, doch es war groß in den Medien. Man schaltete den Fernseher ein und sah James Brown und Bobby Bird. Was natürlich gut für diese Künstler war, deren Arbeiten nach all den Jahren endlich gewürdigt wurden. Es kam sogar zu einer Reunion-Tour der gesamten James Brown's Funky People. Ich brachte Maceo Parker, Fred Wesley, Bobby Bird und all die anderen wieder zusammen, die über ganz Amerika verstreut waren. 25 Jahre lang hatten sie nicht mehr zusammen gespielt. Ich rief einfach Vicky Anderson oder Lynn Collins an: „Hört einfach zu, ich bin nur ein gewöhnlicher Fan und verfechte seit Jahren eure Musik." Das Londoner Konzert veranstalteten wir im völlig ausverkauften Town and Country Club. Das Management von James Brown schnappte mich damals und wirkte ziemlich angesäuert. Schließlich hatte James Brown fast ein Jahrzehnt lang die vollkommene Kontrolle über diese Leute.

Zu der Zeit überkam mich das Gefühl, dass ich mich weiterentwickeln musste. Ich reiste wieder öfters nach New York, ging in die Paradise Garage und baute langsam Verbindungen zu Tony Humphries, Louie Vega und eben Larry Levan auf. Ich war auch bei der Abschlussparty, als die Garage im September 1987 schloss. Das war eine dreitägige Party, du hast niemals so viele Menschen gesehen, die Leute kamen aus der ganzen Welt für diese Abschlussfeier. Es war unglaublich.

Doch schon im nächsten Jahr fuhren Paul Oakenford, Danny Rampling, Nicky Holloway und all diese englischen DJs nach Ibiza und entdeckten die ganze Balearic-Nummer. Eigentlich sollte ich mitfahren wie bei einer DJ-Gruppenreise, doch ich entschied mich letztlich für New York. In Ibiza entstand in diesem Frühjahr und Sommer ein völlig neues Ding, während ich zur Tony-Humphries-Nacht in New Jersey ging. Es sah mal wieder so aus, als wäre ich am richtigen Ort zur richtigen Zeit gelandet. Perfektes Timing. Der Club hieß The Zanzibar in East Orange, New Jersey. Da gab es Samstagnacht eine Talentshow namens „The Jersey Dance", wo die lokale Musikszene vor rund tausend Leuten auf die Bühne stieg. Ich sah mir die Show mit Adeva, Blaze und Ten City an. Mittlerweile alles große Namen, doch damals waren einige noch im College, ohne jeden Vertrag. Ich dachte nur: „Verdammt, ich muss so eine Show auch in London veranstalten."

Also startete ich „High on Hope" im Londoner Dingwalls. Nach dem Zanzibar-Vorbild habe ich all diese Musiker eingeladen, die zu dem Zeitpunkt noch unbekannt waren. Der junge Louie Vega war mit von der Partie und stand direkt vorne an der Bühne. Ich erkannte ihn und forderte ihn auf, ein wenig aufzulegen. Er wollte erst nicht, da er keine Platten dabei hatte. „Nimm einfach meine!" Heute brauchst du £ 5000 für einen Set von ihm.

Ich hätte mit diesen Erfahrungen damals mehr auf das Produzenten- oder Remixer-Ding setzen sollen, doch mein Kopf stand woanders. „High on Hope" war der erste Garage-House-Nightclub außerhalb der USA, und mir kam meine Sammlung abermals zugute. Ich konnte die Originale zusammen mit Disco- oder Houseplatten spielen und hatte ein Gefühl wie bei einer nächtlichen Geschichtsstunde. Ich begann mit langsamen

Nummern, und am Ende war ich bei Four-to-the-Floor-Platten angekommen. Soul, R'n'B und Jazz, und am Ende stand HouseMusic.

1990 wurde Kiss dann legalisiert.
Kiss bekam die Lizenz, und um 12.00 Uhr startete ich am 1. September 1990 die erste legale Sendung für einen legalen Piratensender. Eine runde Million Menschen hörte damals zu. In diesen Tagen trat auch Phonogram Records an mich heran und bot mir an, gemeinsam mit Gilles Peterson ein Label zu starten. Ich war ziemlich misstrauisch gegenüber der Industrie und schätzte meine Freiheiten über alles. Ich zierte mich, doch mit jeder ablehnenden oder ausweichenden Antwort jagten sie mich mehr. Letztlich war es Gilles, der mich überredete. Obwohl ich mich mit dem Managerdasein nie anfreunden konnte, blieb ich drei Jahre dort. Die Schallplatten-Industrie mit ihrer Spesenritter- und Scheckbuch-Mentalität war eigentlich genauso, wie ich mir das vorgestellt hatte, doch die Aufbauzeit des Talkin-Loud-Labels war ziemlich grandios. Schließlich war es bis dahin absolut ungewöhnlich, dass eine Major-Plattenfirma DJs in verantwortlichen Management-Positionen beschäftigte, die noch nie zuvor in derartigen Strukturen gearbeitet hatten. Anfangs nahmen wir einfach unsere Kumpels unter Vertrag. Die erste Talkin-Loud-Generation mit Galliano, Incognito und den Young Disciples. Manchmal kommt auch etwas sehr Schönes heraus, wenn man eigentlich gar nicht so genau weiß, was man da gerade macht. Damals haben wir viel Gutes, aber auch viel Schrott unter Vertrag genommen. Und nur ein wirklicher Hammer ist uns dabei durch die Lappen gegangen: Jamiroquai. Damals ein superjunger Typ, der zehn Minuten von mir entfernt um die Ecke wohnte und der zu meinen Warehouse-Partys kam, total ausflippte und sich immer noch mehr James Brown wünschte. Mittlerweile

haben die ersten drei Alben weltweit über zehn Millionen Platten verkauft. Aber ich freue mich wirklich für ihn.

Heutzutage bist du in deiner Musikauswahl absolut frei und kannst dir die Clubs aussuchen. Zwischenzeitlich hattest du sogar eine Residency im Ministry Of Sound?

Einmal im Monat habe ich dort gespielt, es war mein musikalischer Anker in London. Ich habe die Musikindustrie durchlaufen und fühlte mich irgendwann zu eingeschränkt. Es war keine Kopf- oder Geldentscheidung. Ich wollte einfach wieder was anderes machen. Mittlerweile werde ich öfters gefragt, wie lange dieses DJ-Dasein noch gehen soll, und dann kann ich nur antworten: „Ich möchte der Quincy Jones der DJs werden und immer noch da sein, wenn viele andere schon abgetreten sind." Musik ist eine evolutionäre Angelegenheit, keine Revolution. Sie entwickelt sich, und wenn sich die Zeiten ändern, ändert man sich eben mit ihnen. Ich liebe die Musik heute genau wie vor 25 oder 30 Jahren. Ich mache zwischen Marvin Gaye und Public Enemy keinen Unterschied. Sie bedeuten mir gleich viel. Beide haben dieselbe Botschaft, die gleiche aufrüttelnde Wirkung, beide machen mich *wicked*. Ich werde nach all den Jahren immer noch als Rare Groove DJ gehandelt, obwohl ich ungezählte House- oder HipHop-Gigs hinter mir habe. DJs gelten heute etwas in der Wahrnehmung der Medien, und da wird offensichtlich ein Aufhänger zur besseren Identifikation gebraucht. Ich sehe DJing aber wie eine Sprache. Gott hat uns eine Zunge gegeben, aber nicht gesagt, dass wir damit nur deutsch, französisch oder englisch sprechen sollen. Und wenn ich es will, kann ich jede Sprache lernen. Ich könnte jede Musik spielen, von der ich überzeugt bin, die entsprechende Technik kann man trainieren. Es wäre ziemlich langweilig, nur auf eine Sparte festgelegt zu werden. Musik bedeutet Emotionen, und die sind auch nicht immer gleich.

Eine pragmatische Frage noch: Über die Jahre musst du eine unglaubliche Menge Platten bekommen haben. Wie blickt man da noch durch? Hast du eine besondere Archiv- oder Regaltechnik?

Ich habe nie gezählt, wie viele Platten ich besitze, sie stehen alle ziemlich wild durcheinander ohne spezielle Ordnungsform. Diese Methode kommt meiner Verrücktheit sehr entgegen. Chaotisch wie mein Geschmack und alles, was ich mache. Starke Ordnungskriterien widersprechen meinem Improvisationsgeist. Mein aktueller Plattenkoffer ist immer gepackt, zusätzlich ziehe ich wie in einer Lotterie einige Platten aus dem Regal, dafür fliegen andere raus. OK, das sind die Platten, damit machen wir eine Party.

Doch wenn du mal eine ganz bestimmte Platte brauchst ...
Dann muss ich eben suchen. Sehr nützlich dabei ist, dass ich von den wichtigsten Scheiben mehr als ein Exemplar habe. Dieses Gesetz habe ich mir vor zwanzig Jahren verordnet: Wenn du eine Platte wirklich gut und wichtig findest, besorg dir zwei oder drei davon.

Und verteile sie überall ...
Jeder DJ weiß, wie das läuft beim Plattenauflegen, sie nutzen sich ab, bekommen Kratzer, zerbrechen oder gehen verloren. Eines meiner schrecklichsten Erlebnisse in dieser Hinsicht hatte ich nach einem großen Rare Groove Event in Amsterdam. Damals hatte ich immer zwei 7-inch-Kisten dabei, und eine der beiden ging verloren. Was mich schrecklich traf, und mir wurde bewußt: Ich konnte mich einfach nicht auf ein Exemplar pro Platte verlassen. Doch manchmal entspringt Gutes aus dem Bösen: Nach dieser Lektion habe ich nie wieder Drogen angefasst. Wirklich wahr, weil mir der Verlust so nahe ging. Aus diesem Erlebnis heraus habe ich sogar richtig Mixen gelernt. Mittlerweile sind meine Skills an den Decks ausreichend. Ich gewinne damit sicherlich keine Wettbewerbe, und viele DJs übertreffen mich bei weitem. Ich bin in erster Linie ein Mann der Musik und kein Techniker. Das sind auch die beiden Extreme, zwischen denen sich die DJ-Kultur abspielt: Manche können nicht mal die Anlage vernünftig einstellen, doch dafür haben sie großartige Platten. Andere wiederum mixen, scratchen und tricksen wie die Weltmeister und spielen dabei Scheißmusik. Doch beides hat seine Berechtigung, und für jeden findet sich ein Ort.

Noch mal: Meine Ohren haben mich noch nie betrogen. Es sind nicht meine Finger, in denen die Skills stecken, es ist das Gehör. Ich bin glücklicherweise fähig, die eine oder andere Hitplatte zu erkennen, lange bevor sie wirklich in die Charts geht, was sicherlich auch daran liegt, dass ich schon so lange dabei bin und mein Geschmack sich wirklich entwickeln konnte. Nicht immer stößt mein Geschmack auf allgemeine

Zustimmung, doch dann provoziert er Auseinandersetzungen. Ich sage nicht, dass ich immer Recht habe, doch ich vertraue meinem Urteil instinktiv. Ich weiß, was ich mag, und verschwende keine Zeit mit dem, was ich nicht mag. So mache ich einfach immer weiter.

CLASSIC NORMAN

„Entspannt euch einfach, ich bin nur ein ganz normaler Kerl wie ihr auch. Bitte stellt mich nicht auf solch ein Superstar-DJ-Podest. Ich bin nur ein ganz gewöhnlicher Typ. Der es vielleicht hinbekommt, seinen Lebensunterhalt damit zu bestreiten, anderer Leute Platten zu spielen. Vergesst das niemals." Dazu ein typisches Radio-Set (mehr solcher Playlists finden sich bei www.finessemusic.demon.co.uk):

RAMSAY LEWIS: *Wade In The Water (Chess)*

THE CASUALEERS: *Dance Dance Dance (Pye Int.)*

MARY LOVE: *I've Gotta Get You Back (Kent)*

DARRELL BANKS: *Our Love (Is In The Pocket) (Stateside)*

REFLECTIONS: *(Just Like) Romeo & Juliet (Tamla Motown)*

THE DELLS: *Run For Cover (Cadet)*

THE O'JAYS: *I Dig Your Act (Mojo)*

DORIS TROY: *I'll Do Anything (Aything He Wants (Mojo)*

BETTY EVERET: *Gettin' Mighty Crowded (President)*

THE MOOD MOSAIC: *A Touch Of Velvet, A Sting Of Brass (Columbia)*

DARROW FLETCHER: *Infatuation (Jacklyn)*

THE POETS: *She Blew A Good Thing (Symbol)*

THE MARVELETTES: *I'll Keep On Holding On (Tamla)*

FRANKIE VALLI: *You're Ready Now (Philips)*

NANCY WILSON: *The End Of Our Love (Capitol)*

THE TRIUMPHS: *I'm Coming To Your Rescue (SMP)*

TONY CLARKE: *Landslide (O. O. T. P.)*

THE ISLEY BROTHERS: *It's Out Of The Question (Tamla Motown)*

DARRELL BANKS: *Angel Baby (Atlantic)*

FRANKIE BEVERLY: *If That's What You Wanted (Liberty Bell)*

WAYNE GIBSON: *Under My Thumb (Pye)*

FATHERS ANGELS: *Bok To Bach (Black Magic)*

JEANETTE HARPER: *Put Me In Your Pocket (Bee)*

STAIRSTEPS: *Stay Close To Me (Buddah)*

THE SAPHIRES: *Gotta Have Your Love (Lost Nite)*

TAMI LYNN: *I'm Gonna Run Away From You (Contempo)*

THE DETROIT SPINNERS: *I'll Always Love You (Tamla Motown)*

LOU RAWLS: *Soul Serenade (Capitol)*

THE MARVELETTES: *The Day You Take One (Tamla Motown)*

BILLY BUTLER: *Right Track (Okeh)*

SAN REMO STRINGS FESTIVAL: *Time (Tamla Motown)*

DOBIE GRAY: *Out On The Floor (Black Magic)*

DUSTY SPRINGFIELD: *Little By Little (Philips)*

NANCY WILSON: *Uptight (Everything's Alright) (Capitol)*

CHRIS MONTEZ: *The More I See You (Old Gold)*

ESTHER PHILLIPS: *Just Say Goodbye (Atlantic)*

MEL TORME: *Comin' Home Baby (London/Atlantic)*

COLUMBUS CIRCLE: *Hide Your Heart Away Holly (Lable)*

DEAN PARRISH: *I'm On My Way (RKO)*

DOBIE GRAY: *The In Crowd (London)*

„Wein, Weib und Gesang"

DAS $^4/_4$-PRINZIP, VORGELEBT VON *JOHN ACQUAVIVA*

Auf der anderen Seite des Lake St. Clair liegt in Sichtweite der Techno-Mutterstadt Detroit die kanadische Provinz Ontario. Giovanne Acquaviva, Jahrgang '63, hat sich während der frühen Achtziger dort jene Sporen verdient, die ihn Anfang der Neunziger zu einem der beliebtesten DJs der Welt machten. Auf dem Rücken des Erfolges seiner in Zusammenarbeit mit Richie Hawtin betriebenen Labels + 8, Definitive, Probe und des zugehörigen Intellinet-Vertriebs präsentierte er jungen Tanzwütigen in aller Welt, wie stark der Viererfuß ihrer Tage in dem Hedonismus der Disco-Ära verwurzelt ist. In seiner riesigen Plattensammlung, die 50–60.000 Exemplare umfasst, findet der Kanadier zu sich selbst. Seine musikalischen Favoriten sind hier so sorgfältig abgelegt wie jede einzelne Epoche seiner DJ-Karriere. Auch wenn er es inzwischen ein wenig ruhiger angehen lässt, findet er zwischen der Organisation seiner notorischen Weinsammlung immer mal wieder Zeit, andere Anbaugebiete zu besuchen. Die Tanzflächen danken es ihm weiterhin. Protokoll des 22. Juni 1999: Torsten Schmidt.

Im zuweilen etwas chaotischen DJ-Business wirst du als Meister der Organisation gehandelt, der sich um alles selber kümmert: Label, Booking, Pressearbeit. Schlummert in dir ein heimlicher Streber?
Ganz und gar nicht. Ich bin eher ein Partylöwe mit gut zwei Jahrzehnten Erfahrung. 1979, also mit 16, mogelte ich mich zum ersten Mal in eine Disco und war sofort hin und weg. Ich verfiel dieser überdrehten Party-Atmosphäre und hätte mich fast darin vergessen, einfach nur mit Freunden auszugehen und Mädchen kennen zu lernen. Im Gegensatz zu vielen anderen DJs tanze ich gerne. Um noch näher an diese Welt heranzukommen und aus einer tiefen Liebe zur Musik habe ich dann zwei Jahre später erstmals selbst Platten aufgelegt.

Also mit dem Traumjob kam auch eine gewisse Disziplin?
Im Gegensatz zur Schule, wo ich vieles schleifen ließ, war ich sehr enga-

giert. Ich habe kaum einen DJ-Termin sausen lassen; selbst wenn ich mies drauf oder sogar krank war. Es gab massig andere junge Typen, die liebend gerne eingesprungen wären, obwohl die Bezahlung miserabel war. Die ersten vier, fünf Jahre hat es der Clubbesitzer hervorragend verstanden, diesen Konkurrenzkampf zum Drücken der Honorare auszunutzen. Nach einer Lohnerhöhung brauchte ich erst gar nicht zu fragen.

Und das stählt ...

Ich habe halt gelernt, mein eigener Herr zu sein, und verlasse mich ungern auf andere. Es macht mir nichts aus, die ganze Nacht aufzulegen und dann den ersten Morgenflug in die nächste Stadt zu nehmen. Ich kümmere mich auch selbst um meine Bookings, was ziemlich ungewöhnlich ist. Die meisten bekannten DJs ziehen sich ab einem gewissen Bekanntheitsgrad auf die Künstlerposition zurück und lassen alles organisieren. Doch ich möchte selbst die Flugverbindungen unter Kontrolle haben. Wenn man durch so viele verschiedene Länder reist und mit vielen Veranstaltern zu tun hat, braucht man einfach eine Stelle, wo alles zusammenläuft. Und da ich keinen Manager will, mache ich das eben selbst. Bei einer ganzen Tour in einem Land wäre es zwar schön, eine Person zu haben, die sich vor Ort um alles kümmert, doch ein normaler Plan führt mich eher von Barcelona nach Zürich als von Freiburg nach München.

Klingt nach Supermann.

Manchmal ist es wirklich hart. Andererseits spricht nichts dagegen, organisiert und trotzdem kreativ zu sein. Es ist ein sehr romantischer Gedanke, dass der wahre Künstler von allen Sorgen abgeschirmt sein müsste. Diese Position halte ich heutzutage für überholt. Wer sein eigenes Schicksal kontrollieren möchte, kann nicht alles beiseite schieben. Je mehr man selbst macht, desto mehr unmittelbaren Erfolg erfährt man. Der Preis dafür ist allerdings ein extremer Schlafmangel während der Reisen. In manchen Monaten fliege ich zwei-, dreimal nach Europa, um bis zu fünf Städte in der Woche abzuklappern. Obwohl ich kaum noch Drogen nehme, bekomme ich regelrechte Halluzinationen, wenn ich nach ein, zwei Stunden Schlaf durch die Flughafengänge laufe. Man mutet sich immer zu viel zu. Studioarbeit, Gigs, viel zu oft kommt alles auf einmal.

Mit deinem Partner Richie Hawtin arbeitest du heute nicht mehr so eng zusammen, oder?
Früher kümmerte sich jeder um alles. Jetzt haben wir die Entscheidungen nach Inhalten bzw. den einzelnen Labels aufgeteilt. Ich bin für Definitive verantwortlich und er macht + 8. Somit brauche ich nicht mehr der Techno-Botschafter zu sein. Ich war in diesem Genre zwar durchaus fit, doch es war letztlich keine Herzensangelegenheit. Ich habe festgestellt, dass ich doch mehr der Disco-Typ bin. Schließlich lag hier meine erste Club-Erfahrung, und die ist jetzt wieder durchgebrochen.

Lil' Louis erzählte einmal in einem Interview von seiner Beobachtung, dass plötzlich nicht mehr der örtliche Football-Spieler die Aufmerksamkeit der Mädels auf sich zog, sondern der DJ ...
Ich habe das aus dem Blickwinkel eines kanadischen Provinzlers mitbekommen. Meine Heimatstadt London/Ontario liegt ziemlich genau in der Mitte zwischen Detroit und Toronto. Eine Gegend wie in der englischen Countryside, und der größte Fluss der Gegend heißt selbstverständlich Thames River. Die eineinhalbstündige Autofahrt nach Toronto nahmen wir spielend, schließlich tauchten wir jedes Mal in die Aura einer Metropole ein. Die DJs dort hatten mixtechnisch wirklich was drauf, doch verglichen mit Chicago, Detroit oder New York legte niemand gesteigerten Wert auf musikalische Veränderungen. Es gab offenbar keinen Grund für sie, innovativ zu sein. Die etablierten Typen konnten sehr gut vom Auflegen leben und waren viel zu faul und dekadent, um ins Studio zu gehen. Denen ging es eher darum, jemand abzuschleppen und flachzulegen. Heute wird die Stellung als Künstler oder Produzent sehr ernst genommen, doch diese DJs gefielen sich mehr darin, in ihrer Kanzel im Mittelpunkt zu stehen. Niemand fühlte sich für einen eigenständigen Sound der Stadt verantwortlich. Es war mehr ein toller Trip mit den gefragten Dancefloor-Knüllern, der endete, als der Wind sich drehte. Das lief fast parallel zu der irren Geschichte von Neil Bogarts Casablanca-Label ab. Auch Bogart betrachtete das ganze Leben wie eine große Party. Die Riesenhits von Donna Summer 1978 und 79 führten zu einem explosionsartigen Boom. Casablanca verdiente in kürzester Zeit Millionen und verballerte gleichzeitig Unsummen für teure Büroräume, Autos und Drogen. Die ganze Plattenindustrie lag ihnen zu Füßen. Alle waren fest davon überzeugt, es würde immer so weiterlaufen. Im berühmten Buch „Hit-

men" ist ausgezeichnet beschrieben, wie dieses Gebäude aus Koks und Exzessen schon bald darauf zusammengestürzt ist. Als die Erfolgsmaschine stotterte, ließ Casablanca einfach weiterhin riesige Auflagen pressen, um ihrem Partner- und Vertriebslabel Mercury vorzugaukeln, der Laden würde weiterhin brummen. Doch die Platten lagen wie Blei in den Regalen und kamen irgendwann als Ausschussware zurück. Irgendwann musste Mercury erschüttert feststellen, dass ihr goldenes Huhn auf stapelweise Rechnungen saß und kaum noch Einnahmen hatte. Natürlich war das alles vollkommen durchgeknallt und unverantwortlich gegenüber den Künstlern und Geschäftspartnern. Irgendwie schmierig und trotzdem total faszinierend.

Deine ersten Cluberfahrungen fielen in die Zeit des kommerziellen Overkills der Disco-Ära. Wie bist du als junger DJ damit umgegangen?
Gefragt war, was dem Publikum gefiel und somit Umsatz brachte. Schließlich war mein langjähriger Stammclub ein echter Mainstream-Schuppen, und ich erinnere mich kaum an besondere Underground-Nummern. Neben den Dancefloor-Hits habe ich New Wave ins Programm gebracht. Schließlich war ich als Club-Kid erklärter Fan der englischen Synthie-Popper-Band Visage und stolzierte auch mit geschminktem Gesicht und

hochtoupierten Haaren durch die Nacht. Als DJ habe ich diese Verkleidung dann abgelegt und mich auf den musikalischen Ausdruck konzentriert. Doch ein großer Freiraum bestand hier ohnehin nicht. Ich hatte zwar viele Platten, die kaum jemand kannte, doch darüber konnte ich mich bestenfalls mit den anderen DJs unterhalten. Zum Einsatz kamen sie höchst selten. Es war ohnehin eine merkwürdige Übergangszeit. Die in unserer Gegend starke Rock'n'Roll-Fraktion inszenierte einen regelrechten Disco-Backlash. Damals wurde über musikalische Gegensätze noch erbittert gestritten. Eine lokale Station in Chicago sendete eine sehr erfolgreiche „I hate Disco"-Show, und im dortigen Comiskey-Park haben sie in einer bekloppten Aktion sogar mal Disco-Platten verbrannt. Die Szene hatte sich mit ihren „Disco Duck", „Disco Car", „Disco Sonstwas"-Platten aber auch selbst kaputtgemacht. Die schwachsinnigen Produktionen ruinierten das Image vollends.

Du bist deinem Mainstream-Laden aber treu geblieben?

Vorerst ja. Mir war die ständige Praxis wichtig, und außerdem bekam man von hier aus am besten neue musikalische Entwicklungen mit. Nebenher liefen im kleineren Rahmen Partys, bei denen ich alles Mögliche ausprobierte. Ich habe sogar eine Zeit lang HipHop-Platten gespielt und dabei die Philosophie von Afrika Bambaataa schätzen gelernt, dass man irgendwann jede Musik spielen kann, wenn sie gut ist. Er selbst war nie ein besonderer Mixer, doch er hatte tolle Ideen. Das Ganze begann mit Soundschnipseln von alten Soul- und Funkplatten, die ich überaus schätze. Ich habe all die alten People-Scheiben und mag viele Songs aus den Siebzigern. Ansonsten legte ich mir in jener Zeit gewisse Grundtechniken zu, die ich bis heute verwende. Mittlerweile wusste ich genau, wie ich meine Discoplatten bringen konnte, wie man Tempo rausnimmt und überraschende Momente setzt. Aus der Tradition im Mainstream-Laden heraus habe ich mein Repertoire immer in kleine Blöcke eingeteilt. Früher bedeutete das einfach zwei, drei Hits hintereinander, dann vielleicht ein unbekannter Song. So lief das eben, ansonsten hätten mir die Leute die Bude eingerannt. Heute ist das alles kein Problem. Man kann acht, neun unbekannte Stücke hintereinander spielen. Es kommt eher darauf an, die Stimmung nicht zu früh zu überhitzen. Nach ein, zwei Nummern überlege ich immer, ob ich im Sound härter, weicher oder auch älter werden will. Und je nachdem, wie der Vibe im Publikum ist, mixe ich die neue Stimmung herein. Außerdem habe ich in den Achtzigern gelernt, dass man eine große Palette draufhaben muss, ohne jedoch jedes Mal den Beat zu verändern. Wobei die Songauswahl nach wie vor das Wichtigste ist. Seit Jahren benutze ich nicht viel mehr als den Crossfader und die beiden Kanäle. Damals habe ich noch mehr herumexperimentiert und aus bekannten Platten immer nur bestimmte Elemente gespielt, z. B. die Bläsereinsätze oder die Basslinie. Eigentlich waren das damals Live-Remixes. Ob man diesbezüglich etwas wagt, hängt immer von der Stimmung des jeweiligen Abends ab. In einer langweiligen Nacht, wo man dauernd auf die Uhr schaut, halte ich mich an bewährte Mixversionen. Das Publikum geht sowieso in keine bestimmte Richtung, also setze ich auf Nummer Sicher. Was sehr schade ist, weil ich immer nach der perfekten Party strebe. Ein Publikum, das nur die Zeit totschlägt, ist eine sehr traurige Angelegenheit. Oder wie Cabaret Voltaire sagten: „Warum die Zeit totschlagen, wenn man sich auch selbst umbringen kann."

Techno-Fans werden sich wundern, dass der Gründer eines der innovativsten und visionärsten Techno-Labels über alte Disco-Platten redet.
Wie passt diese Passion mit + 8 zusammen?
Als ich Richie Hawtin traf, waren wir ziemlich genau auf dem gleichen Level angelangt. Zwei halbwegs erfahrene DJs, die sich aus ihrem Umfeld heraus weiterentwickeln wollten. Unsere Musiker Kenny Larkin oder Dan Bell wiederum wollten einfach nur Platten veröffentlichen. Zu jener Zeit war gerade „Sweet Exorcist" von LFO erschienen, und wir standen total auf diesen Bleep-Sound des Warp-Labels. Wir dachten schlicht, es wäre unheimlich trendy und innovativ, die erste amerikanische Bleep-Platte zu veröffentlichen. „States Of Mind" entstand, und die Leute haben es gekauft. Daraufhin gaben wir Kenny Larkin einen dezenten Groove und Samples von Martin Luther King, auch das kam an. Dann fuhr Richie nach England und erlebte die dortige Rave-Szene auf Hochtouren. Die Reaktion darauf war „Technarchy", im Nachhinein eine wichtige Platte. „Cubik" von 808 State hatte uns dazu inspiriert. So lief das am Anfang. Wir haben innovative Ansätze von anderen Platten ins Studio getragen und sie dort von A nach B weitergetrieben. Das hat großen Spaß gemacht. Doch dieser eher naive Ansatz vom eigenen coolen Label verselbstständigte sich mit jeder weiteren Produktion. + 8 wurde zum wichtigen Techolabel, und es gab diese ernsten Fotos von Richie. Alle, die ihn

kannten, haben darüber Witze gemacht. Mittlerweile ist er in diesem Image gefangen. Er ist der Plastikmann wie auf seinen Platten, und wenn er mal HouseMusic auf einer Party spielt, fühlen sich die Leute verarscht. Ich war immer fester Bestandteil des Labels, doch ich stand nie im Rampenlicht und habe mir keinerlei Image zugelegt. Ich kann weiterhin machen, was ich will!

Und mit dem Labelnamen + 8 wolltet ihr eine besondere Dynamik ausdrücken?

Es traf eine bestimmte Phase in den Clubs sehr gut. Die meisten Platten aus den Achtzigern waren relativ langsam, gerade mal 110 bis 120 bpm. Ich schwenkte nach meiner HipHop-Periode wieder mehr zu House und Disco über, doch irgendwann wurde mir das alles zu langsam. Wenn man Clubhits über eine längere Periode im gleichen Laden einsetzen wollte, musste man sich ohnehin etwas einfallen lassen. So entstanden Remixes aus zwei identischen Exemplaren der Songs, die dazu noch per Geschwindigkeitsregler hochgepitcht wurden. Schließlich legte ich alle Platten um + 8 % beschleunigt auf, was dann auch so promotet worden ist. Ich nannte mich damals Jacquaviva als kleinen Verweis auf das Chicago-House-Schlagwort „Jack". Gleichzeitig bekamen wir die härteren Sachen von Derrick May oder Jeff Mills aus Detroit mit. Sie hatten alle diesen energetischen, hochgepitchten Auflegestil drauf, so dass + 8 ein sehr nahe liegender Labelname für diese Zeit war. Auch unsere Veröffentlichungen wurden immer schneller und härter, zumindest die ersten zehn. Wir verstanden das nicht als Dogma, sondern eher als Versuch, wie weit man es musikalisch treiben konnte. „Vortex" war in dieser Reihe wohl die verrückteste Platte. Viele Technokids haben so viele ernsthafte Gedanken an dieses verdammte Ding verschwendet, dass wir es irgendwann aufgegeben haben, dagegen zu argumentieren. Es gibt wohl auch im Pop immer zwei verschiedene Sichtweisen. Ich war immer davon überzeugt, dass „Vortex" eher eine komische Platte ist, über die man durchaus lachen darf. Ein Witz.

In Deutschland verbindet man mit dieser Platte die Hoch-Zeit der Techno-Partys. Was habt ihr davon mitbekommen?
Letztlich sind wir über das Label in Europa bekannt geworden. In Amerika lief das alles anders. Die wichtigsten Clubs für elektronische Tanzmu-

sik waren Schwulenläden, und in fast allen Städten orientierte sich die Produzentenszene an diesen speziellen Nächten. Hier wurden Platten getestet und Underground-Hits geboren. Doch die immer stärkere Aids-Hysterie hat das liberale Amerika gekillt und eine Kultur zerstört, die bis dahin auch auf Heteros sehr integrativ wirkte. Es gab in den Schwulenläden immer ein oder zwei gemischte Nächte, doch mit Aids brach wieder diese latente Schwulen-Feindlichkeit durch, die in HipHop und Rock'n'Roll unterschwellig immer mitschwang. Das hat der Underground-Dancemusic mehr geschadet als alle „Disco sucks"-Slogans. Fast alle maßgeblichen Treffpunkte verschwanden bis zum Ende des Jahrzehnts. Und damit war auch der soziale Aspekt dahin: Jeder war besorgt oder hatte sogar Angst, auszugehen und zu feiern.

Als ich 1990 zum ersten Mal nach Europa kam, wirkte das ungemein befreiend. Die Clubszene wirkte hier sehr stark und präsent, immer rastlos und nie ausgestorben. Die Europäer haben sich immer schon an der amerikanischen Kultur orientiert, und überall gab es Discos oder Rock'n'Roll-Läden, die für Nachschub sorgten. Auch die Schallplattenläden wirkten so importorientiert, und ich war wirklich beeindruckt, wie ernsthaft man sich mit neuen und obskuren Sachen beschäftigte, die in Amerika keinen Menschen interessierten. Dort muss immer alles sofort kommerziell funktionieren. Ich habe diese europäische Sichtweise schätzen gelernt und mich gewundert, dass man in Europa trotzdem so hungrig nach amerikanischen Produkten ist. In diesen Techno-Jahren herrschte in den amerikanischen Clubs eher Depression. Mittlerweile ist die Szene wieder besser denn je.

*Wogegen sich die offiziellen Rahmenbedingungen insbesondere in
New York doch ziemlich gewandelt haben.*

Ich habe oft dort gespielt, doch die neue Stadtverwaltung unter Bürgermeister Giuliani ist wirklich hart drauf. Tunnel und Limelight geschlossen, das Mindestalter von 21 für den Ausschank von Alkohol wird jetzt auch überall und ständig kontrolliert. Als ich in der neuen Sound Factory auflegte, mussten sie um vier schließen, obwohl es knallvoll war. Wenn nicht, hätten sie den Laden hochgenommen. An einem der letzten Abende im Limelight wurde ich an der Tür durchsucht und musste trotz des Jobs meinen Ausweis zeigen. Wer seine Papiere vergessen hatte, konnte gleich wieder gehen. Die Clubs werden beobachtet wie unter dem Mikroskop, was ziemlich auf die Stimmung schlägt. Für Europäer gilt New York immer noch als Zentrum der Welt, das 24 Stunden geöffnet hat, doch die Realität sieht anders aus. Bürgermeister und Verwaltung wollen lieber ein Disneyland. Merkwürdig eigentlich, dass viele der heute Verantwortlichen aus der liberalsten und radikalsten Generation stammen, die es je gegeben hat. Sie haben protestiert, Partys ohne Ende gefeiert und alle Drogen ausprobiert, die es gab. Kaum sind sie an der Macht, verwandeln sie sich in einen konservativen Haufen, der alle Erfahrungen lenken und kontrollieren will.

*Du hast gesagt, dass Richie mehr der Künstlertyp ist, der eigene
Platten aufnimmt. Siehst du auch einen generellen Unterschied
in eurer Arbeit?*

Ich kann hier sitzen und so tun, als wäre ich ein Intellektueller, doch ich bin nur ein DJ! Ich spiele die Platten von anderen Leuten. Das zwar ganz ordentlich, doch dafür werde ich auch bezahlt. Ich benutze deren Musik, um eine Nacht lang eine Collage von Stimmungen mit all ihren Höhen und Tiefen zu erschaffen. Ich habe nie den Drang verspürt, ins Studio zu gehen und meine eigene Musik zu machen. Und das ist auch gut so, denn der DJ als Pop-Ikone ist ohnehin das große Missverständnis der Neunziger. Ich picke mir Platten raus und stelle sie in den Clubkontext und mache sie damit bekannt. Genau das sollte ein guter DJ sein: ein Typ, der auf ehrliche Weise im Club oder Radio Trends aufspürt und erfolgreich macht. Ich bin damit beschäftigt, jeden Monat alle Platten durchzuhören. Wie soll ich da noch ins Studio gehen?

*Lassen sich aus deinen Erfahrungen Grundregeln für eine langjährige
DJ-Laufbahn ableiten?*

Kaum. Es ist außerordentlich hart, eine ständige Nacht über zwei oder
drei Jahre lebendig zu halten. Clubs entwickeln sich weiter. Das Publikum
tauscht sich aus. Nach einer gewissen Zeit ist die Luft raus. Man muss sich
ständig neu erfinden und sich bewusst sein, dass man mit einem Trend
hochkommt, aber es damit unweigerlich auch wieder runtergeht. In diesen Abstiegsphasen sollte man sein Ego im Griff haben. Wenn man nicht
an sich glaubt und sich nicht wieder aufrappelt, ist es vorbei. Dann bleibt
nur dieses blöde Gefühl: „Nun ja, ich habe meine Samstagsshow verloren." Unterwegs mache ich niemals zwei Gigs am gleichen Ort hintereinander. Wenn mir zwei Ausfälle passieren, denke ich sofort: Das Clubleben bringt es nicht mehr! Dabei ist es höchst unrealistisch, nur gute
Abende zu haben. Ich versuche mich an den Jungs zu orientieren, die
ebenfalls schon lange dabei sind. Wenn man die Sache bis 30 und darüber hinaus durchzieht, ist man durch verschiedene Pop-Generationen
gegangen und hat eine Menge Scheiße überlebt. Ich kann nur sagen,
dass ich mich in den letzten fünf Jahren wieder meinen Wurzeln angenähert habe. Ich spiele einen freundlicheren Sound und lasse alles nicht
so ernst und schwer wirken. Vielleicht liegt es auch daran, dass die elektronische Clubszene ein Level erreicht hat, wie ich es mir immer gewünscht habe. Viele Elemente in der Popmusik wurden einfach zu ernst
genommen. Das Erbe der Alternative-Musik endete darin, dass die Sache
so alternativ wurde, dass sie niemand mehr mochte. Mag sein, dass ich
bei dieser Hinwendung einige abgelegte Disco-Platten hervorkrame.

*Wie wählst du diese Nummern aus, um nicht als reiner Nostalgie-DJ
zu enden?*

Ich reise normalerweise mit rund 200 Platten und habe dann 20 alte
Scheiben dabei, die wiederum nur teilweise zum Einsatz kommen. Ich
bin kein reisender Geschichtslehrer. Was anderes sind spezielle Abende,
wie neulich in Detroit oder zusammen mit Derrick Carter in Toronto. Das
war großartig. Dann schleppe ich eine spezielle Kiste mit 100 alten Favoriten an, die ich dann zwei Stunden lang am Stück spiele. Doch das ver-
buche ich als Privatvergnügen.

Irgendwann verlor ich das Gefühl für meine Platten, weil ich sie kaum
noch gesehen habe. Irgendwann musste ich einfach jemand finden, dem

Platten genauso viel bedeuten wie mir selbst. Ich blickte nicht mehr durch, aber irgendeine Ordnung musste her. Vor drei Jahren heuerte ich deshalb für zwei, drei Tage die Woche einen Assistenten an. Schließlich gibt es so viele verschiedene Systeme: die Indie-Maxis aus den Neunzigern nach Label ordnen und Bands und Musiker auf Major-Labels nach Namen. Ich habe sie einfach nur zusammengetragen und nie gezählt, doch 50.- oder 60.000 Scheiben dürften es mittlerweile sein. Jede Ära hat ihre eigene Unterabteilung mit 7-inches, Picture Discs, Maxis und Booklets, die Alben und 12-inches aus den Siebzigern und die rund 5000 Disco-Maxis, die ich von einem früheren DJ-Kollegen en bloc übernahm. Ich bin ein regelrechter Platten-Junkie, und jedes Zwei-Dollar-Angebot im Second-Hand findet bei mir eine gute Heimat. In den letzten Monaten habe ich wieder Zeit gefunden, mich mindestens einen Tag die Woche mit meinen alten Platten zu beschäftigen. Dabei habe ich viele Soul- und Brazil-Platten wieder entdeckt, die ich sehr schätze. Allein der Anblick der Cover lässt mir das Herz aufgehen. Das ist ein guter Ausgeich, um mit immer neuen Platten umzugehen.

Dann ist es ja noch nicht so weit gekommen wie bei Tony Humphries, der Leute beschäftigt, die seine neuen Promo-Platten durchhören und mit einem speziellen Markierungssystem versehen.
Zum Glück nicht. Ich muss die Platten selber hören, alte wie neue. Manchmal bekomme ich drei- bis vierhundert neue Weißmuster pro Monat. Fast unmöglich, sie alle ehrlich abzuarbeiten. Doch niemand kann mir erzählen, was eine gute Platte ist. Eine komische Vorstellung, jemand anzulernen, der meinen Geschmack auswählt. Erst wenn ich mich zur Ruhe gesetzt habe, können andere die Arbeit für mich machen.

Was passiert dann mit den ganzen Platten?
Ich würde sie gelegentlich in einem kleinen Club auflegen. Mir gefällt der internationale Erfolg, doch ich könnte mich auch gut mit meiner Familie in meinem Haus einschließen und mir den Rest meines Lebens Platten anhören. In meinem Studio steht eine Anlage mit tollem Klang, und genau wie im Club geht es auch hier um die richtige Atmosphäre.

Wo wir bei Atmosphäre sind; du bist auch Weinsammler?
Direkt nach den Discoplatten kommt das Essen und der Alkohol. Ich will

mich hier nicht zum Drogenverherrlicher aufspielen, doch wenn man sich schon berauschen will, ist Alkohol zur Grenzüberschreitung immer noch das Beste. Außerdem bekommt man, wofür man gezahlt hat, denn Alkoholherstellung ist kontrolliert. Wenn du eine billige Dröhnung willst, kein Problem. Und wenn du mehr ausgeben kannst, sind ohnehin keine Grenzen gesetzt. Ob Champagner oder einen schönen Roten. Ich rauche nicht, weil ich seit drei Jahren Asthma habe, doch in Weinsorten kann man sich genauso einarbeiten wie in Schallplatten.

In JOHN ACQUAVIVAS Plattenkellern

MARVIN GAYE: *What's Going On (Album)*
Mein absolut liebstes Album aller Zeiten. Marvin hat das Tor der Möglichkeiten im Soul aufgestoßen.

DONNA SUMMER w/GIORGIO MORODER: *I Feel Love (Single)*
Da wird wohl fast jeder zustimmen. Keine Erklärungen notwendig.

LIL'LOUIS: *French Kiss (Single)*
Das war bahnbrechend – ein echter House- und Technoklassiker.

AIRTO MORREIRA: *Celebration Suite (Single)*
Airto ist mein Lieblingsmusiker. Dieser Song soll als Symbol für die Fusion von brasilianischen Rhythmen in unserer Musikwelt stehen. Er ist die Underground-Ausgabe von Sergio Mendes.

SERGIO MENDES: *Fanfaria (Single)*
Dieser Song repräsentiert alles, was Sergio zu unserer Musikkultur auf Pop-Ebene hinzugefügt hat. Sergio macht einfach zu gute Musik, um Pop zu sein, während er immer noch neue und spannende Elemente einbaut.

JAMES BROWN: *Soul Power (Single)*
Mein Lieblingssong von einer der wichtigsten und einflussreichsten Menschen der Musikkultur. Selbst wenn man diesem Song nicht zustimmt, wird sicherlich jeder eines von Browns Stücken in seiner Liste haben.

KRAFTWERK: *Computer World (Album)*
Dieses Album hat Kraftwerk die Bühne bereitet, um ihre Vision unserer Zukunft zu entwerfen. Sie haben den Nagel auf den Kopf getroffen.

YELLO MAGIC ORCHESTRA: *Technodelic (Album)*

Auch wenn man sie dafür kritisieren könnte, wie Kraftwerk zu sein, haben YMO gezeigt, dass es eine gemeinsame und globale Vision war, die wir alle verfolgten. Sie waren viel mehr Musiker als Kraftwerk und zeigten uns, wie man die Zukunft in seine Arme schließt.

JAPAN: *Quiet Life (Album)*

Lange vor Depeche Mode, Duran Duran, New Order und allen anderen als einflussreich geltenden Bands entdeckte ich Japan für mich. Die Texte und Themen dieses Albums haben ihre Zeitgenossen überlebt.

GARY NUMAN: *The Pleasure Principle (Album)*

Viele haben ihn abgeschrieben. Doch mit diesem Album zeigte Numan deutlich, wie sehr Synthesizer unser Leben ändern würden. Er war auch der Erste, der das auf breiter Ebene umgesetzt hat. Ein Pionier der elektronischen Generation, der bewiesen hat, dass wir uns nicht wünschen sollten, Rockstars zu sein.

„Dies ist Disko Deutschland"

WESTBAM ZWISCHEN RECORD ART UND CELEBRATION GENERATION

Als Techno Ende der Achtziger zum Soundtrack des Mauerfalls wurde, stand er bereits seit Jahren hinter den Decks. Der am 4. März 1965 geborene Maximilian Lenz lernte das DJ-Handwerk im heimischen Münster, wo man mit den Ideen von Afrika Bambaataa nicht allzu viel anfangen konnte. Nach dem Wechsel ins Berliner Metropol perfektionierte der Westfale seinen Mix aus Hi-NRG-Disco, New Wave und ersten House-Maxis. Schon früh nutzte er die Möglichkeiten der Sampling-Technik. Veröffentlichungen wie „Monkey Say, Monkey Do", „Alarm Clock", „Hold Me Back" und später der „Mayday"-Anthems sowie die Gründung des eigenen Labels Low Spirit prägten die Wahrnehmung des DJs als eigenständigen Künstler, Produzenten und Unternehmer in Deutschland ganz entscheidend. Kodwo Eshun und Ralf Niemczyk tauchten mit Westbam am 16. Juni 1999 in die Frühzeit der internationalen DJ-Musik.

Dein Weg als DJ begann 1983 im Odeon in Münster. Konntest
du damals schon vom Auflegen leben oder hattest du noch einen
anderen Job?

Ich habe nie etwas anderes gemacht. Ich verdiente zwar nicht viel Geld, aber ich ging noch zur Schule und lebte bei meinen Eltern. Mit 18 bekam ich etwa 75 Mark pro Nacht und konnte mir gerade mal die wichtigsten Platten leisten. Damals existierte noch kein Bemusterungssystem für DJs wie heute, und ich ging regelmäßig im Auftrag des Clubs in die Plattenläden. Vom DJ wurde erwartet, dass er die gängigen Hits spielte, insbesondere in Städten wie Münster. Ein durchgehender Mix oder von Platte zu Platte im Beat zu bleiben, war definitiv nicht der Standard. Anfang der Achtziger gab es in ganz Europa vielleicht eine Hand voll Clubs, wo man das erwarten konnte. Das Metropol am Berliner Nollendorfplatz war einer davon. Dazu gehörte natürlich auch ein entsprechendes Publikum. In Münster dagegen hielt man gemixte Übergänge für nervig. „Jetzt will mich dieser Typ auf der Tanzfläche halten, dabei weiß ich genau, dass das Stück zu Ende ist." Für mich war das letztlich ein entscheidender Grund, Mitte der Achtziger nach Berlin umzuziehen.

Was bedeutete es damals, DJ zu sein?
Verglichen mit dem heutigen Starrummel, so gut wie gar nichts. In den USA, wo diese gesamte Kultur entstanden ist, gelten DJs immer noch vergleichsweise wenig. Wenn man HipHop als anderes großes Feld für DJ-Musik betrachtet, muss man doch zugeben, dass die Rapper als Frontfiguren mit wachsender Popularisierung immer bedeutender und bekannter wurden. Dabei war der Rapper in den Anfangstagen ein Typ, der den DJ angesagt hat. Pioniere wie Kool DJ Herc hatten diese Aufgabe noch selber übernommen und zwischen den einzelnen Platten die „B-Boys und Flygirls in the house" begrüßt. Als die Angelegenheit mit Grandmaster Flash und Co. mehr und mehr an technischer Finesse gewann, wurde der MC zur eigenständigen Figur. Heute regieren die Produzenten, und DJs wirken nur noch wie schmückendes Beiwerk.

Welche Platten gehörten damals zum Repertoire
des Metropol?
„Menergy" von Patrick Hardy aus San Francisco oder „Moscow Disco" von der belgischen Gruppe Telex. Wie die meisten wichtigen Danceclubs in Europa hatte auch das Metropol ein schwules Stammpublikum. Die ersten HouseMusic-Clubs in Chicago waren schwul, und auch HiNRG hatte seine Fangemeide in den weißen Schwulenclubs Europas. In den späten Siebzigern kam die Discowelle nach Deutschland und Donna Summer gelang sogar das große Pop-Crossover. Einige mehr schafften es in die Charts, manche wurden echte Dancefloor-Klassiker, die anderen stammten wie so oft in der Popgeschichte von Produzenten, die sich an den Trend dranhängten. Im Metropol haben wir eigene Versionen zusammengemixt. Von der Gothic-Wave-Gruppe Dead Or Alive schätzten wir die Beats. Mit zwei Exemplaren der gleichen Platte konnten wir diese Beats zu einer Instrumentalversion zusammenmischen.

Die damalige Musikszene West-Berlins stand eher für
Underground-Rock. Nick Cave lebte seinerzeit in Kreuzberg,
und Tanzmusik schien meilenweit entfernt.

Ganz genau. Die hippe In-Crowd ging in den Dschungel und hörte dort ein Mix aus Soca, Salsa, Reggae und ein bisschen HipHop. Das Metropol dagegen war definitiv kein Szeneladen. Hier trafen sich die Schwulen und aufgestylte Kids aus den Bezirken, die sich an exaltierten Tanzposen versuchten. Die Identifikation erfolgte über den Sound. Trotz aller Verschiedenheit kamen sie über dieses Samstagnacht-Gefühl zusammen. Doch „in" war das definitiv nicht. Dabei gab es durchaus Berührungspunkte zwischen Rock-Underground und früher Dance-Szenerie. Viele New-Wave-Songs spielten mit Rhythmus und Elektronik herum. Und Bands wie DAF brachten mit „Der Mussolini" sogar Provokation ins Spiel, die im klassischen Discosound nie existierte. Solche Ideen stammten eher von Musikern mit Punk-Background. Mit 14, 15 stand ich auch auf Punk und konnte Disco nicht ausstehen. Für mich bedeutete das ein billiges Crossover wie in „Saturday Night Fever", was ich damals wie heute definitiv nicht leiden kann. Als seinerzeit HouseMusic aufkam, klang sie keineswegs wie eine Fortentwicklung von Disco, das kam erst später durch den Einfluss der New Yorker Labels wie Strictly Rhythm. Das Projekt Z Factor aus dem Jahr 1983 klingt erstaunlich nach den New-Wave-Hits. Das deutet darauf hin, dass die frühen Chicago-Produzenten sehr viele europäische Wave-Platten gehört und ihre Absonderlichkeiten übernommen haben. Man kann diese roboterhaften Androidenstimmen hören, den Sequenzersound und die immer wiederkehrenden, abgehackten Drumpatterns. Die ersten House-Platten brachten ganz verschiedene musikalische Einflüsse zusammen: Soul, Funk und alle möglichen Arten von Avantgarde und Konzeptmusik, was ziemlich revolutionär war und niemals zuvor vermischt worden ist. Eine sehr frühe Platte aus dieser Ära stammt von Vincent Laurents auf Mitchbal-Records, der mit Marshall Jefferson zusammengearbeitet hat. Der dazugehörige „Underground Remix" stammte von Kenny Jammin' Jason, einer der Hot Mix Five aus den frühen Tagen der Chicago Radioshows. Dieses Hin und Her zwischen Chicago und Europa bestimmt wohl den experimentellen Geist der frühen HouseMusic. Die nächste Platte ist ziemlich berühmt und wird verehrt wie ein Heiligtum, doch ich glaube, die wenigsten haben sie jemals gehört. Diese Platte aus dem Jahr 1983 oder 84 gilt als die erste House-Platte überhaupt. Sie heißt „On and On" von Jesse Saunders, und selbst hier findet sich ein eindeutiger Electro-Einfluss.

Du hast erwähnt, dass dich Vocal-Passagen nie sonderlich interessiert haben. Trotzdem haben sie in der frühen HouseMusic eine gewisse Funktion übernommen. Es wurde oft genug versucht, das erhebende musikalische Gefühl in Worte zu fassen.

Diese animierenden Stimmfetzen wie „Take Me Higher", „Get Up And ..." waren ein Erbe aus Discozeiten, wo es einfach dazu gehörte, zusammenzukommen, zu tanzen und den Körper erbeben zu lassen. Um mehr ging es eigentlich nicht. Irgendwann wurde die ganze Chose sehr voraussehbar, und die wirklich interessanten Ideen wurden immer seltener.

Speziell HouseMusic war sehr reduziert auf kurze Samples wie „Jack Your Body". Was mehr wie ein Code wirkte und den Stimmanteil durch den Samplereinsatz extrem reduzierte. Manchmal wurde nur ein Wort oder ein kurzer Satz benutzt. Ein anderes Beispiel dafür heißt „I've lost control" von Sleazy D; was ein Pseudonym von Marshall Jefferson war, einem der wichtigsten Produzenten seiner Zeit. Marshall hörte viel von Led Zeppelin oder Black Sabbath und wollte dieses Gefühl von Psychose und Zusammenbruch in seine Musik bringen. Frühe HouseMusic hat viel von diesen extremen Geisteszuständen, die in sehr reduzierten Sounds verpackt wurden.

Wenn man diese musikalische Abfolge von Mitchbal Records zu „On and on" und „I've lost control" anhört, bekommt man den Vibe der Zeit ganz gut mit. Mir scheint es sehr wichtig, dass HouseMusic eine wirkliche Explosion oder Revolution in der Popmusik ausgelöst hat. Heutzutage erntet meistens die Szene aus Detroit den Ruhm für diese Verdienste, doch in den Jahren 1983, 84 und 85 kamen von hier in erster Linie Electro-Platten. Was wir heute als Detroit Techno kennen, war seinerzeit eher Electro und mutierte dann erst zu TechnoHouse. Interessant wurde es erst, als Kevin Saunderson und Derrick May nach Chicago gingen und sich den dortigen Kram genau angehört haben. Andere altgediente Detroiter wie Juan Atkins waren über diese Entwicklung anfangs gar nicht so begeistert. Während Chicago sich fortentwickelte, gab es auch in Europa verschiedene Soundströmungen, und wieder einmal beginnt der Austausch zwischen Chicago und Detroit und Europa. Besonders einige Platten aus Italien haben die elektronische Musik vorangetrieben. Eine davon heißt „Mind Games" von Jo-Jo auf Indisc-Records. Ein ziemlich durchgeknallter Song, der schwer nach HouseMusic klingt, obwohl er aus dem Jahre 1983/84 stammt.

In den späteren Achtzigern gab es eine neuerliche Entwicklung mit Projekten wie Kevin Saundersons Inner City. Sein „Big Fun" brachte ein eher klassisches Soul-Feeling in die Techno-Tracks. Garage House und der sogenannte New Jersey Sound orientierten sich noch stärker daran. Hat dich diese Richtung interessiert bzw. was hältst du von diesen Roots?

Sie waren sicherlich wichtig, insbesondere in der New Yorker Clubszene. In Chicago war es gemischter, etwas Soul, aber eben auch New Wave, was ich bis heute spannender finde. Der erste Ansatz ist viel homogener. Er orientiert sich an frühen Labels wie Salsoul oder Westend. HouseMusic stammt aus dem Warehouse in Chicago und Garage aus der Paradise Garage in New York, wo man mehr die Soul-Wurzeln pflegte. Doch selbst in der Paradise Garage haben sie Kraftwerks „Computerwelt" gespielt. Auch dort sollte man eben kein zu simples Bild zeichnen. Die Situation war extrem offen und die Musik keineswegs auf einem hohen Level ausdifferenziert – sie entwickelte sich ständig. Es wurde ein erweitertes musikalisches Spektrum aufgelegt. Der DJ spielte fünf, sechs, sieben Stunden hintereinander, und es gab einfach nicht genügend Musik von einer Stilrichtung. Heute kann man zehn Stunden lang Musik mit nur einem Hi-Hat-Sound spielen, kein Problem. Für jedes Subgenre gibt es eigene Labels. Und aus HouseMusic ist ein ganzes Universum geworden.

Mit Alexander Robotnik hat auch ein italienischer Produzent Chicago und Detroit gleichermaßen beeinflusst.

Schon interessant, dass diese Platte so melodiös klingt, selbst wenn man es kaum erwartet. Jeff Mills nennt diese Platte eine der wichtigsten überhaupt. Ich erinnere mich daran, wie ich sie im Metropol spielte. Es war eine dieser ungewöhnlichen Platten, weil sie dieses eher leichte Beatbox-Feeling besaß und nicht den heftigen Vibe. Sie war ziemlich funky und dabei uptempo. Im europäischen HiNRG-Kontext klang sie damit einfach ungewöhnlich und schräg.

Was passierte in Berlin, als in London die Warehouse-Partys aufkamen? Dagegen war das Metropol eine ganz normale, konzessionierte Disco.

Für mich war das Metropol etwas ganz Besonderes. Die Szene dort fühlte sich einzigartig und abseits von allen anderen Clubs. Dieser Laden war eindeutig das Original der Berliner Dancefloor-Szene. Von hier aus begann das DJing. Jeder hat hier erste Eindrücke gesammelt und gelernt. Wenn man so will, ist der Berliner Dance-Underground in einem offiziellen Laden entstanden. In Deutschland lässt sich über einen wirklichen House-Underground ohnehin erst ab Ende 1988 reden. Das verlief nahezu parallel mit Acid House und dem unmittelbar darauf folgenden Ausverkauf mit all den Smiley-Shirts und den Stories in Bravo und sonst wo. In West-Berlin begann die eigentliche Szene in einem ziemlich kleinen Club namens UFO, ein illegaler Laden für gut 100 Leute. Ansonsten wurde HouseMusic vor und nach der großen Acid-Modewelle verstreut übers ganze Land und selbst in irgendwelchen Provinzdiscos gespielt. Es gab dafür noch keine klar definierten Orte.

Was regional sehr unterschiedlich war. In Köln wurde im Juni 1988 der Rave-Club eröffnet, wobei die Namensgeber noch nichts von dem englischen Phämomen ahnen konnten. Auch Hamburg hatte mit dem „Opera House" eine recht frühe und klar definierte Clubnacht.

Mag sein. HouseMusic war ja keine Geheimveranstaltung. In den Dancefloor-Magazinen erschienen die ersten Berichte ab 1986, und schon damals hieß es: der neue Trend. Für reguläre DJs gehörten HouseMusic-Platten seit dieser Zeit zum normalen Repertoire. Nur dauerte es zwei, drei Jahre, bis auch hier ein bestimmtes Lebensgefühl daraus entstand.

Es gibt da noch einen weiteren obskuren Track der europäischen Mittachtziger-Szenerie. Eine Nummer von Technotalk. Was hat es damit auf sich?

Eine Platte aus Frankfurt, die eigentlich eine Coverversion der legendären Tanznummer „Dirty Talk" von Klein & MBO war. Sie tauften das Stück „Technotalk", im Jahr 1984, also gut vier Jahre vor der ersten umfassenden Detroit Techno-Compilation auf Virgin. Was wieder mal zeigt, wie sehr der Techno-Begriff die ganze Zeit hin- und hersauste. Was wieder auf die Frage zurückführt, was eigentlich hip war. Diese Platte war defintiv nicht hip. Die In-Clubs spielten James Brown und Rare Grooves, Reggae, Salsa oder sonst was. Das hier war mehr Musik für Kids, die nicht unbedingt upfront waren. Für mich jedoch waren diese Platten visionärer als

all die Hinwendung zu exotischen Weltmusiken. In Berlin gab es noch vor dem UFO das Beehive, wo House neben Rare Groove gespielt wurde. Es gab eine Verbindung zum Londoner i-D-Magazin, und so fanden Gastspiele von Jay Strongman statt, der neben einigen neuen House-Platten auch seine Kiste mit 7-inch Soulsingles dabeihatte. Das lief alles zusammen, und es gab bereits die ganzen trendigen, modischen Aspekte rund um die Musik, die später das Gesamtbild bestimmen sollten.

Welche Rolle spielte bei dieser Stilfusion eigentlich die Neue Deutsche Welle?
Der avantgardistische Teil, also nicht Nena oder Hubert Kah, hat durchaus visionäre Gedanken gehabt. Wenn ich an „Los niños del parque" von Liaisons Dangereuses, DAF oder Die Krupps denke. Oder Der Plan mit „Renate, pass besser auf dich auf". Ich will nicht zu sehr in der Vergangenheit wühlen, doch das grundsätzliche Konzept in der DJ-Musik, vor und zurück zu gehen, halte ich für sehr wichtig. Evolution bedeutet oft, Sachen auszusortieren, um sie klarer herauszustellen und nach vorne zu drücken. Auf diese Weise lässt man einen ganzen Haufen Musik außen vor. Manchmal kann eine alte Platte revolutionärer sein als die heißeste Neuerscheinung der letzten Woche. Der neue Kontext kann einiges auslösen, wie die letzten zehn, fünfzehn Jahre eindrucksvoll gezeigt haben.

Irgendwann bekommt man eine gewisse Routine, vergessene Sounds neu zu entdecken. Man hört sie mit neuen Ohren und stellt fest, wie viel Irritation oder provokante Momente sie doch gegenüber einer akzeptablen House-Platte unserer Tage enthalten.

Dieser Ansatz, die Dancefloor-Geschichte jeweils neu zusammenzumontieren, wirft eine technische Frage auf. Wie kombinierst du moderne, digital abgemischte Maxis mit alten Platten ohne große Schwankungen in Klang und Dynamik?

Dieses Problem stellt sich besonders, wenn man seinen Set beginnt und der vorhergehende DJ hat die Regler an Equalizer und Mischpult bereits bis zum Maximum hochgezogen. So besteht keine Möglichkeit mehr, Lautstärke-Schwankungen auszugleichen. Ich spiele zum Beispiel öfters „Just a Poke" von der alten Hippie-Band Sweet Smoke, wo es einen handgespielten Rhythm-and-Drumpart gibt, der gut fünf, sechs Minuten lang ist. Darüber lege ich einige Scratches oder A-cappella-Stellen von anderen Platten und versuche den Beat wiederum für einige Takte freizustellen, um dann rauszugehen. Digital neu eingespielte Versionen von alten Danceplatten benutze ich dagegen überhaupt nicht. Mein Repertoire stammt entweder aus der eigenen Sammlung, oder ich greife auf Flohmärkten oder in Second-Hand-Shops zu. Meistens funktioniert das Zusammenspiel von neu und alt. Wenn die Anlage komplett beschissen ist, lasse ich die alten Platten eben weg.

Eine kleine Hinwendung zu Europas berühmtester und einflussreichster Elektronik-Band, zu Kraftwerk.

Meine Lieblingsplatte von ihnen ist „Computerwelt". „It's more fun to compute ..." ist für mich einer der reinsten, klarsten und visionärsten Sequenzer-Tracks aller Zeiten. Ihre aktuelle Entwicklung macht allerdings etwas traurig. Sie sind so stark mit dem eigenen Mythos beschäftigt, dass es fast unmöglich scheint, etwas Neues zustande zu bringen. Derrick May kämpft mit ähnlichen Problemen. Ich mag auch ihr letztes reguläres Album „Electric Cafe". Egal wenn viele sagen, es sei veraltet. Wie könnte es auch anders sein. Die DJ-Musik hat von ihnen aus ihren Ursprung genommen, und es ist doch ganz normal, dass eine Synthesizer-spielende Band mit 50 Jahre alten Musikern nicht mehr ganz vorne mit dabei sein kann. In der elektronischen Musik lässt sich das Konzept der Track-orientierten Produktion nicht mehr übertreffen. Sie sind dahinter zurückgefallen, trotzdem kann dabei weiterhin große Musik entstehen.

Wären sie eine Rock'n'Roll-Band, könnten sie ein Bluesalbum veröffentlichen. Stellt sich die Frage, ob es eine Entsprechung im elektronischen Kontext gibt.
Wirklich schwierig. Für mich würde es schon reichen, wenn sie einfach eine Platte mit einigen Sounds und Beats aus ihrer unglaublichen Soundbibliothek veröffentlichen würden. Da wird schon irgendetwas Brillantes dabei sein. Mit diesem Set-Up wäre es nicht revolutionär, sondern einfache solide, gute Musik. Es gibt eine Menge großer Dance-Klassiker, die nichts wirklich Neues erfunden haben, die aber dennoch unsterblich geworden sind.

Wir schwenken nun musikalisch in die Mitt- bis Spätachtziger ein und haben hier einige Tracks von Santos „Work me tracks: Space in the box" und Lil'Louis. Wie ging es damit in deinem hometurf Berlin weiter, besonders nach dem Mauerfall?
Es heißt immer, der plötzliche Zugewinn an verlassenen Fabrikhallen, Hausetagen und Kellern in Ost-Berlin hätte die Sache schlagartig verändert. Aber es war im ebenso starken Maße das Ost-Berliner Publikum. Das sollte man nicht vergessen. Mit dem Mauerfall erwachte das UFO aus seinem Dämmerzustand. Vorher lief es ganz ok und war meistens halb voll. Plötzlich brummte der Laden mit Kids aus Ost-Berlin. Das hatte etwas ungemein Befreiendes, da kamen auf einmal Leute, die wirklich abgehen wollten, die womöglich zum ersten Mal in ihrem Leben zu elektronischer Musik eine Tanzfläche enterten, rumschreien und die Arme in die Luft schleudern konnten. Die eher depressiv-graue Stimmung Ost-

Berlins, die ich so oft erlebt hatte, schlug in einen wahren Energieschub um. Für mich der wichtigste Kick für das neue Berliner Nachtleben. Ich habe das immer „Befreiungstanz" genannt, als es auf einmal wirklich abging, als die Love Parade explodierte und die ersten Raves wie Technozid passierten und Tresor und Planet eröffneten.

In jenen Tagen warst du bereits selber Plattenproduzent. Deine erste Produktion erschien wann?

1985. Als 1990 Leute wie DJ Tanith auf der Bildfläche erschienen, war ich als DJ bereits einigermaßen bekannt und hatte einige Hits wie „And Party!" oder „The roof is on fire", was House-Platten mit Disco-Samples waren. Das damalige Publikum, das mehr in die härtere Industrial-Richtung tendierte, zeigte sich eher erstaunt. Für mich war das eine natürliche Entwicklung, und mit der Zeit haben die Leute auch verstanden, dass Disco und Disco-Samples durchaus in diesen Kontext passen. Damals war das aber nur obskur, und ich bekam oft zu hören: „Naja, das soll unsere Musikkultur sein?" Die Platte, die diese Stimmung am besten vermittelt, ist eine Acid-Scheibe von BamBam, die zu einem Favorit in den verschiedensten Clubs wurde. Ob Tresor, UFO oder Planet.

Entwickelte sich das Acid-Geschehen hier extremer als in England?

Nicht unbedingt. Seit den frühen Neunzigern möchte ich die Szene fast schon als zurückhaltend bezeichnen. Als die englischen Techno-DJs nach Berlin kamen, dachten sie, sie müssten so hart wie möglich abbrettern. Nach dem Motto: Diese düsteren Deutschen wollen nur das harte Industrial-Zeugs. Diese Einschätzung hat sich als Image verselbstständigt. Ich habe Berlin immer auch als souligen und funkigen Ort betrachtet. Während der Befreiungstanz-Ära war die Musik wirklich hart, doch seitdem hat sich das ziemlich aufgefächert, wobei die Szene für harten Techno natürlich immer noch besteht. Im bereits erwähnten Beehive orientierte man sich an Londoner Entwicklungen. Dann spielten wir Acid, und die Sachen wurden härter: eine Zeit, wo man selbst Blixa Bargeld auf Acid-Partys gesehen hat. „Acid Tracks" von Phuture war eine der maßgeblichsten Platten, und der daran beteiligte DJ Pierre hat einmal gesagt, dass er „I feel love" als eine der wichtigsten Inspirationsquellen erachtete.

Nur um nochmals diesen Bogen zu schlagen: Ich habe HouseMusic gespielt, bevor ich wusste, was eigentlich darunter zu verstehen ist, und
auch heute spiele ich Platten, die ich nicht genau einordnen kann. Wann
immer ich auflege, kommen Leute an die Decks und fragen nach dem
Titel. Klar, ich erinnere mich an jeden Ton von Donna Summers „I feel
love", doch mit vielen anderen Tracks muss ich oftmals passen. Wenn
jemand Details wissen will, sage ich: „Augenblick, ich zeige dir das Cover
oder das Label", weil ich mich oft gar nicht an den Titel erinnere. Ich produziere Musik seit 1983, und auch heute noch gehe ich fast jeden Tag ins
Studio und bastle an irgendwelchen Tracks. Aus dieser Fülle ergibt sich
eine große Spannbreite. Mein Song „Alarmclock" ist dafür das beste Beispiel. Heute gilt er als gesuchter Big-Beat-Track, als er entstand, hatte ich
lediglich die etwas ungewöhnliche Idee zu einem langsamen House-
Stück. Letztlich spielten ihn Trevor Fung und spätere Drum'n'Bass-DJs
wie Fabio und Grooverider Anfang der Neunziger im „Rage"-Club zusammen mit „Saxophone" von der B-Seite. Als diese Platte erschien, war sie
vielleicht untypisch für mich, doch genau das hat meine Produktionen
immer ausgemacht. Die Renaissance von „Alarm Clock" bekam ich spätestens dann mit, als es eine Lizenzanfrage für die Compilation „The
future of british sound" gab. Für mich war es ein wirkliches Kompliment.
Das Stück ist von 1990. Und wieder haben sich die Leute seinerzeit darüber gewundert. Meine gesamte Auffassung über Techno und DJ-Musik ist
immer ein wenig anders gewesen, und als ich das Stück herausbrachte,
hätte Tanith diese Platte niemals angefasst, weil sie eben kein Hardcore-
Techno war. Heute, wo er selber Big Beat auflegt, wird er mich einigermaßen respektieren. Meine Einflüsse haben eine große Bandbreite. Der
Disco- oder HipHop-Einfluss, New Wave oder Minimal waren immer irgendwo im Hinterkopf präsent. Es gibt immer Phasen, wo irgendwer nur
eine Zukunft prophezeit und alles andere für überholt und reaktio-
när erklärt. Für mich liegt der Schlüssel woanders, ich verstehe das in
Tradition von Afrika Bambaataa als Musikuniversalist. Ich habe mich nie
Techno-DJ oder House- oder HipHop-DJ genannt. Die meisten DJs behaupten von sich, sie würden eine große Auswahl spielen. Wenn man
ihnen aber genau zuhört, bleiben sie doch an einer Richtung kleben.

Nach all diesen vielfältigen Entwicklungen: Welche Rolle nimmt der DJ in der Musikwelt heute ein?

Ich habe – insbesondere in den Mainstream-Medien und im Fernsehen – noch keinen großen Übergang zum DJ-Popstar gesehen. Man wird immer noch gefragt, ob die Platten beim Scratchen nicht zerbrechen. Selbst heute denken viele Leute, dass es sich dabei um Bandmusik handelt, weil sie im Fernsehen Musiker gesehen haben, die hinter Synthesizern herumhampeln. Hier liegt auch das Erfolgsgeheimnis von Bands wie Prodigy. Obwohl ihre Musik als klassisches Studioformat entsteht, geben sie sich auf der Bühne wie eine Rockband, die Gitarre und Schlagzeug spielt und wie bei den Beatles oder Sex Pistols aus vier Typen besteht. Niemand ist daran interessiert, welche Veränderungen stattgefunden haben. Bis heute hat kaum jemand in der breiteren Öffentlichkeit den Unterschied zwischen Track Music und Studiomusik im Gegensatz zu traditioneller Songmusik und Rockmusik verstanden. Tut mir Leid, aber eine nachhaltige Veränderung sehe ich da nicht.

WESTBAM sagt über seine Allzeitlieblinge:
„Eine Reihenfolge macht keinen Sinn. Die wichtigsten Quellen sind Funk, Disco, New Wave/Rock, Dub. Der Rest handelt davon, wie es durch das DJ-Mix-Prinzip zusammenkommt."

AFRIKA BAMBAATAA: *Death Mix*
Einsames Dokument erfinderischen DJings.

NEW ORDER: *Blue Monday*
New Wave Disco. Wahlweise auch Yello: Bostich Oder Grauzone: Film2

KRAFTWERK: *Computerwelt*
Vier feine Herren aus D-dorf, denen es vergönnt war, die Schwarze Musik nachhaltig zu beeinflussen. Was mehr ist, als man über die Beatles sagen kann.

DAF: *Der Mussolini*
Von Punk-Energie getriebene New-Wave-Hymne.

JAMES BROWN: *Blow Your Head*
Funk. Wahnsinniges analoges Synthie-Gequietsche zu einem Breakloop, noch handgespielt vom größten Breakloop-Stifter aller Zeiten. Auch technomäßiger als irgendetwas von Parliament/Funkadelic.

PRINCE JAMMY VERSUS KING TUBBY

Der Showdown zwischen Dub Spezialist und Dub Scientist. Zeigt den Wettkampf um den lautesten Bass und die vollste Bude im lebendigen Verlauf.

DONNA SUMMER: *I Feel Love*

Natürlich im 15-minütigen Acid-Vorläufer-Mix von Patrick Cowley.

DERRICK MAY (RHYTHIM IS RHYTHIM): *Strings of Life*

Techno

SWEET D: *Thank Ya*

HouseMusic im absoluten Originalzustand.

ROY AYERS: *Running*

Funk

„Underground im Nadelstreifen-Anzug"

DAS TECHNO-KONZEPT: *JEFF MILLS*

Niemand mischt so spannungsreich und elegant fünf Platten in weniger als einer Minute zusammen. Sein bedachter Umgang mit Konzepten, in denen selbst der spielerische Zufall seinen festen Platz hat, sucht seinesgleichen auch über das Genre Techno hinaus. Mit der Gründung von Underground Resistance setzte er 1990 gemeinsam mit Mike Banks einen Gegenpol zur ersten Generation der Detroit-Produzenten Atkins, Saunderson und May. Auf den eigenen Labels Axis und Purpose Maker führt er diese Mission seit 1993 auch außerhalb der „Waveform-Transmission"-Serie weiter. Auch wenn er jede Woche auf einem anderen Kontinent der Erde seinen Mix zu perfektionieren scheint, ist die endgültige Heimat noch nicht gefunden. Nach Detroit waren schon Berlin, London und Chicago Basis seiner rastlosen Operationen. Torsten Schmidts Gespräch mit dem Alptraum jedes Vielflieger-Programms am 5. April eröffnete die erste Red Bull Music Academy 1998.

Für dich geht mal wieder eine ziemliche hektische Woche zu Ende.
Wie sieht da normalerweise ein Sonntag aus?
Gewöhnlich beginnen meine DJ-Gigs am Mittwoch, und bis Samstag spiele ich jede Nacht woanders. Dann bin ich einfach nur müde, und der Sonntag geht komplett für die Regeneration drauf. Ich schlafe mindestens bis um sechs. Im ungünstigen Fall muss ich dann auch gleich den Rückflug erwischen. Doch oft genug bleibe ich einfach bis Montag im Bett.

Wie kommst du mit dem ständigen Reisen klar?
Man braucht einen sehr guten Reise-Agenten, der dafür sorgt, dass alle Flüge immer umbuchbar sind. Manchmal gerät der ganze Plan durcheinander, wenn man ein wichtiges Flugzeug verpasst hat. Viel Energie geht dafür drauf, rechtzeitig irgendwo zu sein. Weil man nie die Chance hat, sich wirklich auszuruhen, klingeln permanent die Ohren. Gegen Jetlag und kleinere Krankheiten dagegen wird man irgendwann immun.

Vielen imponiert der glamouröse Lebensstil der Top-DJs. Heute New
York, morgen Paris, übermorgen Tokio. Wie spaßig sieht das im echten
Leben aus?

Naja, das kann schon ganz ok sein, wenn man die Möglichkeit hat, sich
die Stadt anzusehen und ein paar Fotos zu schießen. Doch meistens
kommt es gar nicht erst dazu. Der Anreisetag geht meist verloren, und
wirkliche Freizeit hat man höchstens nach dem Auflegen. Es kostet Kraft,
an einem dieser Tage so rechtzeitig aufzustehen, damit man sich anschauen kann, wo man überhaupt gelandet ist. Es gibt Wochen im Jahr,
in denen ich weder von der Umgebung viel zu sehen bekomme noch
besonders viele Leute treffe. Einkaufen fällt auch flach, weil man ja von
Land zu Land unterwegs ist und so wenig wie möglich mit sich herum-
schleppen möchte. Mittlerweile benutze ich nur noch eine ziemlich kleine Tasche und trage über einen Zeitraum von sechs Wochen dieselben
Sachen. Ich wasche meine Unterwäsche und Socken im Hotelwasch-
becken. Manchmal kann das schon ziemlich degradierend sein.

Du bist für einen Auflegestil bekannt, bei dem nur bestimmte Teile
einer Platte kurz angespielt werden. Was insbesondere unter Techno-
DJs nicht gerade besonders verbreitet ist. Um ständig solche 30-Sekun-
den-Schnipsel zu mischen, musst du doch zentnerweise Platten mit dir
rumschleppen, oder?

Es kommt selten vor, dass ich eine Platte einsetze, auf der nur ein gutes
Stück ist. Verschiedene Platten spiele ich in derselben Nacht auch zweimal. Meistens ist es eine gut austarierte Mischung mit einem bestimmten
Sound: Adam Beyer, Basement Jaxx oder DJ Sneak. Wenn der Koffer mal
wieder zu klein für alle ausgewählten Platten scheint, kaufe ich bestimmt
keinen neuen, sondern sortiere die Tracks neu. Ich räume die seltener
gespielten Songs raus und tausche sie gegen meine neuen Favoriten. Die
Menge der Platten bleibt immer überschaubar.

Wie hat sich dein spezieller Stil entwickelt?

Vor Jahren hatte ich eine Radiosendung in Detroit, die der Sender immer
mehr zusammengekürzt hat. Die Anzahl der wichtigen Platten blieb jedoch gleich. Ich musste mir etwas einfallen lassen und verfiel darauf, nur
den besten Teil eines Tracks zu spielen. Das musste so interessant und
anregend geschehen, dass die Leute immer noch Lust hatten, das jeweili-

ge Stück im Laden zu kaufen. Diese Methode zum Konzept erhoben eröffnete ungeahnte Möglichkeiten. Oft schaue ich mir mein Publikum genau an und merke, dass sie erst mal in Fahrt kommen müssen. Dann funktioniert der Quickmix nicht, und ich lasse die Situation wachsen. Wenn ich aber sehe, dass die Leute von Anfang an feiern wollen, kann ich sofort darauf eingehen.

Es gibt einen schönen Ausdruck von dir, „to read the crowd" –
was steckt dahinter?

Es ist unerlässlich, eine Dreiviertelstunde bevor mein Set beginnt, schon vor Ort zu sein. Ich schaue mir an, wie sich das Publikum zusammensetzt. Wie sind sie gekleidet, wo stehen die Leute, die wirklich abgehen wollen? Wohin schauen sie? Das Publikum sucht sich oft einen Orientierungspunkt: entweder zu den Boxen, weil da der Sound herkommt, oder in Richtung des DJs, weil der den Ton angibt. Auch das Verhältnis von Männern zu Frauen ist wichtig. Wenn die Leute schon was älter sind, muss ich mir vielleicht etwas mehr Zeit nehmen, weil sie es nicht gewohnt sind, dass die Musik sofort abgeht. Auf diese Weise ergibt sich, mit welchen Platten ich beginne und wie lange ich spielen sollte, bevor ich den Älteren eine Pause gönne. Wenn es in dem Club heiß ist, lasse ich kleine Einschübe, in denen man eine Auszeit nehmen kann, um durchzuatmen oder an die Bar zu gehen. Es sind verschiedene Faktoren. Wie viele Typen ziehen ab einem bestimmten Punkt ihr Hemd aus? Das alles bestimmt letztlich deinen Set, und welche Platten du in deinem Koffer nach vorne stellst, damit du schnell dran kommst. Das alles gehört einfach dazu, man hat keine Wahl. Du bist den ganzen Weg dorthin geflogen, die Leute kommen in den Club und bezahlen für dich. Du kannst nicht sagen: „Och nee, ich fühl mich nicht so gut." Das gehört zum Job. Manchmal war ich so müde, dass ich die Augen kaum offen halten konnte. Sobald sich die erste Platte drehte, war alles egal.

War der Radiojob, von dem du erzählt hast, dein erster Job als DJ?
Professionell gesehen, ja. Vorher war ich DJ auf Rädern. Jemand, der seine Sachen hinten ins Auto stopft, von Ort zu Ort fährt, alles auspackt, aufbaut, seinen Set liefert, wieder zusammenräumt und dann nach Hause fährt. Da mein Sender überall im Land Stationen hatte, bin ich quer durch die Staaten gereist. Von Küste zu Küste, von Stadt zu Stadt habe ich

das, was ich sonst in der Sendung tat, live gebracht. Als ich das erste Mal nach Europa kam, war ich es also schon gewöhnt, für Leute aufzulegen, die ich niemals zuvor gesehen hatte. Auch dadurch habe ich schon früh gelernt, das Publikum zu lesen. Mit 19, 20 war ich noch nicht alt genug, um überhaupt in die Clubs reinzukommen, also wurde ich durch den Hintereingang reingeschmuggelt.

Was für Sachen hast du damals gespielt?
Das war vor HipHop, also Funk, Disco war auch immer noch irgendwie aktuell, das konnte man bringen, und die Leute erinnerten sich. Dazu extrem poppige Musik wie Junior Reid und Tina Marie. Doch auf den Vinylkopien dieser Popstücke waren meist Intrumentals oder Bonus Beats, die man mischen konnte. Oder man kaufte sich die gleiche Platte zweimal und wiederholte denselben Teil immer und immer wieder. Dadurch hat man seine Skills tatsächlich verbessert, denn wenn man den Mix nicht im Griff hatte, fingen die Vocals an, und das Ganze war im Eimer. Also lernte man, das Intro auszudehnen, um dann an die gewünschte Stelle zu springen. Das war ein gutes Training, um bestimmte Sequenzen schnell zu finden. Ich wurde so gut darin, dass ich für diesen Radiosender einen Mastermix, der normalerweise von Tontechnikern zusammengeschnitten und gemixt wurde, in einem Rutsch von der Platte weg produzierte. Ich nahm die Platte rein physikalisch auseinander und baute sie nur mit einem Mischer und zwei Plattenspielern komplett neu zusammen. Ohne einen einzigen Fehler.

Da zwischen den Radiostationen in Detroit eine ziemlich große Konkurrenz herrschte, gaben sie mir bei meinem Sender die Freiheit, zu spielen, was ich wollte. Normalerweise herrschen strenge Formatregeln. Doch auch die Konkurrenz setzte auf den außergewöhnlichen Mix, und der Wettstreit wurde immer heißer. Ich brauchte Musik, die andere Typen nicht hatten. Der Sender war ziemlich groß und hatte genug Geld, also wandte ich mich an verschiedene Rapper wie UTFO oder die Fat Boys, die dann verschiedene Mixes eines Hits aufnahmen. Die anderen Sender nahmen unsere Mixes einfach auf und spielten sie ebenfalls. Man konnte nicht mehr unterscheiden, wer was zuerst gemacht hatte. Schließlich holten wir erst kurz vor der Show das Equipment ins Studio, spielten unsere eigenen Versionen während der Sendung und dann niemals wieder. Irgendwann führte das alles dazu, dass ich mit drei Plattenspielern im Studio stand, und ein Typ vom Transmat-Label brachte seine 808-Drumbox mit. Das schien alles nicht besonders schwer zu sein, und so richtete ich mir zu Hause ein Studio ein, um die Sendung vorzubereiten und alles noch komplexer zu machen. Ich nahm ein Album auf, und irgendwie ergab eins das andere. Wenn man sich vorstellt, wie sich das für einen 16-jährigen im Radio angehört hat, dann weiß man auch, warum später Typen wie Claude Young oder Terrance Parker auftauchten.

War dieses Album schon eine dieser Industrial-beeinflussten Cut-up-Geschichten, die du vor Underground Resistance gemacht hast?
Detroit war in puncto Dancemusic ziemlich vielfältig. Techno und die stark Industrial-beeinflusste Szene haben sich stark angenähert, und das spiegelte sich auch auf den frühen Final-Cut-Sachen wider. Während ich eher vom Techno kam, hörte mein Partner europäische Sounds, die Ministry und Revolting Cocks ähnelten. Dieses erste Album nahmen wir mit einem Acht-Spur-Gerät auf, während ich die Geräte kennen und bedienen lernte.

Kurz darauf trennte ich mich von dem Final-Cut-Typen. Die Radio-Sendung ging mir auf die Nerven, und schließlich lernte ich Mike Banks kennen. Er hatte eine Gruppe, mit der er beim Mix nicht weiterkam. Ich traf sie alle im Studio, und bald schon freundeten Mike und ich uns an. Wir wollten ein Label gründen und es Underground Resistance nennen. „Mad" Mike hatte auch eine Menge Keyboards, die ich mir für mein Studio lieh. Das Wichtigste aber war, dass wir im Auge behielten, was ansonsten in Detroit passierte. Was die anderen unternahmen, und wo sie Fehler machten. Kevin (Saunderson) hatte gerade sein zweites Inner City Album aufgenommen, und wir bekamen mit, wie Virgin ihn herumschubste. Sie wollten, dass er wesentlich kommerzieller orientierte Musik produzierte. Juan (Atkins) orientierte seinen Sound auch wesentlich kommerzieller, und Derrick (May) versuchte es mit Vocals. Die Idee des Detroit Techno drohte verloren zu gehen. Wir wollten mehr Radikalität. Die DJs sollten produzieren können, was sie wollten. Genau das haben wir gemacht. Unsere Musik wurde nicht an jeden lizensiert. Wir haben erst mal unseren eigenen Arbeitsstil entwickelt. Keiner von uns wusste, wie man ein Label führte, es war mehr Trial&Error. Anfangs haben wir viel Geld verloren. Doch plötzlich riefen eine Menge interessanter Menschen an, daran erinnere ich mich bis heute, einmal schickte Aphex Twin uns ein Band, das erste der Analouge Bubblebath Tapes, und wir lehnten es ab.

Euer Ruf wuchs auch dank eines Merchandisings enorm schnell, wie man es in diesem Bereich vorher nicht gewohnt war. Das Logo, die Botschaften, das innen bedruckte Shirt. War euch bewusst, wie all das in Europa aufgenommen wurde?
Joey Bertram rief uns an. Keine Ahnung, wie er an die Nummer kam. Wir kannten ihn nicht, und er sagte: „Hier ist Joey, ich komme gerade aus Deutschland zurück, wo ich ›Illumination‹ aufgelegt habe und die Leute

unglaublich abgegangen sind!" Wir dachten uns: „Wer zur Hölle ist dieser Typ?" und „Deutschland" … Wir hatten keine Ahnung, wovon er redete und was da drüben los war. Wir hatten Kevin von Raves reden hören, 10.000 Leute und so, aber wir hatten einfach keinen blassen Schimmer, wovon sie alle sprachen.

Wie groß war euer Publikum zu dem Zeitpunkt in Detroit?
Richtig voll war das Music Institute nie. Die Musik war jedes Mal erstaunlich, fantastisch … und es war jedesmal halb voll. Es war so ein Club, der erst spät nachts losging und dann die ganze Nacht lief. Nur ein Strobo,

sehr sehr progressiv, es gingen eine Menge „Tänzer", Künstler und Musiker dahin. Es war ein bisschen wie ein Workshop. Viele Leute standen einfach nur herum und hörten sich die Musik an. Derrick, Kevin und Juan kamen mit Platten aus Europa zurück, deren Existenz wir nicht einmal erahnten.

Wie hast du dich bei deinem ersten Mal in Europa gefühlt, als du realisiert hast: „Womöglich haben wir das alles hier losgetreten!"
Bevor wir selbst rübergingen, konnten Mike und ich England nicht ausstehen. Die Leute, die Mixes, die Magazine. Auch wie sie mit Kevin umgesprungen sind passte uns nicht. Deswegen wollten wir nach Deutschland, das machte mehr Sinn. Ich war fast überall, nur nicht in England. Es sollten erst noch zwei Jahre vergehen. Vielleicht spielte auch ein bisschen Angst mit. Wir hatten gehört, wie großartig die ganzen DJs dort wären, diese gigantischen Raves und all das. Ich interessierte mich eher für Deutschland mit seinem Industrial-Hintergrund, was mir wesentlich attraktiver erschien.

Wir erfuhren also über Joey, was wirklich los war. Ich nahm dann zu der einzigen Person Kontakt auf, die ich in Deutschland kannte, Dimitri vom Tresor. Sein Label Interfish hatte damals Final Cut lizensiert. Ich rief ihn an und sagte: „Erinnerst du dich, ich bin Jeff Mills von dieser Gruppe", und er fragte, ob wir Lust hätten, vorbeizukommen und aufzulegen. Da ich nicht alleine gehen wollte, bat ich Blake (Baxter) mitzukommen. Wir tourten ein wenig als Underground Resistance durch Deutschland, und als ich nach Detroit zurückkam, verarbeitete ich alles, was wir gesehen hatten. Dieses Projekt, X-101, lizensierten wir an Tresor, die erste Veröffentlichung auf deren neuem Label.

Man konnte den Platten auf UR oder anderen Detroit-Labels wie + 8 anhören, wann die Produzenten zum ersten Mal in Europa waren. Die Musik veränderte sich.
Ich glaube, das ergibt sich automatisch, wenn Leute deine Musik mögen, mit denen du sonst nicht jeden Tag zu tun hast. Während der Produktion hat man im Kopf, wie die Leute sich dazu bewegen, wie sie die Musik aufnehmen. Mit der Zeit wird man besser darin, auch massentauglichere Musik zu machen.

Wie verhält sich denn X-101 mit seinen harten Akkordfolgen zu dem Rest der weiteren Serie?

Durch meinen älteren Bruder hatte ich sehr früh die Gelegenheit, Detroiter DJs zu sehen und zu lernen, wie man einen Mix anlegt, wie man Stereo trennt, wie man die Effekte in ein Mischpult einschleift. Das hat, besonders bei UR, den Alben geholfen. Mit der Zeit wurde das Equipment immer einfacher in der Handhabung, und ich lernte, wie man den Sound erweitert. Wenn du dir die allerersten UR-Platten anhörst, dann ist die Tontrennung nicht besonders gut. Sobald während der Aufnahmen etwas festgelegt war, konntest du es nicht mehr löschen. Mit der Zeit wurde der Klang allerdings besser, und ich lernte, wie man den Sound manipulieren muss, um bestimmte Gefühle zu erzeugen. Natürlich war das dann auch nicht mehr so abgehackt. X-101 waren Mike, Rob und ich, während X-102 und 103 hauptsächlich von Rob (Hood) und mir stammten.

X-102/3 sind Meilensteine für einen ganz besonderen Zugang zu Techno, bei dem bestimmte „Konzepte" während der Produktion einer Platte mit einbezogen werden.

Tatsächlich lernten wir bei X-102 den physischen Aspekt des Vinyls mit einzubinden. Wir drei waren auf dem Weg nach Italien, als ich in einem Traum dachte, ich wäre Saturn. Ich weckte Robert, der immer neben mir saß, und erklärte ihm die ganze Idee. Als wir nach Hause kamen, forschten wir nach den Namen der Saturn-Ringe, woraus sie bestanden und wie wir das wiederum mit der Musik in Verbindung bringen könnten: Das Label war das Kernstück. Das Loch in der Platte dessen Zentrum. Und die Rillen führen in das Label hinein und damit zum Ende der Platte.

Bei dem „As Barriers Fall"-Gedanken der Waveform Transmission 3 ging es zum Beispiel darum, dass die Welt kleiner wurde. Plötzlich war es nicht mehr schwer, mitzubekommen, was in Japan oder Schottland los war. Das Faxgerät war zu Beginn der Rave- und Techno-Kultur ein echtes Instrument, mit dem wir innerhalb von Sekunden kommunizieren konnten.

Auf deinen Labels Axis und Purpose Maker benutzt du solche Konzepte heute noch. Wie transportierst du, mal abgesehen vom Sound, solche Botschaften zu jemandem, der kein Englisch spricht?

Die beste Art, mit Leuten zu kommunizieren, die nicht die gleiche Sprache sprechen, ist, gar keine Worte zu benutzen. Nur Bilder. Denn selbst wenn eine Person Englisch spricht, dann bleibt die Tiefe des Wortes immer noch schwer zu greifen. Man weiß zum Beispiel, was das Wort „growth" bedeutet, aber seine Tiefe kennt man nicht. Darum ging es auch bei „Very", der Axis16. Ob etwas „very" oder „massive" ist, hängt davon ab, wer es sagt.

Wenn du sagst, du versuchst die Dinge möglichst einfach zu halten, dann nennen manche das „minimal", auch ein recht vieldeutiges Wort.
Ja, schon. Ist es minimalistisch, dabei aber geordnet, dann ist es einfach. Wenn die Bilder minimalistisch sind, aber in einer bestimmten Ordnung oder zusammen mit einem bestimmten Muster stehen, dann schafft das eine Art Sprache, wenn jemand von Bild zu Bild guckt. Damit erhält man eine andere Möglichkeit der Kommunikation. Wenn man z. B. ein Album zusammenstellt, dessen erste Tracks sanft sind, dessen Sounds aber, je näher man dem Label rückt, dunkler und härter werden, dann wendest du der tatsächlichen, physischen Platte Aufmerksamkeit zu. Vielleicht kommuniziert die Platte unbewusst mit den Zuhörern, ohne Sprache.

Wie hältst du diese Bilder so funktional, dass sie nicht zu abstrakt werden, um noch verstanden zu werden?
Manchmal kann Abstraktion die Absicht sein. Ich wollte dich verwirren, ich wollte, dass du denkst: „Was zum Teufel macht er?" Bei Cycle 30 habe ich niemandem erzählt, dass auf der zweiten Seite nur Loops sind. Ich wollte, dass die Leute das entdecken. Bei Hardwax kam z. B. ein Typ rein, hörte sich die drei Titel der ersten Seite an, drehte die Platte um, die Nadel glitt zum Label, er nahm die Platte runter und stellte sie weg. Für mich war das großartig, denn wenn er sich nicht mal die Zeit nahm, die Platte näher anzusehen, ist sie auch nichts für ihn. Nach einer Weile entdeckten die Leute dann die Loops, und für mich wertete das die Platte auf, es war mehr, als sich einfach nur die Platte anzuhören und „Okay, ich nehme sie" zu sagen.

Auch sonst arbeite ich gerne mit Irritationen. Ich meine, niemand erwartet von einem DJ, dass er die Musik AUSmacht. Aber die Leute werden sowieso nicht woanders hingehen. Wenn sie sauer werden – ich meine, sie sind die Party, sie werden dich nicht umbringen. Halte für ein paar

Sekunden, eine halbe Minute, die Musik an, nur um die Leute in der Luft hängen zu lassen, um sie vorzubereiten. Denn wenn du die Musik stoppst, wissen sie, dass irgendetwas passieren wird. Diese Stille oder die Musik absichtlich bis auf ein Flüstern runterzudrehen, macht die Leute gespannt. Als Rob und ich begannen, über dieses ganze minimalistische Ding zu diskutieren, haben wir darüber gesprochen, wie lange die Leute brauchen, um von einer wieder und wieder gespielten Sequenz wirklich angefixt zu sein. Wir kamen auf etwa zweieinhalb bis drei Minuten. Wenn du die Nadel an den Anfang der Platte setzt, sie einfach laufen lässt und dich zurücklehnst, wird im Laufe dieser Zeit schon jemand schreien. Da die Musik sich nicht ändert und weil du weißt, dass sie sich nicht ändern wird, wirst du entspannter. Du erkennst den Rhythmus und kannst deinen Körper wesentlich besser dazu bewegen. Dadurch entsteht Spannung. Es ist fast das Gegenteil dessen, was es einmal war. Um das Publikum zu fesseln, baut man einen Track mit der Snaredrum immer weiter auf, treibt sie zu einem gewissen Punkt und lässt sie dann fallen. Es war auch eine Art der Anwendung, wenn sich auf der Platte nichts tat und man die Leute darauf reagieren ließ.

Musst du bei solch einem Vorgehen nicht wesentlich mehr Arbeit investieren, weil alle sagen: „Oh, es ist nur eine dieser minimalen Platten. Ich könnte das binnen weniger Sekunden genauso gut hinbekommen."

Das ist der harte Teil. Es muss eine bestimmte Sequenz ergeben, einen bestimmten Rhythmus, der sich mit der Zeit verstärkt. Je öfter man ihn hört, desto besser wird er. Aber ich habe auch schon viele Platten gehört, die einfach zu monoton sind, tut mir Leid, Jungs. So wie ich das sehe, steht Minimal Sound gerade erst am Anfang. Es gibt eine Menge Dinge, die wir damit noch nicht ausprobiert haben. Viele Leute fangen schon ziemlich entmutigt an. Die Platten, die daraus entstehen, klingen alt und gleich, da sich alle an bestimmten Vorbildern orientieren. Doch gerade diese Frustration wird zu etwas Neuem führen. Ohne sie wären die Leute mit ein und derselben Platte zufrieden und nichts passierte. Es ist also tatsächlich notwendig, dass wir Sachen verwerfen, von ihnen genervt, angewidert sind, um in der Lage zu sein, von da aus weiterzugehen.

Wenn du auflegst, scheint es nicht so, als hättest du Angst, vor dem Publikum Fehler zu begehen. Du sagst stattdessen: „OK, das ist Teil einer einmaligen Erfahrung, wie ich hier an diesem Ort gerade jetzt auflege."

Manchmal ja. Ich mache nicht absichtlich Fehler, ich bin nur nicht so gut, also passieren sie. Es ist mehr eine Erinnerung daran, dass die Dinge einfach nicht so laufen, wie man das gerne hätte. Manchmal mache ich was fehlerlos und ... ich bin dann wirklich sehr glücklich, das ist dann etwas Besonderes. Aber wenn mir Fehler unterlaufen, ist das kein großes Problem. Es ist wie das Leben, du stehst vor Hindernissen, und dann machst du eben weiter.

Du hast am Anfang über das Klingeln in den Ohren gesprochen. Was tust du, um dem vorzubeugen?

Ich höre diese Beschwerde von einer Menge anderer DJs wie Derrick, Juan, Carl: Der DJ hat von Club zu Club eine andere Position zur Tanzfläche und versucht dann, den Monitor hochzuziehen, um das Gefühl zu haben, tatsächlich auf der Party zu sein. Wenn der Monitor nicht laut genug ist, neigt jeder DJ dazu, den EQ aufzureißen, den Mixer aufzudrehen, um vom Gefühl her wirklich ein Teil der Party zu sein. Es gibt nichts Unangenehmeres als das Gefühl, für Leute zu spielen, die 50 Meter weit weg sind. Das Aufdrehen des Systems verzerrt jedoch die Frequenzen, und das schädigt die Ohren. Normalerweise sind es die hochfrequenten Bereiche, um die man sich wirklich Sorgen machen muss. Und weniger das Kopfhörer-Ohr, denn dort kommt ja nur das eigentliche Signal raus. Das äußere Ohr kriegt den meisten Schaden ab. Ich höre auf meinem rech-

ten Ohr weniger als auf dem linken. Ohrstöpsel zu tragen ist eine Möglichkeit, die Ohren zu schützen, aber das kann während des Auflegens störend sein. Ich selbst benutze sie erst, wenn ich mit meinem Set fertig bin. So können sich meine Ohren regenerieren, die hohen Frequenzen sind ausgeblendet, ich schlafe nachts damit. Es war schon so schlimm, dass nicht nur alles, was ich hörte, sondern auch meine Stimme betroffen war. Alles, was ich selbst sagte, klang verzerrt. Da sollte man wirklich aufpassen. DJs mögen es eigentlich nur laut, weil sie auch Teil der Party sein wollen. Wenn die Monitore immer die richtige Größe hätten, ständen die Chancen gut, dass es auch um die Ohren besser bestellt wäre. Der DJ könnte den Monitor runterdrehen und hätte dennoch das Gefühl, körperlich auf der Party anwesend zu sein. Mein Booking Agent und ich versuchen schon im Vorfeld darauf zu achten, dass bessere Monitore zur Verfügung stehen. Ich denke zwar immer daran, dass meine Ohren Vorrang haben. Aber wenn du den Bass am EQ einstellst, dann möchtest du ihn einfach genauso mitkriegen wie die Leute auf der Party. Wenn beim Mix was schief geht, dann meist nicht, weil ich nicht hören kann, sondern weil die Monitore nicht gut sind. Wenn man wirklich basslastige Platten mag, werden die Tiefen sehr schwammig, und man kann den Bass der einen Platte nicht mehr von dem einer anderen unterscheiden, sie fallen dann auseinander. Man muss absolut in der Lage sein, den Beat zu halten. Wenn du jemals hörst, dass mir das misslingt, dann weil ich unkonzentriert bin. Die Platte läuft dann off beat, weil man an was anderes denkt oder meine Gedanken auf dem dritten Plattenteller sind. Man verreisst's einfach. Aber es ist nicht so, als würde ich nichts hören, normalerweise zumindest.

Wie schaffst du es eigentlich, dich jede Woche neu zu motivieren?
Ab einem bestimmten Punkt hat das mit Geld nichts mehr zu tun. Zeit, die Zeit ist so knapp. Ich kann mich an viele Fälle erinnern, in denen es großartig gewesen wäre, einfach zu Hause zu sein und TV zu gucken, vergiss das Geld. Du verstehst schon. Aber das funktioniert nie. Man ist immer an den Decks, und danach ist man auf dem Weg ins nächste Land. Ich habe schon sieben Mal versucht aufzuhören, sieben Mal.

Typen wie Sven Väth sagen: Ich habe die Hintertür geschlossen, es gibt keinen Weg zurück.

Ich war Student auf dem College und hatte eine Menge anderer Interessen. Eigentlich wollte ich Architekt werden. Ich legte auf, weil es mir gefiel. Eine Sache hat einfach die nächste ergeben. Egal was man tut, man benötigt immer diesen gewissen Elan. Ich finde das alles bis heute spannend und suche ständig nach neuen Zielen. Am Ende spielt es überhaupt keine Rolle, wo man herkommt, wie alt man ist und wie man etwas bezeichnet. Eigentlich komme ich aus Detroit, ich habe in New York und Berlin gewohnt. Jetzt lebe ich in Chicago und London – was sagt das wohl über die Musik, die ich mache?

Du wirst also wieder losziehen, um aufzulegen, ohne zu wissen, warum du das überhaupt tust?
Nein. Ich habe keine Ahnung warum. Ich muss mich damit trösten, mit 80 vielleicht mehr zu wissen.

CLAUDE YOUNG und die Eckpfeiler dessen, was sie Detroit Techno nennen
Der am amerikanischen Nationalfeiertag 1970 in Detroit, Michigan, geborene Claude Young Jr. gilt als einer der versiertesten unter der „dritten Generation" von DJs und Produzenten aus der Motorstadt. Bei der RBMA99 zeigte der „Brother From Another Planet" seine Skills an MPC und Decks und steckte den Acker ab, auf dem Detroit Techno wachsen sollte.

PAUL SCHUTZ: *Apart (Virgin)*
Was Atmosphäre kombiniert mit Jazzrhythmen betrifft, eine Lektion des Fortschritts.

KRAFTWERK: *Computer World (Warner Bros/US)*
Eine meiner frühesten Begegnungen mit elektronischer Musik und eine absolute Legende in Detroit.

BABY FORD: *Ford Trax (Rhythm King)*
Eine andere elektronische Schlüsselerfahrung, funky und gefühlvolle Tanzmusik.

CARL CRAIG: *The Climax (Retroactive)*
Einer von Carls zahlreichen Klassikern – auch diese Platte demonstriert wieder maschinelle Emotionen.

YELLOW MAGIC ORCHESTRA: *Computer Games (Alfa Records)*
Ich liebe die Mischung aus traditioneller japanischer Musik und Tanz-Rhythmen auf diesem Track.

UNDERGROUND RESISTANCE: *World 2 World EP*
(Underground Resistance)
Bei ihrer Veröffentlichung war diese EP eine der am weitesten nach vorne denkenden Platten. Ich liebe Atmosphären und treibende musikalische Elemente. Die gesamte EP liefert Gefühle und Emotionen bei jedem einzelnen Track.

STEVE REICH: *Different Trains (Elektra)*
Produziert von meinem Lieblingskomponisten, demonstriert dieses Album den Wert der Wiederholung als musikalische Kunstform.

PRINCE & THE REVOLUTION: *Parade (Warner Bros.)*
Ich war immer schon ein Fan des frühen Prince-Materials. Insbesondere sein Herangehen an Produktionstechnik war absolut zukunftsweisend. Viele seiner Studiotechniken sind heute zu weltweiten Standards der modernen Aufnahmetechnik geworden.

NITZER EBB: *Lightning Man (Geffen)*
Industrial spielte für die Entwicklung von Detroit Music eine genauso wichtige Rolle wie jede andere Musik auch. Dieser spezielle Track war mein Lieblingsstück von dieser Gruppe.

THOMAS DOLBY: *Golden Age of Wireless & Flat Earth (Columbia & EMI)*
Einer meiner ewigen Lieblingsproduzenten. Auch Mr. Dolby ist ein Pionier in puncto Produktionstechnik, wie auf diesen sagenhaften Alben zu hören ist.

Compilations:
KRAFTWERK: *Arbeiten. Works. Oeuvres (Capitol)*
Auf dieser großartigen US-Compilation der legendären Gruppe finden sich rare Versionen von Klassikern wie „Tour De France".

PSYCHE/BFC: *Elements 1989–1990 (Planet E)*
Wer an einem Einblick in die wahre Esssenz des Detroit Techno interessiert ist, sollte sich diese Platte mit frühen Stücken vom brillanten Carl Craig besorgen.

IAN O'BRIEN PRESENTS: *Abstract Funk Theory (Logic/BMG)*
Eine herausragende Darstellung des Zustands moderner elektronischer Musik.

„Hardcore U Know The Score"

KEMISTRY & STORM, DIE INTEGRATIVEN GROSSDAMEN
DES DRUM'N'BASS

Hardcore kam, und nichts schien mehr, wie es war. Doch auch wenn
zehn Jahre nach der Rave-O-Lution die üblichen Ermüdungserschei-
nungen nicht ausblieben, hat Drum'n'Bass sich seinen nachhaltigen
Eindruck in der Geschichtsschreibung mehr als verdient. Kemistry &
Storm begleiteten als DJs und Fans alle Mutation der Fusion aus Elektronik und Breakbeats. Und standen dabei in verlassenen Lagerhäusern ebenso wie in den hippen Clubs des WestEnd, Islingtons und
Tokyos ihre Frau. Sie bewiesen dabei, wie man in einem der ver-
schworensten Jungsclubs dieser Welt über Jahre äußerst respektable
Persönlichkeiten darstellen kann. Torsten Schmidt drehte am 7. April
1998 die Zigaretten, während K&S über die Tunes sprachen, die das
Gesicht der Tanzmusik veränderten.

Kemi Olusanya, genannt Kemistry, wurde im Frühjahr 1999 das
Opfer eines tragischen Verkehrsunfalls. Inzwischen führt Jayne Con-
neely, DJ Storm, die Mission dieses herzlichsten aller DJ-Gespanne
alleine weiter.

Drum'n'Bass ist von Extremen bestimmt: Ein verschworener Produ-
zentenkreis steuert eine recht offene Partykultur. Wie seid ihr dort
hineingerutscht?
K: Über die Clubszene. Hier bekamen wir unmittelbar mit, wie sich die
Bandbreite im britischen Rave-Sound immer weiter entwickelte. Zu Techno, House und HipHop kamen die Experimente mit Breaks und tiefen
Basslinien. „Playing with Knives" von Bizzare Inc. als Charts-Hit war damals nur die Spitze des Eisbergs, doch es hat allen gezeigt, welche wahn-
witzigen Kombinationen auf einer einzigen 12" möglich sind. Bereits
1990 stießen wir auf die ersten tiefen Basslines im Programm von Ibiza
Records oder Suburban Base. In der Raggamuffin- und Dancehall-Szene
beschäftigte man sich ebenfalls viel mit elektronischen Beats. Irgendwer
prägte den Begriff Jungle oder auch Jungle-Techno, und die harten, raus-

geschleuderten Ragga-Lyrics dominierten eine Zeit lang die Veröffentlichungen. Wir waren jedoch mehr an den Sounds interessiert und verfolgten begeistert, wie jede Neuentwicklung im Soft- oder Hardware-Bereich sofort in Musik umgesetzt wurde. Lange Zeit haben die einzelnen Spielarten versucht, sich streng voneinander abzugrenzen, doch mittlerweile wird unter dem allgemeinen Begriff Drum'n'Bass die ganze Palette der Techno-, Jazz-, Vocal- oder Darkness-Sounds zusammengefasst.

S: Auf der „Case of Funk"-EP von Nightmares on Wax waren ebenfalls mehrere wichtige Schlüsselstücke aus der Anfangszeit. Damals redete zwar noch niemand von Drum'n'Bass, eher von Hardcore, doch diese kleinen, eingespielten Breaksequenzen nahmen vieles vorweg. Ohnehin kann der Einfluss des Warp-Labels für die frühe Szene gar nicht hoch genug eingeschätzt werden. Sie brachten uns LFO und damit diesen enormen, Lautsprecher-zerstörenden Bass. Im Oktober 1991 hatten wir das Geld für unsere Plattenspieler zusammen, 1992 spielten wir den ersten richtigen Gig. Die Fertigkeiten dafür erarbeiteten wir uns bei verschiedenen Piratensendern, was eine sehr wichtige Basis war. Selbst wenn es monatelang keinen regulären Auflege-Termin gab, blieben wir durch die Shows im Radio-Untergrund präsent.

Wie habt ihr das damalige Londoner Clubgeschehen erlebt?
S: Unsere musikalische Heimat war das „Rage" im Heaven. Ein großer Club mit zwei Tanzflächen. Im Keller spielten Fabio und Grooverider das allerneueste Zeug. Je mehr sie fanden, desto heftiger haben sie es eingesetzt. Grooverider mit seinem harten Sound hatte mehr den Techno-Background und knüppelte in seinen Mixen wirklich rein. Fabio kam dagegen eher vom House und vermischte viele verschiedene Richtungen. Dieses geniale Wechselspiel hat uns sehr beeinflusst. Wir wollten immer so klingen wie die beiden. Eigentlich kein Wunder, denn wir gingen jeden Donnerstag ins „Rage", wo das beste Soundsystem stand, das es damals gab. Zwei massive Boxentürme mit einem kristallklaren Sound. Dieser abgeranzte, dunkle Club war einfach perfekt. Einige Stroboskope, ein bisschen Trockeneis und eine gute Anlage. Dann trieben die „Rage"-Macher dieses riesige Lichtgerüst auf, und plötzlich gab es Laser und massig Effekte, das war unglaublich. In diesem Club ging es um aufregende, neue Musik, und jeder spürte die Begeisterung für D&B.

Neben den regulären Clubterminen wurde Hardcore auch durch die illegalen Raves populär. Wie habt ihr davon erfahren? Schließlich ging man nicht einfach in irgendein Lagerhaus und feierte los.

K: Durch die Reggae-Tradition im Jungle waren anfangs viele Soundsystems dabei. Sie rollten buchstäblich mit ihren Wagen auf die Felder, öffneten die Ladeklappen und brachten ihre Lautsprecherwände in Stellung. Grooverider, Jumping Jack Frost und selbst Carl Cox waren damals noch völlig unbekannt und spielten zusammen auf der gleichen Veranstaltung. Die illegalen Raves in den Lagerhallen wurden durch die Piratensender bekannt gemacht. An manchen Wochenenden gab es gleich drei Empfehlungen. Man stieg ins Auto, machte das Radio an und los ging's. Irgenwann wurde ein Treffpunkt abseits der Straße angesagt, und plötzlich stand ein merkwürdig aussehender Typ vor dir, den du gefragt hast: „Hast du 'ne Ahnung wo ›Biology‹ ist?" Er gab dir dann ein Stück Papier, und mit diesen Instruktionen für den nächsten Treffpunkt fuhren wir weiter. Zwanzig Meilen die Straße runter saß man dann wartend an irgendeiner Tankstelle und wollte fast schon aufgeben. „Wo ist dieser Rave? Wir finden ihn nicht, wir sind falsch!" Ein letzter Versuch, und plötzlich tauchten in der Ferne hunderte Autos auf, die einen ganz bestimmten Platz ansteuerten.

S: Das zeigt auch, wie wichtig die Piratensender waren. Sie haben die Szene zusammengehalten und sorgten dafür, dass jeder wusste, was abgeht.

K: Und da es illegal war, haben wir uns als Anti-Establishment gefühlt. Du kamst dir vor wie ein echter Rebell für diese Musik. Man spürte dort echte Verbundenheit mit allen anderen. Auf Raves hast du oft die gleichen Leute wieder getroffen. Es gab niemals Ärger. Es war einfach eine gute, freundliche Atmosphäre. Jeder war wegen der Musik dort und hatte Spaß. Es war sehr energetisch.

Man erzählt sich, dass am Anfang eurer Karriere als DJ-Team der Besitz einer ganz bestimmten Dubplate stand. Auch sonst munkelt man viel über diese geheimnisvollen Testpressungen …

S: Wir reden hier von dem „Drumz"-Track Doc Scotts, einem der allerersten Drum'n'Bass-Produzenten. Mit dieser überarbeiteten Version des 92er-Originals wollte Goldie im Februar 1994 sein Metalheadz-Label starten, doch es wurden vorerst nur sechs Plates davon geschnitten. Wir hatten wirkliches Glück, dass Goldie eines Tages im Lager des Reinforced-Labels auftauchte und uns eine dieser Testscheiben in die Hand drückte. Ein Riesending, denn die Leute wussten, es gab nur sechs DJs, die sie buchen konnten, um „Drumz" in ihren Club zu kriegen. Verrückt, aber wahr, doch jeder wollte diesen Track hören. Absolut typisch übrigens, wie bei diesem Stück die unterschiedlichen Breaks gesetzt wurden. Wenn man mit der damaligen Technologie mal eben ein Stück machen wollte, konnte man nur Samples aus HipHop-Breaks verwenden. Hochgepitchte Reste des Originalbreaks erschienen dann als „hick"-Laut auf dem Drum-Break. Doc Scott führte ziemlich früh eine Menge dieser Breaks ein. Er war ohnehin recht HipHop-orientiert. Und mit „Drumz" schlich sich auch das allein stehende Schlagzeugsolo aus „Amen Brother" von der alten Funkband The Winstons ein. Von diesem Punkt ab konnte man wirklich hören, wie sich Drum'n'Bass durch die Technologie entwickelt hat.

K: Dieser Run auf die Dubplates hat sich dann irgendwann verselbstständigt. Eigentlich gab ein Produzent seine Stücke ja nur zu Testzwecken heraus. Verschiedene DJs sollten sie im Club einsetzen und ihre Kommentare abgeben.

S: Goldie hat auf diese Weise mit dem „Ajax Project" angefangen. Er fragte: „Wen könnte das interessieren?" „Nun, wir kennen Top Buzz, gib es ihm. Und hinterher kannst Du es an Grooverider weiterreichen." Aus dieser simplen Idee entwickelte sich der erste Dubplate-Krieg, denn Top Buzz wollte die Scheibe einfach für sich bunkern. Goldie verstand die Welt nicht mehr. Heute ist die Sache vollends aus dem Ruder gelaufen. Wenn man keine Dubplates hat, denken die Leute, dass man nichts wert ist. Was vollkommen falsch ist, denn wir haben vor allem in Deutschland DJs gehört, die Vinyl unglaublich mixen. Für mich ist das viel innovativer, als einfach eine Menge Dubplates aufzulegen. Wir versuchen zumindest auch Plates von unbekannten Acts zu schneiden. Auf diese Weise kommen dann ganz neue Leute ins Spiel.

Also könnte euch jemand einfach seinen Track schicken?

S: Klar. Wir spielen gerade auch den „Gold"-Track. Der ist aus Deutschland und wirklich beliebt in England. Die bekannten DJs bekommen das ganze neue Material frei Haus und schreiben nicht einmal Produzent und Titel auf die Plate. Nach dem Motto: „Ich habe ein exklusives Set." Das finde ich bescheuert, für mich geht es bei Dubplates um Promotion. Der

Produzent muss schließlich erfahren, ob es okay klingt. Wenn wir uns von einem zugeschickten Band eine Plate geschnitten haben, rufen wir den Produzent an und geben unsere Kommentare ab. So haben wir unsere Beziehungen ausgebaut. Wir sind wahrscheinlich die einzigen DJs, die überhaupt Feedback geben und nicht nach dem Prinzip verfahren: „Wenn ich die Plate erst habe, ist mir der Rest egal."

K: Im Prinzip funktioniert das so. Nehmen wir an, du bist Dillinja. Und ich komme zu dir und sage: „Dillinja? Hast du irgendwelche neuen Stücke?"

Nö.

S: Okay, dann prügel ich ein wenig auf dir rum und sage irgendwann: „Gib' mir das DAT." Damit gehe ich runter zum Presswerk und schneide mir eine Version davon auf eine beschichtete Metallplatte. Das war's. Angeblich soll diese Scheibe nach 30 mal Auflegen unbrauchbar sein, doch wir wissen, sie hält viel länger. Man muss sie nur mit viel mehr Höhen schneiden, als man sie eigentlich braucht. Während die Platte sich also abnutzt, bekommt sie erst den endgültigen Sound.

K: Weil die Höhen nach einer Weile abfallen.

S: Die oberen Höhen gehen definitiv zuerst, der Rest nach einer Weile. Du gibst einfach beim Überspielen mehr drauf, damit die Plate länger hält. Das ist ein kleiner geheimer DJ-Tipp ...

Und wie viel bezahlt man für so eine Pressung?
K: 30 britische Pfund für eine *Plate*, das wären 15 Pfund pro Track.

Das sind knapp hundert Mark. Bekommt man auch drei Tracks auf eine 10"-Dubplate?
K: Zwei sind besser. Manche packen mehr drauf. Aber dann ist die Qualität nicht so gut.

S: Man kann auch 12-inch-Plates pressen. Reinforced gab uns mal einen ganzen Stoß dieser größeren Formate, auf denen vier Stücke waren. Auch hier ist die Soundqualität eher bescheiden. Und schwer sind sie außerdem.

Die normale Spielzeit beträgt etwa siebeneinhalb Minuten, oder?
S: Man bekommt auch achteinhalb drauf. Wir reinigen die Plates sogar. Du kannst sie entweder mit Spülmittel abwaschen und trocknen. Oder wenn sie mal richtig schmierig sind, einfach ein bißchen Feuerzeugben-

zin draufträufeln und mit dem Taschentuch drüberwischen. Damit geht's runter. Aber Vorsicht, die Oberfläche ist ziemlich empfindlich. Für uns war die Nachschubsituation für Dubplates anfangs gar nicht so einfach, weil wir selbst keine Tracks machen. Wir haben also nichts, mit dem wir handeln könnten, wenn wir uns etwas schneiden wollen. Die meisten Leute in der Drum'n'Bass-Szene produzieren, wir hingegen haben nur uns selbst. Da bleiben dann nur Energie und goldene Worte wie „Der Track ist unglaublich, kann ich ihn haben?" Dazu kommt die Frauen-Seite, anfangs dachten alle, wir könnten damit nichts anfangen.

Ihr hattet allerdings einige Fürsprecher. Goldie widmete dir seinen Track „Kemistry" ...

K: Als wir Goldie trafen, rutschte er gerade in die Szene hinein. Er mochte die Musik wirklich und war wie geschaffen für dieses Umfeld. Er überlegte sich, ebenfalls DJ zu werden. Doch das wäre nichts für ihn gewesen, dann schon eher Produzent. Er wollte unbedingt mitmischen und legte einfach los.

S: Sein erster Track entstand in Zusammenarbeit mit Howie B. Ein Desaster! Wir sagten ihm: „Nein, das ist furchtbar, schmeiß' das weg und fang noch mal von vorne an." Der zweite Anlauf war auch nicht viel besser, aber immerhin. Goldie kannte eine Menge Leute und setzte auf seine Kontakte. Als Sprayer hatte er sich bereits in der Graffiti-Szene einen Namen gemacht. Er wurde damals sogar nach Island eingeladen, um einen Laden zu gestalten. Dort geriet er an einen jungen Typen mit einem kleinen Studio, wo als kleine Zusatzarbeit die vier Stücke der EP „The Ajax Project" entstanden sind. Zurück in London, gingen wir mit ihm zusammen in einen Club, wo Manix, also eines der 4-Hero-Projekte, einen kurzen Auftritt hatte. Goldie rannte zur Bühne und sagte: „Ich will auf eurem Label sein", und das war's. Der Rest ist, wie man so schön sagt, Geschichte. Als später das besagte „Kemistry"-Stück erschien, haben wir gerne herumerzählt, dass es Kemi ist, die dort singt.

Auf der gleichen EP findet sich ein Stück, bei dem zum ersten Mal die Timestretching-Technik benutzt wurde.

S: Timestretching hat es möglich gemacht, die Geschwindigkeit des Samples zu beschleunigen, ohne dass die Stimme diesen Mickey-Mouse-Effekt bekommt. Wie so oft bei D&B waren aber die Ergebnisse weit interessanter, wenn man eine einmal gefundene Technik entgegen ihrer üblichen Bestimmung einsetzte. Benutzt man Timestretching z. B. bei Drum-Breaks, so entsteht ein synthetisch klingender Nachhall, der zu einem beliebten Effekt wurde.

K: Zu diesem Zeitpunkt zählte bei vielen Produzenten die Geschwindigkeit. Sie haben alles kleinteiliger produziert und mussten sich etwas einfallen lassen, um ihren Sound fett und trotzdem schnell hinzubekommen.

S: Ich glaube, „Terminator" war das technisch fortgeschrittenste Stück jener Zeit.

Damals liefen die Loops meist noch nur mit winzigen Veränderungen durch. Dann versuchte man, einen anderen Ansatz beim Auseinanderschneiden des Original-Breaks zu finden.

K: Die Leute haben immer besser verstanden, ihre Sampler wirklich filigran zu nutzen. Sie schnitten die Beats auseinander, setzten sie wieder zusammen und erfanden dabei ihre eigenen Breaks.

S: Nicht mal das beliebte „Amen"-Break war noch eindeutig zu identifizieren. Es konnte aus vielen verschiedenen Komponenten bestehen, mit einem „Apache"– oder einem „Amen"-Step drin. Sie haben die Breaks zerlegt und in ihrem eigenen Format neu zusammengesetzt. Das alles war möglich, als der neue Akai 3000 herauskam. Plötzlich konnte man viel stärker filtern. Dillinjas „Promise"-Track auf „Platinum Breakz 2" war das perfekte Beispiel. Er ist zwar jetzt zwei Jahre alt, doch die Breaks sind wunderschön gefiltert. Alles eine Frage des Equipments. Alle haben mit dem 950er angefangen, dann kam der 1000er, der 3000er, und jeder dachte, das Nonplusultra wäre erreicht. Doch irgendwann waren alle auf dem gleichen Level, und die Sounds klangen ähnlich. Also wurden die alten Maschinen wieder herausgekramt und einige neu dazugelernte Tricks auf den alten 950ern nachempfunden. Mit dem Ergebnis, dass der Sound nicht mehr so klinisch klang. Mittlerweile gibt es den EMU, der mehr Tiefe hat und ein eher musikalischer Sampler ist. Bevor die Produzenten unserer Szene die Akai-Geräte in die Finger bekamen, wusste der Hersteller selber nicht so genau, was ihre Technik alles leisten konnte.

K: Sie haben die Dinger bis an die Grenzen ausgereizt.

S: Ja, total. Total.

Aber auch außerhalb der Insider-Zirkel hat Drum'n'Bass viel ausgelöst. Mittlerweile haben The Prodigy Weltkarriere gemacht, noch mit ihrer zweiten Platte „Charlie" waren sie Bestandteil der Szene.

S: The Prodigy waren damals auf vielen Raves dabei. Für „Charlie" wären wir alle gestorben, diesen Song musste man einfach haben. Ich weiß noch, als ich sie im „Rage" bei Grooverider und Fabio gesehen habe. Wir waren total verblüfft von Keith Flint. Er war ein echter Abfahrer, seine Bewegungen waren wirklich Furcht einflößend. Er tanzte wie ein wild gewordenes Pillengesicht. Prodigy waren immer voller Energie und glaubten fest an sich. Auch wenn sie heute ein völlig anderes Ding machen, haben sie ihren Teil zur Entwicklung der Szene beigetragen.

K: Sie waren die ersten, die ihr Projekt auf die Bühne brachten und dem Sound ein Gesicht gaben. Merkwürdig eigentlich, wie schnell daraus dieser Techno-Rock wurde, für den sie heute bekannt sind.

Das war auch das erste Mal, dass es eine große Diskussion über den Ausverkauf von UK Hardcore gab. Ihre Platte war hoch in den Charts, sie traten in „Top Of The Pops" auf, und der zweideutige Text tat ein Übriges.

S: „Charlie" war eine Katze aus einer riesigen Werbekampagne, die jeder in England kannte. Das gleiche Wort bedeutete in der Szene aber auch Kokain. Anspielung oder nicht, auf jeden Fall wurde auch das Gebrabbel der gesampelten Kinderstimme im Refrain zweideutig ausgelegt. Eine bahnbrechende Nummer, die mit ihren wild galoppierenden Breaks und dem Staubsauger-Effekt oft kopiert wurde. Kommerziell haben einige dieser nachgeschobenen Breakbeat-Nummern vielleicht funktioniert, doch auf dem Dancefloor regierte nur „Charlie".

K: Prodigy dachten vielleicht, sie würden damit etwas voranbringen. Finanziell hat sich die Sache für sie gelohnt, doch Drum'n'Bass war noch nicht bereit für ein Pop-Crossover.

S: Was ist zum Beispiel mit Shut Up And Dance nach ihren Hits passiert? Die sind heute nirgendwo. Obwohl sie die talentiertesten Leute überhaupt hatten, haben sie es nicht geschafft. Sie waren zu früh dran und konnten ihre Crew nicht zusammenhalten. Sie wurden über den Tisch gezogen und wussten wahrscheinlich nicht mal, wie man korrekt behandelt wird. Sie haben sich dann als Opfer der Majors gefühlt, und heute ist es sehr schwer für sie, noch einmal zurückzukommen.

Mit Shut Up And Dance habe ich mit 16, 17 eines meiner ersten Interviews gemacht. Irgendwo in East London, in einem Viertel, wo es keine U-Bahn gibt, Leute auf der Straße Crack rauchten. Und dazwischen diese Typen, die, wenn sie nicht gerade wie Bauern ihr Hühnchen aßen, diese großartige Musik machten.

S: Der starke Bezug zur Working Class ist sicherlich ein Grund, warum diese Szene in London so gut funktioniert hat. Sie kommt von der wirklichen Straße, und einige D&B-DJs wären bestimmt im Knast oder im Dreck gelandet, wenn sie nicht zur Musik gefunden hätten. Sie stammten wirklich aus den untersten Schichten und machten ihr Glück mit diesen Sounds.

Ein besonders nachhaltiger Entwurf kam aus dem westenglischen Bristol. Schon bei den ersten Stücken hieß es auf dem Labelsticker von V-Recordings: „Setting the pace". Inwiefern unterschied sich die dortige Entwicklung von der Londoner Schule?

K: Die Szene dort setzte auf andere musikalische Grundlagen. Sie kombinierten zum ersten Mal Jazz mit Breaks, und es funktionierte ganz ausgezeichnet.

S: Es hatte sich schnell herumgesprochen, dass Krust und Roni einen anderen Sound bringen. Sie sind einfach in ihr Studio gegangen, haben

Breaks gemischt und dabei die Sachen schon aufgenommen. Daher klingt ihr früher Kram sehr schwebend und frei. Ihre Sounds wirken recht simpel, doch sie sind schwierig zu mixen. Sie legten einfach eine musikalische Schicht auf die andere. Dego von 4 Hero arbeitet auch so. Er macht alles live und mixt es einfach runter, dadurch entsteht diese filigrane Unkontrolliertheit. Roni hat eine Lockerheit in seinen Patterns, wodurch sie diesen vibrierenden, unpräzisen Grundton bekommen.

K: Es klingt leidenschaftlich und gleichzeitig sehr zurückgelehnt. Damit können die Leute direkt etwas anfangen, man kann der Melodie des Tracks ziemlich einfach folgen.

Wie wird innerhalb der Szene betrachtet, dass Roni mit dem Reprazent-Projekt international so einschlägt?

S: Wir sind wirklich stolz auf ihn. Als wir Roni und Krust zu Beginn ihrer Karriere trafen, waren sie noch zwei schüchterne Jungs mit einer ungeheuren Ausstrahlung. Mittlerweile sind sie mit dem Mercury Prize der britischen Plattenindustrie ausgezeichnet worden, was ihnen die künstlerische Freiheit gibt, ihre Sache weiterzuführen. Ich habe sie und Jumping Jack Frost gerade am Freitag gesehen, und die Tour war unglaublich, wirklich. In den USA waren einige Gigs sogar ausverkauft. Das erste Mal in einem Land, wo D&B noch ganz am Anfang steht. Obwohl sie echte

Studio-Cracks sind, haben die beiden eine eminente Bühnenpräsenz. Es gelingt ihnen wirklich, ihre Tracks live rüberzubringen.

Roni macht gerade auch eine Menge Remixes.
S: Das sind wohl die Verpflichtungen aus dem Vertrag. Seine Crew ist davon nicht unbedingt begeistert, aber so bekommt man seinen Namen in unterschiedliche Ecken.
Roni kann ohnehin ohne Probleme fünf Stücke am Tag machen. Das rollt bei ihm. Bei den Arbeiten von Dillinja oder Photek steckt ein ganz anderes Konzept dahinter. Sie gehen da eher von der Technik her ran.

Wenn du Peshay zuschaust, ist es wiederum etwas anderes als bei J. Majik. J. bastelt die ganze Nacht herum und beachtet nichts und niemanden. Wenn er in sein Equipment eintaucht, ist er verschwunden. Du könntest fünf Stunden dabei sitzen, und er würde es nicht einmal merken. Er flucht und meckert herum, dabei funktioniert alles. Photek ist da viel klinischer. Er kennt seinen Weg genau. Es ist ziemlich interessant, verschiedenen Leuten bei der Arbeit zuzuschauen. Lemon D. wiederum ist die ganze Zeit über total paranoid: „Das geht schief, es ist falsch, so läuft das nicht."

Mal abgesehen von Reprazent geht man im Drum'n'Bass-Umfeld nach
wie vor sehr vorsichtig mit Popularität um.

S: Definitiv, wir wollen keinen Ausverkauf. Es wäre nichts falsch daran, wenn die Charts von eins bis 100 aus 100 D&B-Stücken bestehen würden. Solange es echte Tracks sind, die nicht nur dafür gemacht wurden, kommerziell zu sein. Wenn du mit dem Herzen dabei bist, machst du das Richtige. Aber wenn es dann losgeht und du plötzlich nach Geld Ausschau hältst, Autos und all dem Zeug, dann wird es bedenklich. Manchmal sind wir vielleicht übervorsichtig, aber ich glaube, wir lernen gerade, dieses Thema etwas lockerer zu sehen.

K: Es gab eine Menge Kritik in der Vergangenheit, an der gesamten Szene, von der Presse und allen. Es sei eine schmutzige ...

S: Eine schmutzige Drogenszene, und offensichtlich wurde immer noch Ecstasy als das große Ding angesehen, nicht die Musik. Dabei hatte sich der Sound längst weiterentwickelt, und die Gefühlswallungen durch diese Pillen gingen vollends an der Sache vorbei. Die Musik war komplexer und es gab so viele verschiedene Ebenen, dass man keine chemische Nachhilfe durch Drogen mehr brauchte. In England ist Ecstasy zumindest in der Clubszene auf dem Rückzug. Wir sehen es kaum noch; in der Drum'n'Bass-Szene schon gar nicht.

Ihr habt kurz angesprochen, dass ihr euch in dieser Männer-Welt erst
einmal Respekt verschaffen musstet. Werdet ihr auch heute noch in
eine spezielle Frauenrolle gedrängt?

K: Wir fallen zumindest aus der Menge heraus. Jeder ist auf der Suche nach etwas Besonderem im eigenen DJ-Profil, und in unserem Fall reichte es offenbar, dass wir Frauen sind. Das mag ein Startvorteil gewesen sein, doch andererseits gab es auch die ganzen Vorurteile und Sticheleien.

S: Wir waren nie Bestandteil dieser kumpelhaften Tour. Die Jungs gehen miteinander ab und ziehen sich gegenseitig hoch: „Alter, du hast ein großes Set gespielt." Niemand sagt so was zu uns, mal abgesehen von unseren echten Fans. Es dauerte eine Weile, bis wir wirklich ernst genommen wurden. Mittlerweile ist allen klar, dass wir hart arbeiten und unseren Job machen. Vorher wurden wir aber oft genug auf dieser Novelty-Ebene gebucht, so von wegen: „Hach, haben wir halt mal zwei Weiber hinterm Plattenspieler." Einmal mussten wir sogar den Türsteher überzeugen, uns auf unseren eigenen Gig hereinzulassen: „Was wollt ihr, seid ihr auf der Gästeliste?" Und wir: „Nein, wir legen hier auf." – „Wer seid ihr denn?" – „Wir SIND Kemistry & Storm." – „Bitte wer?" – „Wir tragen die Platten nicht aus Spaß durch die Gegend, können wir jetzt bitte rein und auflegen?" – Ein lapidares „Okay. Ein paar Mädels ..." beendete diese absurde Situation. Wenn wir zum ersten Mal irgendwo hinkommen, werden wir manchmal noch komisch angeglotzt. Doch nur am Anfang. Im Laufe des Abends wird es dann zunehmend cooler, und letztlich zählt nur noch, was hinter den Plattenspielern passiert. Wir sind in einen großen britischen Jungsklub eingedrungen, was nicht ganz einfach war. Mittlerweile können wir uns aussuchen, ob wir eher auf Distanz zu diesem Klüngel gehen oder voll dabei sein wollen.

K: Wir haben versucht, diese Männlich-Weiblich-Spielchen so weit wie möglich zu ignorieren. Wir wollten unser Ding durchziehen, ohne in irgendwelche Rollenklischees zu verfallen.

S: Es war schon erstaunlich genug, all die Ego-Trips der Kollegen mitzubekommen. Wenn man beispielsweise in einem Dubplate-Studio herumhängt und kurz hintereinander kommen erst Grooverider, dann Jumping Jack Frost herein. Sofort benimmt sich der eine wichtiger als der andere, und sie übertreffen sich gegenseitig mit ihren Geschichten, wo es am Wochenende wieder verschärft abgegangen ist. Es wäre sicher lustig, eine Fliege an der Wand zu sein und diese Hahnenkämpfe öfters beobachten zu können. Wer an Menschenstudien interessiert ist, findet im Drum'n'Bass eine reiche Auswahl an Typen. Wir sind mittlerweile zu Experten geworden. Ansonsten stand uns niemand im Weg, und am Ende wurden wir respektiert. Wir sind da ohne jede Hilfe hingekommen, weil wir an die Musik und uns selbst geglaubt haben. Unser Herz war immer dabei, und selbst wenn wir einen schlechten Tag haben, leidet das DJing nicht darunter. Unsere Besessenheit zieht uns wieder aus der Schwermut des Tages heraus. Wir versuchen nach besten Möglichkeiten zu performen. Die Leute bezahlen für uns. Wir sind die abendliche Attraktion. Also müssen wir die Menge rocken.

KEMISTRY & STORMS Drum'n'Bass Delights

Doc Scott & Keith: *This Is Derranged (NHS)*
Ein entscheidender Track seiner Zeit. Der erste *darke* Tune, der jemals aufgenommen wurde. – Darkness war geboren!

LFO: *LFO (Warp)*
Eine B-Line aus dem hohen Norden, die den Tisch für Jungle bereitete. Lautsprecher hat's zerrissen!

Bassbox (Ibiza)
Eine nie zuvor gehörte Basslinie. Die Geburt von Jungle.

Internal Affairs EP (Reinforced)
Innovation, mit der man die Leute seinerzeit überforderte. Die Zukunft war da, es dauerte nur etwas, bis das bemerkt wurde.

Jonny L: *Hurt You So (XL)*
Schönheit in D&B, personifiziert von Jonny L.

Metalheadz: *Terminator (Synthetic Hardcore)*
Goldie war angekommen …!

Studio Pressure: *Jump (Certificate 18)*
Ein Tanzboden-Brecher von einem, der heranwuchs, um Photek zu werden.

J Majik: *Your Sound (Metalheadz)*
Bis dahin war es das „Amen"-Break. Und so betrat Mr. Majik, Goldies Wunderkind, die Bühne und schlug uns den „Apache" um die Ohren. Und dann ließ er seinen innovativen Style von der Leine.

Lemon D.: *Urban Style Music (Metalheadz)*
Der größte Magier des Breaks aller Zeiten. Seine Musik bewegt Hirn, Körper und Seele. Dieses Stück war völlig einzigartig, checkt's ab!

Dillinja: *The Angel Fell (Metalheadz)* – *Deadly Deeb Subs (Deadly Vinyl)*
Jeder Track dieses Produzenten war phänomenal. Er bewegt das Publikum jedes Mal, das ist seine Kunstform … ich spreche von Dillinja. Es ist so schwer, nur ein Stück auszuwählen, aber diese hier kennzeichnen einen Künstler, der seinen Punkt wirklich darin gesetzt hat, wie D&B sich weiterentwickelte.

„Meine Maschine groovt anders"

CRISTIAN VOGEL – WEGE AUS DER DIGITALEN LANGEWEILE

Als der Enkel eines nach Chile ausgewanderten Deutschen am 30. April 1998 Torsten Schmidt erste Tracks seines Super-Collider-Projekts vorspielte, war die Überraschung groß. Bisher kannte man den Mann aus Brighton für eine treibende Variante minimalistischen Technos mit dem entscheidenden Plus an konzeptionellen Ansätzen. Doch hier präsentierte er Entwürfe eines richtungweisenden Hyperpop. Dabei brachte er die Vertracktheit neuer technischer Entwicklungen mit Melodien voll unwiderstehlichem Charme zusammen. Sein besonderer Entwurf des DJ-Daseins stößt besonders im industriell durchorganisierten Clubleben seiner Heimat England auf wenig Gegenliebe. Doch dank Alben wie „Absolute Time" und „Beginning To Understand" sowie seinem Label Mosquito wurde der verschmitzt hedonistische Ansatz des studierten Musikwissenschaftlers im Rest der Welt wahrgenommen und geschätzt.

Dein vorher recht üppiger Produktions-Output scheint in den letzten Monaten zurückgegangen zu sein. Müssen wir uns Sorgen machen?
Nun, seit letztem Dezember arbeite ich für ein Label aus Brighton an einem größeren Album-Projekt namens Super Collider. Mein Partner ist der Sänger Jamie Lidell, der bislang im Techno-Umfeld wirkte. Wir wollen seinen Gesang und allerlei sonstige Einflüsse mit experimentellen Sounds verknüpfen. Dabei soll jedoch kein Techno, Electro oder House entstehen, sondern ein neuartiger Misch-Masch. Wir haben jetzt etwa ein Drittel hinter uns, doch die komplett digitale Produktion ist enorm aufwendig. Wir brauchen drei, vier Wochen, um einen einzigen Track zu produzieren und abzumischen. So einen Produktionsaufwand habe ich nie zuvor betrieben.

Anders als das bisherige „lasst uns mal die Maschinen anwerfen und los geht's"?
Ja; nun ist die Arbeitsweise viel komplexer. Besonders die ersten Stücke

waren eine echte Herausforderung. Ganz Brighton war aufgeregt, denn Sony Music hatte gerade Loaded, was auch die Mutterfirma von Skint ist, gekauft. Und diese neuen Möglichkeiten wollten sie nun gezielt in interessante Projekte investieren. Wir wurden bewusst ausgewählt, um die Routine zu durchbrechen. Super Collider nach der größten Maschine, die jemals von Menschen erbaut wurde. Wenn man sich die Sounds genauer anhört, bekommt man eine Idee von dieser ganzen neuen Software. Alles digital, auch digitale Schnitt-Techniken, Filter, Soft-Synths, Analogue Modeling, alles ultramoderne Musiktechniken. Obwohl da auch noch so was wie Vocals und ein bisschen Gitarre drinstecken.

Womit steuerst du all diese digitalen Sachen? Nur über Mouseklick oder Trackpad? Und sind diese Techniken auch für Anfänger erschwinglich?
Jamie, der mit mir produziert, ist ein wesentlich größerer Perfektionist, als ich es bin. Ich glaube mehr daran, eine Art Momentaufnahme des Grooves auf das Tape zu bannen und dann damit zu wachsen. Aber er ist wirklich ein sequenzieller Fetischist. Inzwischen kannst du beides komplett auf dem Computer machen. Inklusive digitalem Mischpult und allem, was du brauchst, liegt die günstigste Lösung, die was taugt, momentan bei 1 700 Pfund.

Das ist dein erstes Album überhaupt, das du nicht in Deutschland, sondern in England rausbringst.
Ja, und es … ist eben kein Techno. Viele Fans in der Techno-Gemeinde werden sich nun fragen, warum sich einer ihrer Hauptproduzenten vom Beatsound weg bewegt.

Und warum tut er das?
Aus allen möglichen Gründen. Ich war mit meiner Situation unzufrieden und wollte die digitale Klangproduktion unbedingt weiter in Bewegung halten. Ich arbeite jetzt viel mit Soft-Synths, Sound-Rendering Tools und solchen Dingen. Aus denen kann man ziemlich innovative und hirnzerblasende Sachen herausholen. Techno hat uns nicht genügend Spielräume gelassen, wie man einzelne Klänge ausdrückt. Wir wollten neue Umgebungen für diese Experimente. Dabei ging es aber nicht um unzugängliche Avantgarde, sondern um Vermittlung. Also schon eine große Aufgabe.

Es wirkt ironisch, wenn du davon sprichst, wie sehr Techno dich ein-
engt. Eine Musik, die sich immer sehr stark dem Futurismus und der
Avantgarde verschrieb, aber in ihrer Formensprache – z. B. Sounds,
Patterns, Drummachines – oft auch konservativ sein kann.
Ja, sehr. Für euch in Europa mag das anders sein. Gerade in Deutschland
geht man ja recht innovativ damit um. Doch in Großbritannien existiert
keine besonders positive Szene für diese Musik. Erst recht nicht für Techno, das nur von kleinen Zirkeln geschätzt wird, die sich auch noch über
das ganze Land verteilen. Nur als Beispiel: Ich habe mindestens ein Jahr
lang nicht mehr in England aufgelegt (lacht). Letzte Nacht in Brighton
habe ich für ein paar Gläser Jack Daniels gespielt. Es waren vielleicht
25 Leute dort. Unter diesen Voraussetzungen ist es schwierig, sich als
Musiker weiterzuentwickeln. Früher dachte ich, es würde reichen, Geld
zu sparen, eine Rhythmusmaschine zu kaufen und sich zu Hause damit
einzuschließen. Dabei geht es um die Vermittlung von Musik. Ohne das
Feedback von außen ist keine Weiterentwicklung möglich. Ich musste
raus aus meiner selbst gewählten Isolation.

Die Reaktionen auf deine Musik sind weltweit doch sehr unterschiedlich.
Schon. Und das wiederum stimmt mich glücklich. Ich komme gerade
von einer Tour in Japan, Neuseeland und Australien zurück. Ehrlich gesagt war es mehr ein großer Urlaub mit ein paar Auftritten zwischendurch. Vorher war ich ziemlich depressiv und hatte das Gefühl, dass in
Europa jede Unterstützung für Innovationen fehlt und alles immer
schwerfälliger wird. Dort draußen dagegen, besonders in Japan und Neuseeland, wo die Fangemeinden so weit entfernt von der Quelle der Musik
sind, gehen die Leute ganz anders damit um. Es war einfach großartig
und ungeheuer aufbauend, diese Menschen zu treffen. Zu sehen, wie
engagiert sich diese isolierten Fanzirkel für Techno einsetzen. Ihr direk-
tes Feedback hat sehr gut getan. Wir haben bei einem Typ übernachtet,
der hatte ganz hinten in seiner Plattensammlung einen Abschnitt, wo
alles in Plastikhüllen steckte. Genau wie bei mir, meine besten Platten
genießen auch Sonderbehandlung. Seine Schätze waren von Neil Lands-
trum, mir und Si Begg – er hatte jede einzelne Scheibe von uns. Ich dachte nur: Wow, wie abgefahren; so viel Unterstützung auf der anderen Seite
der Welt. In Australien erlebte ich eine ähnliche Geschichte. „Wir können
von deiner Musik nicht genug bekommen", hieß es dort, „gib uns mehr."

In Japan schließlich ist es gar nicht so einfach, überhaupt an unsere Musik heranzukommen. Die Hauptinformationsquelle ist das Internet, die sind da echt wahnsinnig. Was mich sofort dazu veranlasste, mich wieder mehr um unsere Website zu kümmern. Mir ist es wirklich wichtig, die direkte Verbindung zu diesen Grüppchen herzustellen. So können wir ein weltweites Netzwerk aufbauen, es aber gleichzeitig recht intim und vertraut halten.

Es kursieren ja die wildesten Geschichten über die Publikums-
reaktionen in Japan.

Bei den Club-Gigs in Osaka und Kyoto stand ich hinter Plattenspielern, auf die ein großer Scheinwerfer gerichtet war. Das Publikum saß herum und beobachtete jede Handbewegung von mir. Als ein Stück beendet war und ich die Nadel von der Platte nahm, machten alle: „aaaaaah". Beim nächsten Stück wieder genau das Gleiche. Echt seltsam.

Den Japan-Trip für den Produzenten Steve Albini und mich hat ein sehr umtriebiger Typ ermöglicht, der in Tokio alle möglichen Underground-Auftritte organisiert. Auf seine Initiative fand auch zusammen mit DJ Ken Ishii ein Riesen-Auftritt im Liquid Room statt. Ishii bat alle teilnehmenden Künstler, Effekte oder Equipment mitzubringen. Die Ansage war recht vage, er meinte nur, dass „wir am Ende doch alle gemeinsam spielen könnten". Mehr nicht. Vor Ort trafen wir dann einen Industrial-Percussionisten, der auch die Musik für „Tetsuo" gemacht hatte. Dazu eine Sängerin der Boredoms, Ken Ishii und ich. Merkwürdigerweise gab es bis auf zwei Plattenspieler keinerlei Equipment. Ich fasste mir ein Herz und bestellte bei Ken Ishii einen Nordlead, eine SPS-900-Effekteinheit und einen CD-Player. Ich liebe den Nordlead, eine absolut korrekte Maschine. So konnte ich mich zum ersten Mal als DJ und Musiker gleichzeitig präsentieren. Und das mit einer Maschine, mit der ich mich total wohl fühle.

In diesem Kontext benutzt man die Plattenspieler dann wie ein Instrument. Der Mixer war zwar nur ein normales DJ-Mischpult. Er verfügte aber über genügend separate Kanäle und Ein- und Ausgänge für Effekte. Ich hatte also mein eigenes kleines Studio auf der Bühne und spielte dann gleich zwei Stunden lang. Ein Riesenspaß. Das Soundsystem war ausgezeichnet und das Publikum wirklich interessiert und aufgeschlossen. Ich drückte direkt zu Beginn ein paar Tasten auf dem Nordlead und wühlte dann in meiner Kiste, um eine Platte mit Techno-Loops zu suchen. Je nach Laune ließ ich diesen Sound dann einfließen, der zur Grundlage meiner Komposition wurde. Ich spielte regelrecht über die Platte und ließ alles über die Effekte laufen. Die Leute drehten schon nach ein, zwei Rückkopplungs-Loops durch, und das simple Runternehmen der Nadel von der Platte wurde zum musikalischen Ereignis: „PBPrrrrrr!" Beim Wiederauflegen das Gleiche: „PBPrrrrrr!" Ich klopfte auf dem Plattenspielern herum und ließ das Feedback davon wieder über eine andere Platte laufen. Das war ganz großartig (lacht). Ich dachte die ganze Zeit nur: „Warum bin ich erst jetzt darauf gekommen und nicht schon vor zwei Jahren, wenn es doch so einfach ist?" Einfach nur Effektgeräte und Plattenspieler. Mehr braucht es nicht, um so etwas Spannendes hinzubekommen.

Ich hätte weiterhin Beatmixen können, doch das wird auf Dauer langweilig. Also benutzte ich lieber Effekte oder Keyboards. Wirklich cool. Bei der nächsten Gelegenheit führe ich das fort. Es waren keinerlei Vorbereitungen nötig, schließlich war das auch kein Live-Set, sondern Improvisation. In meiner Musik stecken sowieso viele unvorhersehbare Momente. Die Reise nach Japan hat mir die Augen in dieser Hinsicht noch weiter geöffnet.

Danach beschloss ich, mit dem DJing im klassischen Sinne aufzuhören. Technoplatten frustrierten mich immer mehr. Man hat da diese zwölf Zoll Vinyl, eine ganze Seite, auf der sich nichts ändert. Nur ein Loop, ein Groove von Anfang bis Ende. Ich habe auch solche Musik geschrieben und weiß, wie so etwas entsteht. Mich interessiert mittlerweile Techno mit Bewegung und Struktur, der aber immer noch den Tanzboden rockt. Ich will keinen Trance oder so ein Zeug spielen, sondern gute experimentelle Musik, die wirklich losgeht und vier Stücke auf einer Platte hat. Die lege ich auf zusammen mit Minidiscs oder anderen Trägern meiner Grooves. Hoffentlich komme ich dann irgendwann ohne Plattenkiste aus, einfach fünf oder sechs Platten einpacken und dazu eine kleine Box mit Minidiscs. Das würde das normale DJing definitiv verändern.

*Du hast keine Lust, deine Plattenkisten wie Jeff Mills innerhalb von
24 Stunden von Tokio nach Brüssel zu schleppen?*
Nein. Wir bekommen im Büro immer noch eine Menge Anfragen, ob ich
nicht irgendwo spielen kann. Doch ich habe diese Jobs und diese Herum-
reiserei wirklich satt. Wir sagen einfach „Nein" und nur zufällig mal „Ja".
Der einzige Gig, den ich dieses Jahr beispielsweise in Deutschland spiele,
ist in einem kleinen Club für 150 Leute in Leipzig. Ich schätze diese überschaubaren Orte, denn es ist sehr wichtig, wieder auf die Communities
zuzugehen. Manchmal sind diese Anstrengungen einfach nötig, denn
sonst würde die Szene stagnieren.

*Nur um das einmal klar zu sagen: Du hast auch oft in all den „großen"
Orten wie dem Tresor gespielt.*
Klar, ich war überall, Mann. Um genau zu sein, war ich in Australien ganz
schön besoffen, denn ich musste feiern, dass ich meinen Fuß jetzt auf jeden Kontinent gesetzt hatte. Eine ganz schöne Leistung mit 25. Ich habe
an großen wie kleinen Events teilgenommen. Einige kleine Veranstaltungen waren echt übel und negativ, genauso wie manche der großen – und
andersrum. Es ist schwierig, da etwas rauszupicken.

Warum sind deine bisherigen Alben immer in Deutschland erschienen?
Nun, meine ersten Stücke sind auch bei britischen Labels, Magnetic
North und Ferox, erschienen. Dennoch hatte ich damals das Gefühl, dass
die Deutschen Musik auf sehr viel mehr unterschiedlichen Ebenen wahrgenommen haben. Mit den Labels Tresor und Milles Plateaux konnte ich
kommunizieren. Wir konnten uns erst ernsthaft über Musik unterhalten,
aber dann auch eine gute Zeit haben. Einfach cool. Da bestand ein spezielles Verständnis zwischen uns.

*Wenn man das alles zusammenfasst, entsteht der Eindruck, als wür-
dest du wieder dorthin zurückkehren, wo du angefangen hast: mit
einem kleinen Kassettenlabel für Industrial-Sounds, das auf ein sehr
gut funktionierendes Netzwerk zurückgreift.*
Si Begg sorgte etwa 1992 dafür, dass wir über eine Beilage von fotoko-
pierten Kunst-Fanzines vertrieben wurden. Im Grunde beruhte das Konzept darauf, dass wir unsere Musik nicht sonderlich bedeutend fanden.
Wir haben einfach in unseren Schlafzimmern rumgebastelt und massen-

weise Tracks rausgehauen. Wir wären niemals auf die Idee gekommen, dass einzelne Stücke vielleicht Geld wert wären. Es hätte viel zu viel Aufwand bedeutet, daraus Vinyl herzustellen. In der gleichen Zeit hätte man schon wieder etwas Neues machen können. Deswegen suchten wir nach dem besten Medium für diese Sachen und blieben bei Kassetten hängen. Wir entwarfen Konzepte für 60 und 90 Minuten voller Tracks. Und schrieben immer „This is anti-copyright" darauf, um klarzumachen, dass diese Musik wie Shareware funktioniert. Sie ist öffentlicher Besitz, nach dem Motto: „Bring es aufs Tape und mach damit, was immer du willst." Ich kann nicht behaupten, dass allzu viel davon wirklich gut war.

Rückblickend hat uns das Ganze aber an Fragen herangeführt, wie man überhaupt den Preis von Musik oder Kunst festlegt. Es ist schon interessant, wie die Musikindustrie für sich in Anspruch nimmt, den Preis von Kreativität, Talent und Kunst zu bestimmen. Bei unseren ersten ernst zu nehmenden Schritten in Richtung Label versuchten wir, dieses ursprüngliche Gefühl zu erhalten. Die Musik zu den Menschen zu bringen erscheint mir bereits wertvoll. Das Allerwertvollste ist, wenn Leute sie hören, genießen und gebrauchen. Das wollten Si und ich auch mit dem Mosquito-Label, was eigentlich nur eine Weiterführung der Tape-Philosophie war. Abgesehen davon, dass es wesentlich teurer ist, Vinyl statt Kassetten zu produzieren. Unser Label war auch nicht annähernd so aktiv, wie wir uns das gewünscht hätten.

Mit dem Aufkommen von CD-R und MiniDiscs sehe ich jetzt Möglichkeiten, wieder zum ursprünglichen Rahmen zurückzukehren. Es sollte mehr darum gehen, Musik zugänglich zu machen, und weniger, sie zu verkaufen. Die MP3-Formate über Internet gehen genau in diese Richtung. Digitale Musik, die sehr stark komprimiert ist, sodass man sie sehr schnell runterladen und aufspielen kann. Man könnte sein Material albumweise digital komprimieren und es so online vertreiben. Wir werden die Stimmung der Tapelabels auch wieder mit CD-Rs aufnehmen und sie über unsere Website No-future.com vertreiben.

Wie bestreitest du denn deinen Lebensunterhalt, wenn du all diese Sachen für lau rausgibst?

Nun, ganz kostenlos wird es nicht. Das ist ja alles nur Beiwerk, die CD wird nach wie vor das Sammlerobjekt bleiben. Der Aufwand ist recht hoch, denn wir brennen nur auf Bestellung. Aber wir reden hier auch von 50er- und nicht von 1000er-Stückzahlen. Unser Lebensunterhalt soll aus anderen Medienformen fließen. Primär Film- und CD-R-Produktion, Design, DJing, Live-Shows und andere intensive Produktionen, wie dieses Album, die auch einen anderen Wert haben. Ich habe jetzt einen Monat an einem Track gearbeitet, also werde ich ihn nicht kostenlos hergeben. So etwas ist einfach mehr wert als ein Track, den man in zehn Minuten zu Hause macht. Das ist ein empfindliches Gleichgewicht, Geld hält nun mal die Musikindustrie in Gang. Doch ich denke, dass man genug Geld verdienen kann, um am Ball zu bleiben. Wenn du wirklich reich werden willst, musst du anfangen, sehr viel mehr Leute auszubeuten. Aber du kannst Fortschritte erzielen, wenn du die richtige Einstellung hast, solange die Leute auch daran glauben, was du tust.

Wie andere Leute auch, musst du mit Investoren reden, die daran glauben, was du machst, die sich Gemeinschaften und Kunst zuwenden und willig sind, Geld in deine Ideen zu stecken. Das müssen nicht tausende und abertausende sein, ein klein wenig Geld kann schon helfen, dem Studio oder dir ein Stück Equipment zu kaufen. Nicht zuletzt dank der staatlichen Lotterie fließen momentan in Großbritannien viele Geldmittel für Kunst. Und wenn man wie wir an allgemeinnützigen Dingen arbeitet, fällt das eben auch unter „Erziehung und Verbreitung". Du eröffnest jungen Menschen neue Möglichkeiten. Die Regierung hilft im Moment auch ein wenig, wir haben uns da mal um Mittel beworben. Doch abgesehen davon kommt alles Geld bei No-future.com einfach nur von harter Arbeit. All meine DJ-Gagen fließen in unser Kollektiv und nicht in schicke Autos.

Ich habe mich immer mies gefühlt, als ich mitbekam, was manche DJs fürs Auflegen verlangen. Das ist wirklich völlig überzogen. Ich fühle mich einfach besser, wenn ich meine Honorare wieder der musikalischen Gemeinschaft zuführe. Das mache ich jetzt seit etwa drei Jahren, und auch wenn nie viel Geld für mich übrig blieb, geht es der Firma gut genug, um eine Plattform für neue Künstler, neue Ideen zu schaffen. Es geht um die Frage, was du mit deinen Ressourcen machst.

Wenn du so über diese Zusammenhänge zwischen Gesellschaft, Kunst und Technik sprichst, ist dein Studium nicht zu überhören. Du hast auch einen Abschluss, oder?

Ja, ich habe einen Bachelor of Arts in Musik des 20. Jahrhunderts, wo aber auch viel von „cultural community studies" drinsteckte. Wir lernten viele Details über Komponisten, Musikgeschichte, Ästhetik und Philosophie – alles schön und gut –, doch meine wesentliche Erkenntnis bestand darin, wie außerordentlich wichtig Musik doch für die Gesellschaft ist. Man sollte sie sehr ernst nehmen. Tanzmusik ist sehr oft Wegwerfmusik. Die Menschen sollten viel mehr darauf achten, was in der Musik passiert. Prägende Phasen der musikalischen Sozialgeschichte, wie die Geburt der elektronischen Musik nach dem Zweiten Weltkrieg, hatten sehr viel mit dem gesellschaftlichen Zeitgeist zu tun.

Ich habe Musik immer sehr ernst genommen. Und wurde dafür auch hart kritisiert. In England macht man sich über einen intellektuellen Ansatz in der populären Kultur gerne lustig. Das wird dann als verschroben und geckenhaft gebrandmarkt. Ziemlich früh in meiner Karriere hat mich die britische Musikpresse als eine Art „Intelligent-Techno-Wissenschaftler" abgestempelt, der nicht weiß, wie man sich amüsiert. Ich musste stets sehr vorsichtig sein, wie und mit wem ich über Musik und Menschen sprach. Medienresonanz kann für Ideen sehr gefährlich werden.

Von daher ist das Internet für uns das ideale Kommunikations-Format. Ich gehe zwar sehr ernsthaft mit Musik um, doch das bedeutet noch lange nicht, dass ich nicht auch meinen Spaß haben kann. Ich gehe sehr gerne mit meinen Freunden auf Partys, wie jeder andere auch. Jedoch versuche ich, mir bewusst zu machen, welche sozialen Räume im Clubland und im Internet definiert werden. Momentan tut sich in Brighton einiges, sie nennen es das neue Manchester. Die ganze Presse schießt sich auf Brighton ein, was eine prima Sache ist, denn dort gibt es eine Menge Talente. Meine Freunde stecken in einem freien Kunst-Underground voller experimenteller Musik mit Verbindungen in alle Welt. Wir haben auch viele Graffitikünstler, die überall in der Welt sprühen und zu Hause immer noch ihre Probleme mit der Polizei haben. Es gibt auch einen politischen Untergrund in Brighton, der genauso wie der elektronische sehr cool und klein ist, aber ständig wächst, sowie eine sehr aktive kleine Schwulenszene. Wir hängen mit all diesen Leuten ab. Aber gleichzeitig existiert auch der Big-Beat-Kram, das House-Ding, Drum'n'Bass, es gibt viele respektierte Produzenten in Brighton. Auch viele Technoproduzenten, aber keine Technoclubs, keine Technoplattenläden. Ein seltsamer Haufen da unten.

Du bist also kein Fürsprecher der „Big Beat Boutique"?

Nun, das ist nicht unbedingt meine Vorstellung von Spaß, sondern ein typischer Nachtclub-Hype von Radio1 und den Lifestyle-Magazinen. Ich habe schon eine Ahnung davon, was die Jungs vom Skint-Label wollen, sie sind fast noch überraschter als alle anderen, dass es so populär geworden ist. Die Hälfte von ihnen hasst die Musik. Sie stecken da in einem merkwürdigen Dilemma: „Das, was wir hier haben, läuft uns aus dem Ruder, wir nehmen immer mehr miese Acts unter Vertrag und können einfach nicht aufhören." Auf eine gewisse Art bewundere ich, was sie erreicht haben, besonders wenn es darum geht, wie man eine Reaktion erschafft und die Medien benutzt. Das ist schon verdammt cool. Die Kooperation mit einer Organisation wie No-future zeigt aber, dass sie ihr Herz auf dem rechten Fleck haben und doch ein wenig nachdenken. Sie sind immer noch ganz normale Menschen, coole Typen. Aber ihre Clubnacht, die ganze Clubseite, der Sound, das ist Horror für mich. Norman Cook und all das Zeug ist echt übel. Da würde ich lieber auf Ausgehen und Trinken verzichten, als mir so üble Musik anzuhören.

Was hast du vom post-balearischen Club- und Rave-Vibe mitbekommen?

Beim Clubbing war ich immer schon ein Außenseiter. Alle coolen Kids in der Schule fuhren irgendwann zu den großen Raves und nahmen Drogen. Ich verhielt mich eher unschlüssig und programmierte lieber weiter an meinem Computer. Die Tapes, die sie von dort mitbrachten, haben mich allerdings sehr interessiert. Mit den Leuten bin ich dagegen nie klargekommen. Ich habe mir zwar 1990 einige Raves angeschaut, doch die fand ich eher bedauernswert. Zurückblickend war es auch kein allzu großer Spaß, Raver zu sein. Neil Landstrumm und ich haben sie „Leichname" getauft, wenn sie um neun Uhr morgens an der Hand ihrer Freundin umherirrten. Ich habe immer versucht, ihnen etwas zu trinken auszugeben. Allerdings habe ich von dieser Szene gelernt, was es heißt, mit vielen Leuten zu derselben Platte zu tanzen. Aber ich wurde nicht wirklich abhängig vom Clubbing. Meine Freundin und ich haben letzte Woche noch gestöhnt, dass wir wohl alt werden, da wir jetzt immer öfter an Orte gehen, wo man sich hinsetzen kann. Wo es Sessel gibt und man nicht die ganze Nacht stehen muss und die Musik eher leise ist. Gute Tanzmusik, aber nicht in ohrenbetäubender Lautstärke. Das ist schon ganz cool, und wir gehen dann um zwei nach Hause. Deswegen bewundere ich auch das Hardcore-Durchhaltevermögen der jungen Raver.

Du hast aber schon erlebt, was es heißt …
Ich habe die guten Zeiten der Dancefloor-Szene mitbekommen, allerdings nicht so viel davon, dass ich es schon wieder leid wurde. Ich weiß nicht, ob es in Deutschland genauso ist, aber du hast immer dieselben Gesichter, dieselben verrückten Sachen gesehen. Leute, die sich mit der Wand unterhalten. All das, was eigentlich nur noch depressiv macht. Ich höre mir kaum noch Techno an. Nur manchmal, wenn die Nachbarn nicht zu Hause sind und man richtig laut aufdrehen kann. Bei den Partys im Freundeskreis werden mittlerweile Platten von Marvin Gaye aufgelegt, und nur gelegentlich rutscht auch mal eine Technoplatte mit rein. Dennoch bleibe ich dabei: Mir ist noch kein Musikstil begegnet, der – wenn er laut gespielt wird – einen derartigen Einfluss auf Psyche und Körper hat wie Techno. Du kannst länger trinken. Auch wenn momentan eine Art mantramäßige Wiederholung vorherrscht, füllt es mich immer noch mit Energie. Schon seltsam. Ich mag es auch, Techno im Auto zu hören, auch wenn ich selbst keines mehr besitze. Gebt mir einfach ein Auto.

Lesestoff empfohlen von CRISTIAN VOGEL:

PHILIP HAYWARD (HRSG): *Culture, Technology & Creativity in the 20th Century, Jon Libbey (London 1991)*

THEODOR ADORNO, GILLES DELEUZE, FELIX GUATTARI – *alles, was dem Titel nach auf Musik schließen lässt*

ANDREW GOODWIN: *Dancing in the distraction factory – Music, Television & Popular Culture, Routledge (London 1993)*

PHILIPP ANZ/RICCO BILGER (HRSG): *Techno (siehe Leseliste)*

WALTER BENJAMIN: *Das Kunstwerk im Zeitalter seiner technischen Reproduzierbarkeit (Frankfurt 1990)*

Bonusfrage: Wie würdest du dein Dasein als DJ zusammenfassen?
„Sich einer Gemeinschaft zu widmen."

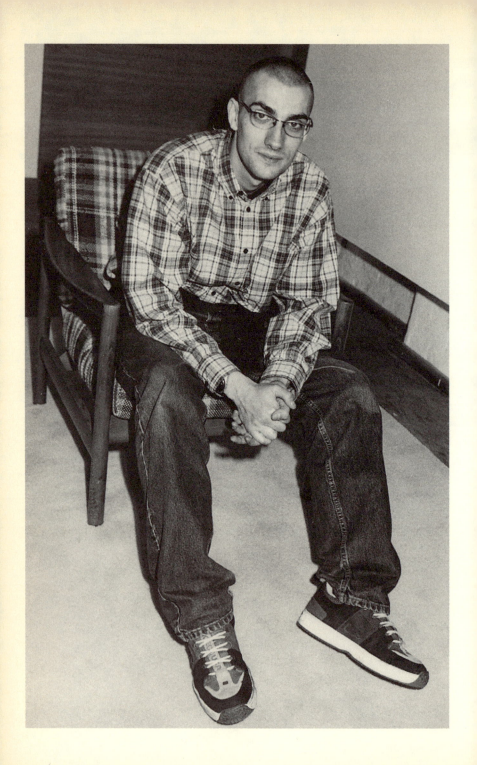

„Ein Amerikaner in Paris"

DJ DEEP: EIN LEBEN FÜR DIE LEIDENSCHAFT HOUSE

Nenn ihm ein Klischee über Paris, Cyril Etienne widerlegt sie alle. Auch wenn inzwischen französische Produzenten wie Daft Punk oder Motorbass ihren Einfluss auf das Geschehen der internationalen Tanzböden nicht mehr leugnen können – in der Heimatstadt geht es immer noch recht beschaulich zu. Besonders wenn man so engagiert das Erbe eines großen fremden Sounds pflegt wie Cyril als DJ Deep. Er fühlt sich den Wurzeln des House-Sounds aus New Jersey und New York verpflichtet. Und gibt dabei – so am 10. Juni 1999 Torsten Schmidt – ein hervorragendes Beispiel, wie man seine leidenschaftliche Beziehung zu einem geografisch sehr weit entfernten Sound in einer fremden Umgebung auch anderen Menschen nahe bringen kann. Heute gilt Deep als enorm respektierter Name in einem Netzwerk kleiner feiner Clubs, das sich über den ganzen Erdball spannt.

Aktuelle elektronische Musik aus Frankreich am Ende der Neunziger – das bedeutet in erster Linie Cut-Up-Filter-Disco. Deine große Leidenschaft gilt jedoch ganz anderen Spielarten im Bereich der HouseMusic.
Nur wenige Leute haben es geschafft, den Wurzeln dieser Musik wirklich treu zu bleiben, und es ist sehr schwer zu erklären, was diese Ursprünge genau sind. All die Experten, die ich getroffen habe, waren recht langweilig. Ich hasse sie. Ich bin kein Experte, sondern jemand, der Musik sehr liebt. Mich interessiert die Magie dieser Platten. Manche sind alt, manche neu, aber die meisten von ihnen verfügen über diese spezielle Zauberkraft. Ein wichtiges Stück stammt von John Robinson, der vor einem Monat verstarb. Er war ein berühmter DJ in New York, der eine Mittags-Show im Radio hatte. Völlig außergewöhnlich, wie er Klassiker und neue Produktionen zusammenführte. Er hielt die Flamme der Tanzmusik am Leben und wurde dabei niemals langweilig. Der beste Weg zu seinem Erbe sind seine Platten, wie z. B. das Robinson Wall Project auf dem kleinen Label Black Rain aus New Jersey.

*Wie hast du von seinen Radioshows erfahren? Es gab ja wohl keine
Satellitenverbindung von New York nach Paris.*
Ich war ein paar Mal in New York und hatte dadurch einige Freunde, die
mir immer Tapes schickten. Ich wollte dort einfach die Quellen der Musik
entdecken, die ich so sehr liebe. Man stößt auf eine völlig andere Art der
Präsentation. Du kannst auf keinen Fall in Europa dasselbe wie in New
York spielen, einfach und allein wegen der Anlagen. Diese Platte würde
einfach nicht so klingen, wie sie klingen sollte. Das ist eines der Probleme, mit denen Deep-House-DJs in Europa umgehen müssen. Wir
spielen notgedrungen in Techno Clubs, und dort sind die Anlagen eben
entsprechend ausgerichtet. Die Mitten sind sehr aggressiv eingestellt, so
klingt Techno gut. Wenn du dort jedoch einen Song mit längeren Vokal-
passagen spielst, können sich die Leute gar nicht darauf einlassen, denn
manche Frequenzen erfordern einfach andere Soundsystems. Das klingt
unheimlich abgehoben, entspricht aber den Erfahrungen von vielen Wochenenden. Ich weiß, dass viele House-DJs dasselbe fühlen. Denn auch
der Sound an sich ist ein wichtiger Teil dieser Kultur.

Was weißt du über die speziellen Soundsystems in New Yorker Clubs?
Larry Levans Anlage in der Paradise Garage hatte riesige Sub-Bass-Syste-
me. Auch sonst wurde die Anlage völlig anders konstruiert. Du konntest
die Musik wirklich fühlen.

*Mich haben diese Geschichten immer beeindruckt, dass bei Cluberöff-
nungen im New York der Siebziger und frühen Achtziger erst der Raum
untersucht, dann das Soundsystem eingebaut und der Rest des Ladens
drumherum konzipiert wurde.*
Genauso sollte es sein. Wer jemals im Shelter, der Sound Factory oder
Sound Factory Bar war und in diesen New Yorker Clubs die Musik gefühlt
hat, möchte seine Platten nirgendwo anders anhören. Das ist ein völlig
anderes System. Die Art, wie die Musik dich berührt, ist kein intellektuel-
les Ding. Es ist rein physisch, als wenn dein Körper ganz natürlich bewegt
wird. Du musst dich noch nicht mal anstrengen. Man kommt in den
Raum und denkt: „Wow!" Wenn ich sage, dass wir in Europa einen wesentlich intellektuelleren Zugang zur Musik haben, dann schau dir doch
mal an, wie die Leute tanzen: Die Art, wie sie all die kleinen Bewegungen
machen, das alles ist sehr kompliziert. Es ist nicht so, dass sie einfach

den Rhythmus fühlen und sich dann gehen lassen. Ich sage nicht, dass das gut oder schlecht ist, ich sage nur, dass es ein anderer Zugang ist. Du kannst spüren, dass viele Menschen in New York City die ganze Woche auf dieses Gefühl warten, um Louie Vega oder Tony Humphries zuzuhören. Es ist wirklich so, dass sie jemanden nicht nur wegen seiner Skills würdigen, sondern wegen der spirituellen Erfahrung, die er ihnen beim gemeinsamen Feiern gibt. Ein Beispiel für diese Stimmung ist eine alte Platte von Mateo & Matos. Sie heißt „Raw Basics" auf Final Cut, und für mich ist sie eine dieser besonders einzigartigen Platten.

Du hast einige Male den Ausdruck „New Jersey" verwandt. Was ist so Besonderes an diesem Staat? Ich meine, jeder hat vielleicht von der Kriminalitätsrate oder dem Flughafen in Newark gehört, aber ...
Darüber weiß ich wiederum nicht allzu viel. Es gab halt einen Deep House Sound aus New Jersey, der durch die Produktionen von Leuten wie Blaze, Smack oder Mental Instrum bekannt wurde. Und besonders dieser Club namens Zanzibar, wo Tony Humphries seine Residency hatte. Die Anlage dort war ebenfalls eine besondere Anfertigung, denn es gab Bass und Höhen und keine wirklichen Mitten. Und das ist vielleicht mehr oder weniger der Ursprung dieses Sounds. Am Beispiel „Get It Off" ließ sich schon früh sehen, warum Kerri Chandler, hier als Third Generation, einer der Könige dieser Schule ist.

Wo liegt der Unterschied zum House Sound aus Chicago?
Im Grunde sind es zwei verschiedene Stile: New Jersey ist sehr roh, Bassorientiert, mit Höhen und einem sehr dubbigen Grundgefühl. Ich denke, Chicago ist mehr ... ich weiß gar nicht genau, welcher Chicago Style, denn dort gab es so viele Stile. Richtung Detroit mit elektronischem Hauch, dann eher soulful mit Robert Owens und Mr. Fingers. Der aber auch Techno gemacht hat. Ich denke, Chicago war eher elektronisch orientiert.

Kerri Chandlers Tracks unterscheiden sich schon allein in der Namensgebung von vielen seiner Kollegen, wie seine ganze „Atmosphere/ Stratosphere/Ionosphere"-Serie.
Er bringt so viele Platten raus und ist unglaublich produktiv, er platzt geradezu vor Inspiration. Da musste er einfach besondere Namen erfinden,

die sich die Leute merken können, wie etwa „Atmosphere" auf Shelter. Schließlich bringt er drei Platten in einer Woche raus. Eine weitere wichtige frühe Platte von ihm heißt „Trailer Ends", sie ist sehr roh und vielleicht auch ein wenig hart. Für mich ist das ein wirklich gutes Beispiel für den New Jersey Sound.

Ich habe dich einige Male beim Auflegen zu den Stücken singen gesehen, du scheinst offensichtlich die Texte gut zu kennen. Kannst du vielleicht ein bisschen erzählen, worum es in diesen Lyrics geht?

Angeln und Kochen ... Nein, generell sind nicht die Texte wichtig, es ist vielmehr der Vibe des Sängers, der dir wirklich etwas Spirituelles gibt. Manche Passagen gehen tiefer, aber in der Regel, wenn du wirklich genau auf die Worte achtest, sind sie nicht wirklich tiefgründig. „Okay, lass uns ins Schlafzimmer gehen", „wir können die Liebe wieder finden". Solche Sachen. Das ist normalerweise nicht sehr philosophisch, es geht mehr um die Gefühle, die dabei durchdringen. So wie der Sänger Dinge ausdrückt – das ist es, was dich wirklich berührt.

Musst du diese sauber gemischten Sounds in einem Club nicht besonders vorsichtig behandeln?

Bei einem Stück wie Blaze feat. Cassio „Baby Love" bereitet das Arrangement keine großen Probleme. Hier findet man einen anderen Zugang zu Deep House, sehr musikalisch und weicher, verglichen mit dem, was wir zuvor gehört haben. Aber bei anderen Vocals musst du darauf achten, dass die Mitten nicht zu aggressiv eingestellt sind. Aus irgendwelchen Gründen denkt man in Europa, dass Vocal House Disco sei, und wenn sie Disco sagen, denken sie an HiNRG und kommerzielle Discomusik, die nicht besonders seelenvoll ist. Für mich ist es sehr tief gehende Musik in einem Tanzformat.

Wie gehst du beim Mixen mit den eher komplizierten
Arrangements um?
Ich bemühe mich darum, die Musik anderer Leute nicht durch Mischpult-Faxen zu verunstalten, und strebe einen logischen Aufbau des Sets an. Meine Auflegetechnik soll das Publikum durch den Vibe geleiten, damit sie die Emotionen teilen können. Das ist sehr simpel. Ich versuche wirklich vorsichtig zu sein und ernsthaft zu respektieren, was diese Leute geschaffen haben. Man hört, dass es ihr Leben ist. Das ist wirklich ihre Leidenschaft. So etwas vermurkst man nicht mit dem Equalizer. Beim Cutten muss man gewisse Passagen respektieren, sonst wird alles zerstört.

Konzentrierst du dich beim Vocal-Mischen auf die Enden der Verse
und Strophen?
Ja. Man sollte sich bei dieser Musik absolut im Klaren sein, dass es dabei nicht um eine dahingehämmerte Aneinanderreihung von Beats geht. Da gibt es Strophen, Refrains und verschiedene Harmonien. Daher musst du sorgfältig darauf achten, wann man eine Platte an die nächste cuttet. Auch diese Musik soll schließlich in einem ständigen Fluss bleiben. Und ich hoffe, dass die Leute mir folgen und es dabei genießen können. Also versuche ich, vorsichtig mit all diesen Teilen umzugehen und einen logischen Weg zu gehen. Weißt du, einen Chorus in der Mitte abzubrechen und dann direkt zur Strophe zu gehen, das kann sehr kreativ sein, aber ich bevorzuge eher die klassische Art.

Wer waren die Vertreter für solch eine „klassische" Herangehensweise?
Timmy Regisford, John Robinson, und davor natürlich Larry Levan. Alles Leute, die eine besondere DJ-Mentalität entwickelt haben, wie man

Lyrics passgenau spielt. Nicht nur musikalisch, sondern dass die Worte auch noch innerhalb des Sets Sinn machen. Es sind DJs wie Louie Vega, Joe Clausell oder François Kevorkian, die ihr Publikum heute noch auf eine Reise mitnehmen. Sie bauen wirklich eine kleine Geschichte auf, wenn sie auflegen.

Hattest du jemals die Chance, Larry Levan persönlich zu hören, oder kennst du seine Tapes?
Ich habe ihn nie getroffen. Aber als Levan noch lebte, war ein sehr guter Freund von mir in Japan eine Art Protegé von ihm. Er hat rund 100 seiner Tapes, von denen er mir auch einige gegeben hat. Ich fand es sehr interessant, denn er hat wirklich versucht, eine neue Welt mit seinen Platten zu erschaffen, Soundeffekte zu benutzen, sie zu mischen, kreativ mit Musik umzugehen und Stimmungen aufzubauen.

Benutzt du neben Mischpult und Plattenspielern spezielle Effektgeräte in deinem Set?
Das hängt von der Musik ab. Wenn ich Factory-Sounds auflege, dann ist das eine Musik, die ich nicht verunstalten möchte. Ich finde darin so viel an Atmosphäre, dass ich sie so belassen möchte, wie sie ist. Wenn ich eher etwas mehr Tracks spiele wie „In dub" oder solches Zeug, dann ist das nur zum Herumspielen produziert worden, was ich dann auch tue. Also genieße es und höre zu, wie ich damit arbeite.

Du hast eben von Harmonien gesprochen. Wenn du als DJ anfängst, bist du nicht notwendigerweise auch als klassischer Musiker ausgebildet. Was kann man da alles falsch machen?
Nun, schlichtweg zwei Platten spielen, die einfach nicht zusammenpassen. Ich höre eine Menge DJs, die technisch sehr gut sind und drei Platten über eine Stunde zusammenhalten können. Wo ich dann aber feststelle, dass es hässliche Musik ist, die einfach nicht zueinander passt. Es geht schließlich um Musik und nicht darum, dein Ego herzuzeigen oder „Hallo, ich kann das, ich kann das!" zu schreien. Wer so etwas will, sollte Sport treiben.

Auch ich lerne zwar schon eine lange Zeit, dennoch kann ich niemandem Unterricht geben oder Ratschläge erteilen. Folgt einfach euren Instinkten und Gefühlen.

Wo wir schon von Sachen sprechen, die man nicht lehren kann …
Ich denke öfters über das Sampling-Prinzip nach und habe mich auch mit Kerri Chandler darüber unterhalten, als ich ihn das letzte Mal nach Paris einlud. Er sagte, dass absolut nichts Falsches an Sampling sei, solange es geschmackvoll durchgezogen wird. Das klingt sehr einfach. Kenny Dope z. B. nimmt den offensichtlichsten Sound, den wir alle auswendig kennen. Aber die Art, wie er damit umgeht, fügt eine Magie hinzu. Viele Leute mögen dasselbe Sample benutzen. Man muss nur einmal sein neues Stück „Liquid Dope" und die Originalplatte vergleichen, um zu begreifen, wie er mit dieser Aufnahme umgegangen ist. Man merkt aber auch recht schnell, mit welchen einfachen und leichten Mitteln man ein wenig Magie in einen Track bringt. Für mich ist das House mit einer HipHop-Mentalität. Du nimmst einfach ein Sample, wie es ist, benutzt es mit sehr simplen Beats, die aber wirklich pumpen und echt rau sind, echt House … Wenn ich schon dieses Sample benutze, muss es auch die Party rocken. Und es ist wirklich House, denn er benutzt nur sehr wenige Elemente und gibt sein Bestes.

Bei deinen eigenen Produktionen legst du ebenfalls sehr viel Wert auf diese besondere Magie. Du bist keiner von denen, die fünf Platten im Monat rausbringen.
Nein, aber das ist doch der Punkt in diesem Geschäft. Es ist heute so einfach, Musik zu machen. Jeder bringt eine Platte raus, nachdem er zwei Wochen einen Sampler hat, und manche sind dabei wirklich talentiert. Das ist gut für sie, dennoch gibt es so viel Müll. Ich gehe jede Woche in die Plattenläden und höre mir vielleicht 100 neue Platten an. Und dann kaufe ich zwei davon. Das ist echt sehr ermüdend. Ich respektiere Menschen, und wenn ich produziere, spiele ich das Ergebnis vielen Kollegen vor und bitte um ihre Meinung. Alle Houseproduzenten sollten sich verpflichten, keinen Scheiß auf den Markt zu werfen. Natürlich ist das auch eine Frage des Geschmacks, aber man sollte sich sicher sein, das Beste zu geben.

Heute reist du quer durch Europa, deine Anfänge lagen aber in Paris.
Das war ziemlich einfach: Der DJ, den ich bewunderte, gab mir eine Chance. Insbesondere das Mischen von Platten interessierte mich und wie man das Publikum damit in verschiedene Stimmungen bringen

kann. Laurent Garnier zeigte mir das alles. Mitterweile ist es immerhin zehn Jahre her.

Wie hat man sich das Clubleben damals in Paris vorzustellen?

Ich begann in einem winzigen Schwulenclub. Dann haben wir an verschiedenen Orten wie dem „Les Bains" Partys veranstaltet, und Laurent wurde sehr schnell berühmt. Als wir aufeinander trafen, kannte ihn in England niemand, doch urplötzlich ging es für ihn ab. Ich habe mich nach dem Ende unserer Partyreihe 1994 eher in Richtung Deep House bewegt.

Hast du Unterschiede zwischen Pariser Clubs und deinen Reisen nach New York bemerkt?

Definitiv. Man sieht nicht oft, dass der DJ die Anlage ausschalten kann, und der ganze Club singt. Manchmal sogar zu Songs, die noch nicht mal veröffentlicht waren. Das hat mich in New York echt umgeworfen. Doch ganz egal, wie beeindruckt ich davon bin, wie diese Musik in New York funktioniert: Ich versuche nicht, dasselbe in Europa nachzuahmen. Allerdings würde ich liebend gern eine Musikanlage wie in den USA bauen. Das ist eines meiner großen, großen Ziele. Einen Sponsoren zu finden, um solch ein System hier rüberzubringen und es in einen Club einzubauen, egal wo er sein mag. Deutschland, Paris, ist mir ganz egal, einfach nur solch ein System zu haben, ein wenig wie sie es im Ministry of Sound hatten. Trotz dieser Träume glaube ich jedoch nicht, dass du die Musik wie die Jungs in New York spielen kannst. Es ist überhaupt nichts Verwerfliches daran, sich mit seinen Bedingungen zu arrangieren.

Es geht also mehr darum, eine Identität in der eigenen Umgebung zu finden?

Genau das. Im Moment bin ich sehr beeindruckt davon, wie Phil Asher und all diese Underground-Labels aus London diesen Stil neu erfinden. Ich respektiere ihre Art, wie sie mit diesem besonderen Sound umgehen und dabei sehr eigenständig bleiben. Selbst in Paris baut sich das immer mehr auf. Und auch wenn es noch sehr klein ist, interessieren sich immer mehr Kids dafür. Momentan kennt man Projektnamen wie Playin' 4 The City von meinem Freund Julien Jabre noch nicht, aber Labels wie

Straight Up können sicher bald unseren eigenen Ansatz auf den Punkt bringen.

Paris gilt auch als „die" Modestadt. Wie viele Supermodels treiben sich denn jede Nacht in den Clubs rum, in denen du auflegst?
Kein einziges. Das ist nicht unser Vibe. Aber es gibt wie überall sonst auch einige sehr trendige Clubs. Doch ich schätze, das ist überall in Europa dasselbe: Es gibt immer einen harten Kern mit 300–400 Leuten, der sehr passioniert der Musik und einigen DJs folgt. Der echt bereit ist, alles zu geben, der wirklich Underground ist.

Dank der Aufmerksamkeit, die Produktionsteams wie Daft Punk, Motorbass u. a. anziehen, hält sich als weiteres Vorurteil, dass gefilterte Discomusik ganz Paris regiert. Wenn man sich heute Chartlisten anschaut, stößt man dort auf all diese französischen Namen. Hilft dir das auf irgendeine Weise?
Nein, nicht wirklich. Ich respektiere sie und halte Daft Punk für echt talentierte Jungs, die ihre Musik sehr ehrlich meinen. Bei einigen anderen französischen Produzenten bin ich mir dahingehend nicht so sicher. Nein, es hilft mir nicht im Geringsten, denn wenn Leute von mir erwarten, eine bestimmte Musik zu spielen, ist es meist das, was ich überhaupt nicht spiele. Ich spiele einfach nur House. Wenn eines Tages schließlich mein Freund Olivier Portal, ein großartiger Musiker, Aufmerksamkeit erhält, dann hilft das auch mir. Dann endlich werden die Leute sehen, dass es noch etwas anderes als Bob Sinclar, Daft Punk oder Cassius gibt. England kann man auch nicht bloß auf die Chemical Brothers reduzieren. Was ist mit Phil Asher, Gilles Peterson und all diesen Jungs? Am Ende verfolgen sie alle verschiedene Ansätze und sind doch Teil derselben Szene.

In Frankreich ist es dasselbe. Ja, du hast Daft Punk, doch daneben gibt es Eric Rug und viele DJs, die seit Jahren konsequent arbeiten.

Früher oder später stehen viele DJs vor folgender Situation: Man wird aus einem bestimmten Grund irgendwo hingebucht, kommt in den Club und merkt: „Oh, ich bin irgendwie falsch hier".
Ja, das hatte ich oft. Das ist sehr peinlich, denn der Grund, warum ich DJ bin, ist, Musik für Leute zu spielen und etwas mit ihnen zu teilen. Ich bin nicht dort, um ihnen House-Lektionen zu geben. Das ist nicht meine Art. Ich will, dass die Leute feiern, eine gute Zeit haben und vielleicht einige Vibes mit mir teilen. Wenn ich also in einem Club gebucht werde, rufe ich vorher an, um herauszufinden, ob sie dort wirklich wissen, welche Musik ich spiele und ob es sicher ist, dass sie in den Club passt. Wenn nicht, ist es mir auch egal, ich bettel nicht darum zu spielen. Ich hatte genug miese Erfahrungen in den letzten zehn Jahren. Ich ziehe es vor, zu Hause zu bleiben und DJs zu hören, die mich inspirieren.

Wie gehst du mit den Frustrationen um?
Ich bin wirklich böse, denn ich trage immer eine Waffe bei mir und … Was soll ich schon tun? Es geht um Musik. Wenn der DJ vor mir echt pumpendes Zeug auflegt, alle voll darauf abgehen und ich danach vier Stunden lang spielen soll, kann ich nur noch sagen: „Okay. Tut mir Leid, aber wir beginnen an einem anderen Punkt." Ich mache einige Übergänge, spiele irgendwas, was wirklich viel deeper ist – und damit fängt für mich der Abend neu an. „Ich gebe euch meine Musik. Vielleicht mögt ihr sie, vielleicht auch nicht, aber lasst uns bitte noch mal von vorne beginnen, denn ich bin hier nur so reingeschliddert." Manchmal funktioniert es, manchmal sogar sehr gut. Bis hin zu Leuten, die hinterher kommen und sagen: „Wow, das sind wir nicht gewohnt, aber es war echt interessant." So was gibt dir auch dann noch ein gutes Gefühl, wenn es überhaupt nicht läuft, und du denkst, „Oh, was ein Krampf", der Resident-DJ die ganze Zeit hinter dir lauert. Und du einfach nur noch sagen kannst: „Okay, tut mir Leid, Jungs, gebt mir mein Geld und auf Wiedersehen." Wenn schon vorher abzusehen ist, dass ich nichts ausrichten kann, sage ich dem Promoter lieber: „Behalt Dein Geld, bye-bye, tut mir Leid." Und gehe einfach wieder.

DJ DEEP führt durch die Ehrenhallen des Houses

LIL'LOUIS: *Journey with the lonely*
Von *dem* Album.

MAW: *Masters At Work*
HipHop, House, Reggae etc. … Ein wirkliches Album.

Alles von BLAZE
Die Essenz des Deep House.

Alles von KERRI CHANDLER
Dieser Mann erfindet HouseMusic neu. Und das jeden Tag!

Alles von RON TRENT
Der Mann ist auf einer Mission. Die Suche nach dem deepen Sound.

Jede Single von JOVONN *auf Goldtone Records*
Das ist wahre Persönlichkeit. Ein einzigartiger Vibe.

Jeder Beat, den KENNY DOPE *formte*
Wahre Roughness.

TODD TERRY
Weil er der Beste ist (und der Übelste zugleich).

DERRICK MAY
Der Innovator!

CARL CRAIG
Der durchgeknallte Wissenschaftler.

149

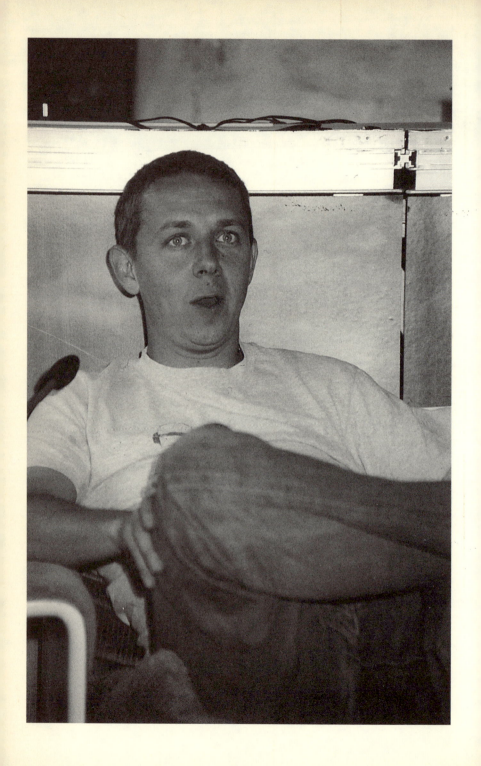

„Arsenal & Ambitionen"

GILLES PETERSON BRINGT DEN JAZZ AUF DIE STRASSE

Die Sache startete als Witz, doch der Nachhall klingt bis heute. 1988 verpasste Peterson seiner Vision von Dancemusic einen plakativen Titel: Acid Jazz. Schon bei den ersten DJ-Versuchen in Teenagerdiscos und Londoner Vorstadtclubs arbeitete er darauf hin, Jazz aus den Wandelhallen der hohen Kultur zurück auf die Tanzfläche zu holen. Im Fahrwasser der überschäumenden Raveszene jener Zeit fand er genügend Freiräume für seinen Stilmix von John Coltrane über Public Enemy zu ultraschnellen Samba-Rhythmen. Die sonntäglichen „Talkin Loud"-Sessions im Londoner Dingwalls wurden schließlich zum Namenspatron einer Szene, die im zugehörigen Label den dortigen Vibe auf den Punkt bringen wollte. Wie man zeitgenössische Beats und das Erbe des „guten Geschmacks" gegen die um sich greifende Shareholder-Value-Mentalität behauptet, erklärte er Torsten Schmidt am 25. Juni 1999.

Gehen wir die Sache doch mal alphabetisch an: A wie Ambitionen –
haben die sich über die Jahre geändert?
Ich war nie besonders gut in der Schule und habe auch kein College besucht. Ich stolperte einfach zu einem Zeitpunkt über die Clubkultur, als sie noch in ihren Kinderschuhen steckte. 1982/83 war das noch kein Job. Im Grunde war ich ein ganz normaler Teenager, der in Süd-London lebte und auf Sport stand.

Ist das dann das andere A?
A wie Arsenal, ja. Damals war ich allerdings noch Fan von Crystal Palace. Sport nahm eine zentrale Rolle ein. Heute stehe ich mehr auf Rauchen und Bier. Wäre ich nicht bei der Musik gelandet, würdest du mich heute bestimmt als Sportreporter kennen. Doch die Musik der Clubs und Piratenstationen war stärker. Ich beschloss, statt im Obst- und Gemüseladen zu arbeiten, mir das Geld für zwei Plattenspieler zusammenzuleihen. So gut es ging, versuchte ich an die Platten heranzukommen, die ich bei den

Pirates hörte. Ich organisierte dann Events für meine Schulfreunde und andere Kids. Discos für unter 15-Jährige und solche Sachen.

Was spielte man so in einer Disco für unter 15-Jährige?

Brit Funk von damals, sprich Gruppen wie Light of the World, Incognito, Freeze oder auch Level 42. Bei letzteren war ich peinlicherweise sogar Fanclub-Mitglied. Dazu amerikanische Soul-Importe von Slave oder Maze, Jazzfunk von Junior oder Herbie Hancock und den ganzen Funk-Kram auf CTI Records. Ich bewegte mich in Richtung Jazz und spielte das 14-jährigen Kids vor, die normalerweise Punk und Wave hörten.

Das hat dich aber nicht gerade zur zugänglichsten Person gemacht, oder? Ich meine, wolltest du wirklich der 14-jährige Jazz-Messias sein?

Nein, nein. Ich wollte meine Kumpels nur an meinen Entdeckungen teilhaben lassen. Ich mochte die Musik unheimlich gerne. Nach ein paar Monaten wurde mir klar, dass ich dank der Einnahmen die Plattenspieler schon abbezahlt hatte. Und nun schien alles möglich zu sein.

Schulden in dem Alter ...

Als ich die Plattenspieler bekam, musste ich sie an meinen Eltern vorbeischmuggeln. Zuerst waren sie stocksauer, es war schrecklich. Sie drehten durch und waren total enttäuscht von mir. Üble Sache. Ich habe Platten im Laden gekauft und sie nicht mit ins Haus genommen, sondern hinter einem Baum versteckt und erst dann reingetragen, wenn die Luft rein war.

Viele, gerade besser gestellte englische Jungs haben einen kleinen Gartenschuppen, wo sie ihre Habseligkeiten verstecken.

Ich habe wirklich jeden Scheiß gehortet: Klicker, Briefmarken, elektrische Eisenbahn, Sportkarten, was auch immer. Nun gut, meine Eisenbahn musste den Platz räumen, als ich 12, 13 war. Ich baute den Schuppen in eine Art Piratenstation um. In dieser Zeit traf ich auch erstmals Jean-Paul „Bluey" Maunick von Incognito. Er war die einzige Person, die je auf meine Fanpost geantwortet hatte. Er kam für ein Interview den ganzen Weg quer durch die Stadt. Meine Mutter und er führten mich schließlich an brasilianische Platten und Fusion Jazz heran. Und 10 Jahre später habe ich ihn für Talkin Loud unter Vertrag genommen. Da schloss sich ein netter Kreis, echt.

Ich wusste gar nicht, dass du auch ein Technik-Pfiffikus bist.
Wenn du dich seinerzeit für Soul und Jazzfunk interessiert hast, dann gab es neben den Piraten nur zwei DJs im kommerziellen Radio: Robbie Vincent mit seiner Samstagsshow auf Radio London und ein Typ namens Greg Edwards, der bei Capital Radio freitags live aus dem Lyceum sendete. Ich habe mir die Tapes ihrer Shows immer wieder angehört und dann oft so getan, als wäre ich Robbie Vincent. Mein Kumpel Ross aus der Nachbarschaft stand wahnsinnig auf John Peel. Also verwandelte er sich in John Peel und ich in Vincent. Ross kannte jemanden, der wusste, wie man Sender baute. Wir haben in meinem Gartenhäuschen jeder eine Stunde Programm auf Band aufgenommen. Mein Dad fuhr uns dann nach Epsom Downs hoch, so eine Art Hyde Park von Süd-London. Dort haben wir den Sender mit einer Autobatterie und einem Kassettenrekorder verbunden und die ganze Konstruktion auf die höchsten Bäume montiert. Im Pub besorgten wir uns dann einige Biere und warteten draußen vor der Telefonzelle auf Anrufe mit Kommentaren oder Anregungen. Das war alles sehr aufregend, und es gab immer einen Grund, eine weitere Show zu produzieren.

Dein Vater hat sich also an illegalen Aktionen beteiligt?
Eigentlich schon. Aber es ging weiter: Der erste englische Piratensender für schwarze Soulmusik hieß Radio Invicta. Irgendwann schlugen die Behörden zu und beschlagnahmten ihr gesamtes Equipment. Die Invicta-Leute wollten aber nicht aufgeben. Sie hatten von diesem jungen Typ namens Gilles oder so gehört, der ebenfalls einen Sender besaß. Sie machten ihn ausfindig und fragten, ob sie seinen Kram benutzen könnten. Die eher schwache Leistung schreckte sie nicht ab. Ich meinte nur: „Klar könnt ihr ihn haben, wenn ihr mir dafür eine Show gebt." Auf diese Weise stieß ich zu Radio Invicta. Eine tolle Sache für mich, die Dinge kamen plötzlich in Bewegung. Vom Arbeiten neben der Schule im Weinladen rutschte ich über Radio Invicta von den Teeniediscos und Hochzeiten – vielleicht die merkwürdigsten Orte, an denen ich jemals Platten gespielt habe – immer tiefer in die Clubkultur rein.

Kannst du dich noch an deine allererste Clubnacht erinnern?
Nun, das erste Mal war im Angelist in Belmont nahe Sutton, und ich glaube, es war eine Disco für unter 14-Jährige. Die erste Platte, die ich gespielt

habe, war ein Track von Light of the World. Gegen Ende gab es einige Raufereien, was damals nichts Besonderes war, doch ich habe 100 Pfund gemacht, die ich sofort in Platten investierte. Wenig später geriet ich an einen ziemlich üblen Schwulenladen in Croydon. Eigentlich der totale Vorstadt-Horror, doch sie mochten mich dort. Vielleicht dachten sie, ich wäre auch schwul, oder ihnen gefiel meine bübchenhafte Aura.

Immer sein eigener Zuhälter.

Man muss halt sehen, wo man bleibt, Mann. Da meine Mutter nicht erfahren durfte, wo ich verkehrte, musste ich mir immer Ausreden einfallen lassen. Anstatt bei meinen Kumpels im Jugendzimmer zu sein, habe ich in diesem heftigen Gayclub an den Plattenspielern gestanden. Der Laden schloss um Mitternacht, und bis dahin versuchte ich, die durchgeknallte Provinz-Meute mit Salsoul- und Disco-Scheiben bei Laune zu halten. Hier schnupperte ich zum ersten Mal in die fremde Welt des Erwachsenseins hinein, eine echte Lebenserfahrung. Von dort aus geriet ich in den „Electric Ballroom". Das alles passierte in der Prä-Rave-Ära, in der manches anders war als heute …

In welcher Hinsicht?

Die verschiedenen Szenen liefen völlig unabhängig voneinander. Für spezielle Jazz-Funk-Nächte musste man 50 bis 100 Meilen raus in die Provinz nach Essex oder Kent fahren. Dort spielten Pete Tong und Chris Hill, die außerhalb Englands nie wirklich bekannt geworden sind. Dabei war Chris vielleicht einer der wichtigsten englischen DJs aller Zeiten. Er war als Erster exzentrisch genug, einem großen Publikum sein spezielles Programm vorzusetzen, und damit ungemein wichtig für die frühe Szene. Eine Wissenschaft für sich waren die in Magazinen wie Blues & Soul angekündigten Weekender. Bis zu 3000 aufgedrehte Kids trafen sich in angemieteten Feriendörfern an der Küste, wo es zuging wie auf den späteren Raves. Es gab mehrere Tanzflächen mit verschiedenen DJs und Stilen. Auch wir sind oft dort hingefahren, um Chris Hill als Haupt-DJ des Abends zu sehen. Dazu kam natürlich die trendige und bohemienhafte Londoner Szene in Soho, die sich aus den Punk Clubs heraus entwickelt hatte. Die Läden dort waren eher klein, und das Ausgeh-Establishment schirmte sich mit einer strengen Türpolitik ab. Orte wie das „Electric Ballroom" wiederum zogen die schwarzen Kids aus Stratham, Finsbury Park oder Hackney an.

Damals hatte ich bereits zwei oder drei Jahre Piratenradio hinter mir und war mittlerweile als der Typ bekannt, der „falschen Jazz" spielte. Als der führende Jazz-DJ Paul Murphy aus dem „Electric Ballroom" in einen anderen Laden wechselte, habe ich ihn angebettet, doch seinen Posten übernehmen zu dürfen. Er willigte ein und dachte wohl insgeheim, ich würde durchfallen. Während unten rund 1000 Leute zu Paul Anderson tanzten, musste man sich oben mit rund 50 zufrieden geben, doch für diese spezielle Szene bedeutete Tanzen etwas ganz Besonderes. Sobald ein Tänzer König des unteren Stockwerks war, wurde er ins obere Stockwerk „befördert", um die Besten herausfordern zu dürfen. Dort lief zumeist ein sehr sehr heftiger Mix aus Afro-Cuban, Bebop und Fusion. Ziemlich avantgardistisches Zeug, das zudem schnell sein musste. Die ersten zwei, drei Wochen waren für mich ein Desaster. Viele beschwerten sich über meine Auswahl, nur einige der Tänzer gaben mir eine Chance. Sie unterstützten mich, wo es nur ging. Innerhalb von zwei, drei Monaten bekam ich die richtigen Zutaten für diesen ganz speziellen Raum zusammen. Das war mein erster richtiger Test, mein erster Gig unter vollem Druck.

Das war Mitte der Achtziger, ich war Anfang Zwanzig. Ich legte dann auch mit Nicky Holloway auf, der damals auf ziemlich vielen Partys unterwegs war. Dann kam „Swan & Sugarloaf" im Monologue, das war eher die Jazz-Juice-Szenerie. Ich habe auch noch Montagnacht im Londoner „White Club" gespielt, was mehr bohemian und trendy war. Ich war also in der glücklichen Lage, mit Plattenauflegen über die Runden zu kommen und drei verschiedene Stilrichtungen in drei verschiedenen Szenen zu spielen. Diese Vielfalt war gut für mich. Ich spürte, wie vielfältig unterschiedliche Leute auf Musik reagieren.

Welche dieser Szenen hast du in deinen Radioshows untergebracht?
Keine spezielle. Diese Shows lebten von meinem Jazz-Verständnis, das nur wenig mit der analytischen und sehr intellektuellen Rezeption in England und Europa zu tun hatte. Mich interessierte diese abgeschottete Welt nicht, in der man sich hinsetzen und Soli applaudieren musste. Ich war der Typ mit dem anderen Zugang. Die Jazzpuristen kamen damit nicht klar. Daraus entstand ein regelrechter Glaubenskrieg, der so weit ging, dass einige meiner Kumpels Hausverbot im Traditionsladen Ronnie Scott's hatten. Am Ende verpuffte dieser komische Streit, und sie erkannten, dass wir ein neues Publikum auch in ihre Clubs brachten.

Wie haben sich die Veränderungen im Londoner Clubleben zwischen 86 und 88 in deinem Auflegestil niedergeschlagen?
Radikal. Wobei ich einfach immer nur weitergemacht habe. Doch plötzlich steckte eine völlig neue Energie in der Clubkultur. Neue Drogen kamen ins Spiel, und plötzlich gaben die Leute die ganze Nacht Gas.

Du stellst das so hin, als wären vorher keine Drogen am Start gewesen.
Nicht wirklich. Vorher war die Szene sehr konservativ. Eine Haschzigarette, und man flog aus dem Laden. Bier regierte das Nachtleben, und alles drehte sich darum, wer als Erster besoffen war. Wir galten als komische Typen, die Gras rauchten. Über Nacht änderte sich alles. Nicky Holloway kam geradewegs aus Ibiza zu einer Party im West-Londoner Barbican Arts Center, und alles redete von einer neuen Energie. Nicky war mit seinem Set vor meinem damaligen Partner Chris Banks und mir dran. Er legte Platten wie „Acid Tracks" von Phuture auf und schrie andauernd: „This is Acid House, get on one!" Und auf einmal gellten diese „Aciiied!"-Schreie aus hunderten Kehlen über die Tanzfläche. Der totale Wahnsinn. Chris und ich guckten uns ungläubig an. Das Publikum war wie ausge-

wechselt. Gestandene Biersäufer schwebten plötzlich mit riesigen Augen und rudernden Armen durch den Raum. Wir haben dann übernommen und die 7-inch von Mickey and the Soul Generation mit dem verrückten Gitarren-Intro aufgelegt. Angefixt von der euphorischen Stimmung, drehten wir den Pitchregler des SL 1200 hoch, und mit dem albernen Spruch „Fuck Acid House, this is Acid Jazz" wurde aus einem Witz heraus ein Genre geboren.

Das ein wenig zu ernst genommen wurde?
Offensichtlich. Acid Jazz war ein Jahr lang ein guter Spaß. Doch plötzlich begann die intellektuelle Debatte, alles wurde ernst und wichtig genommen. Doch es hatte überhaupt keine Bedeutung. In jener Zeit erfanden wir das Smiley-Grinsegesicht mit Baskenmütze.

Plus Ziegenbart.
Es war ein unkalkulierter Spaß. Darum ging es in der Clubkultur doch immer. Man muss musikalische Strömungen instinktiv angehen und sie natürlich wachsen lassen. So halte ich es auch heute noch. Mir wurde allerdings mit der Zeit klar, dass diese Szene eine immer stärkere Alternative zum Mainstream darstellte. Sonntags bei den „Talkin Loud Sessions" im Dingwalls drehte sich alles um ein anderes Jazz-Verständnis. Es ging nicht nur um alte Jazz-Platten, sondern um einen Mix mit aktuellen Strömungen. Es gab eine Menge neuer britischer Jazz- und Funk-Musik. Jamiroquai, Brand New Heavies oder Galliano kamen alle aus dieser Szene. Sie starteten als Acid-Jazz-Bands. Und sind von dort aus weitergegangen. Das ganze Acid-Jazz-Ding hängt mir insofern nach, wenn das Publikum auch heute noch erwartet, dass ich „Jus' Reach" von Galliano, „Shaft in Africa" oder Funk Inc. spiele.

Wenn du rückblickend die Besonderheiten des Dingwalls beschreiben müsstest, was machte diese Sessions so einzigartig?
Auf jeden Fall die Publikumsmischung. Der Club lief Sonntagmittag von zwölf bis sechs Uhr. Dort schauten alle vorbei, die sowieso überall hinkamen, wo ich auflegte. Sowohl die Tänzer als auch die regelmäßigen Hörer meiner Radioshow, was einen harten Kern von rund 300 Leuten bedeutete. Dazu kamen die Raver, die das Dingwalls zum Chill Out nach durchtanzten Nächten nutzten. Der nahe Camden Market brachte eine Menge inter-

nationaler Touristen. Plus die ganzen Kids, schließlich war es nachmittags! Ich liebe diese unter 18- und 16-Jährigen, die im West End nirgendwo reinkommen. Trotz dieser unglaublichen Mischung konnte man sofort mit kompliziertem Jazz-Kram wie im „Electric Ballroom" anfangen. Wir brachten die DJ- und die Liveszene zusammen. Natürlich liefen hier die frühen Galliano-Konzerte. Wieder entdeckte Veteranen wie Roy Ayers spielten neben der erstarkten britischen Jazz-Szenerie um Cleveland Watkiss oder Courtney Pine. Irgendwie verband sich alles zu diesem wunderschönen Potpourri aus Fusion, Soul, Funk, HipHop und House. Eine großartige, wilde Party-Atmosphäre. Nach etwa sechs Monaten stieß Patrick Forge dazu.

Jede Woche gingen wir mit diesem „Es kann nicht mehr besser werden"-Gefühl nach Hause. Und dann gab es doch eine Steigerung; einfach unglaublich. Wir waren Mitte Zwanzig und hatten die Zeit unseres Lebens. Ich kann mich erinnern, wie Pharaoh Sanders vorbeikam und nur auf das Publikum starrte: „Was zum Teufel ist das?" Oder als die brasilianische Sängerin Flora Purim in der DJ-Kanzel in Tränen ausbrach, als wir ihre „Celebration Suite" spielten. All diese berühmten Jazzer erlebten ihre Musik in einem völlig anderen Kontext. Sie sahen all diese aufgedrehten, jungen Leute, die sich zu ihrer Musik die Seele aus dem Leib tanzten. Ein großartiger Anblick für sie. Wer sich für Musik interessierte, schaute vorbei. Ob Basement Jaxx oder amerikanische HipHop-Crews wie Gang Starr, spätere Drum'n'Bass-DJs wie Fabio, Grooverider oder LTJ Bukem. Es war einfach der Platz, wo sich Leute trafen und in die Musik eintauchten. Als DJ war es absolut großartig. Später auch als Labelmacher. Ich hatte auch anderswo viele brillante Nächte, doch das war definitiv der beste Club!

Wie kam das mit dem eigenen Label eigentlich zustande?
Vor dem Dingwalls arbeitete ich donnerstags im Heaven. Die dortige „Babylon"-Nacht verband drei verschiedene Richtungen. Danny Rampling und Paul Oakenford spielten Acid-Wahnsinn, Colin Favor im Hauptraum Techno, und ich sorgte oben unter dem Dach für Jazz-Grooves. Marco von den Young Disciples unterstützte mich, und ein Freund namens Rob übernahm immer wieder das Mikrofon, um seine Gedanken live zur Musik vorzutragen. Dort begann das eigentliche Acid-Jazz-Ding, denn eines Tages dachten wir uns, lasst uns daraus eine Platte machen. Wir gingen ins Studio, und so war Gallianos „Frederic Still Lies" schließlich die erste Acid-Jazz-Veröffentlichung.

Und wo passt Eddie Piller da rein?
Eddie Piller kam immer als Manager der Prisoners und des James-Taylor-Quartett zu meiner Show auf Radio London. Mir gefielen diese Platten nicht wirklich, aber ich mochte ihn, also spielte ich sie. Piller kannte sich vorzüglich mit Studios, Mastering und Presswerken aus. Da wir sonst niemand mit so guten Kontakten kannten, baten wir ihn um Rat. Er war sofort voll dabei, und schließlich wurde er zu meinem Labelpartner. Mir wurde recht bald klar, dass der Begriff Acid Jazz nur für eine Momentaufnahme taugte. Ein, zwei Jahre später fand ich ihn nur noch nervig. In diese Zeit fiel das Angebot von Phonogram Records, etwas völlig Neues aufzubauen: Talkin Loud, geboren aus der Stimmung im Dingwalls, sollte nun auch als Plattenformat entstehen, und so überließ ich Eddie Piller die Regie des Acid-Jazz-Labels.

Wenn man zurückschaut, ging Talkin Loud durch unterschiedliche Phasen. Kannst du die wichtigsten beschreiben?
„The Sound of Talkin Loud" war eindeutig der Ausgangspunkt, als mich dieser Mensch von Phonogram Records anrief und meinte, dass er Acid Jazz und mein DJ-Programm sehr schätzen würde. Ich war naiv und dachte nur: „Wow! Ein echter Job! Eine ordentliche Beschäftigung, da greift man zu!" Noch gab es keine vergleichbaren Labeldeals mit Majors. Kein Mo' Wax-Beispiel, aus deren Fehlern ich hätte lernen können. Es lag alles an mir. Ich sagte zu. Kaum hatte ich mich eingelebt, wurde mein Mentor gefeuert. Plötzlich war ich allein in dieser Firma, die Elton John, Def Leppard, WetWetWet und Metallica rausbrachte. Ich befürchtete das Schlimmste, doch die Geschäftsführung vertraute mir. Sie waren sogar stolz, das erste „Designer-Label" der neuen britischen Danceszene unter ihrem Dach zu haben. Die ersten drei Jahre mit Galliano, Omar, Incognito und den Young Disciples erfüllten auch die geschäftlichen Erwartungen. Das Eis war gebrochen. Ich habe auch als Labelmanager fleißig aufgelegt und versucht, meine Musik weiterhin frisch zu halten. Beispiele dafür bei Talkin Loud waren Nicolette und später dann Roni Size und 4 Hero.

Was waren die wichtigsten Erfahrungen an dieser Schnittstelle zwischen Independent- und Major-Label?
Ich bin recht zufrieden mit meiner Arbeit bei der Industrie. Wenn ein Major gut mit einem Indie arbeitet, kann es eine sehr kreative und erfolg-

reiche Partnerschaft werden. Dafür gibt es mittlerweile genügend Modelle. Ich konnte mir auch nach zehn Jahren meine kreative Unabhängigkeit bewahren. Und wenn mir dann ein wirklich viel versprechendes Projekt am Herzen liegt wie etwa Reprazent aus Bristol, dann steht die Infrastruktur für internationale Millionenverkäufe bereit. Dabei geht es vor allem um den Vertrieb. Ich habe einige Jahre gebraucht, bis ich diese Gesetzmäßigkeiten des Verkaufens verstanden habe. Jalal von den Last Poets sagte mir bereits schon sehr früh: „Gilles, bevor du anfängst, mit Musik zu arbeiten, musst du dir klarmachen, dass die Musikindustrie aus 1 % Musik und 99 % Industrie besteht." Ich meinte nur ausweichend: „Wie auch immer, ich steh da drauf, Mann! Kann für mich nur in Ordnung sein." Er hatte natürlich Recht. Wer sein Geschäft nicht versteht, bringt auch seine Musik nicht durch, und man endet enttäuscht und angepisst. Und diese Lektion habe ich ausreichend gelernt. Schließlich arbeite ich bei der Majorfirma schlechthin. Mehr Industrie als Elton John geht nicht.

Hat dir noch nie jemand vorgeworfen, du würdest bestimmte Subkulturen aussaugen?
Klar passiert das. Wer so lange dabei ist, schafft sich auch Neider und Kritiker. Unsere Musiker und Bands haben wir allerdings immer sehr sorgfältig aufgebaut. Schritt für Schritt von der Straße zum nächsten Level. Darum wollen auch so viele Künstler zu uns, denn wir sind eines der wenigen Labels, die verstehen, wo die Musik herkommt, und dazu die Erfahrung haben, diese Musik in einer Major-Situation zu entwickeln, ohne sie zu verwässern. Als Drum'n'Bass explodierte, begann bei den Plattenfirmen die übliche Hektik: Wer ist groß in der Szene, wir kaufen sie alle. Wie viel wollen Sie? OK, 250.000 …

Und ihr?

Wir schmeißen kein Geld aus dem Fenster. Underground-Acts müssen sich erst entwickeln. Wir können dabei angemessen helfen, doch zu große kommerzielle Erwartungen schaden da nur. Außerdem schließen wir nicht-exklusive Verträge, was für die Branche recht ungewöhnlich ist. Und so ist Reprazent als Projekt bei Talkin Loud, der daran beteiligte Roni Size kann aber weiterhin unabhängig Platten auf Full Cycle oder Sachen wie Breakbeat Era produzieren. Mir bleibt Reprazent – er hat alle Freiheiten und muss sich nicht eingeengt fühlen, mit einem Major zu arbeiten. 4 Hero haben immer noch Reinforced Records und all ihre Pseudonyme, unter denen sie aufnehmen können. Nu Yorican Soul haben immer noch Masters at Work und MAW Records. Sie können immer noch produzieren, was sie wollen. Carl Craig hat immer noch Planet E Records, auf denen er als Carl Craig Platten machen kann, mir bleibt nur sein Innerzone Orchestra. Das ist doch eine sehr nette und angemessene Art, heutzutage mit umtriebigen Künstlern zu arbeiten.

Sie haben wirklich alle Freiheiten?

Die Dancefloor-Szene bewegt sich viel zu schnell für die Arbeitsweise der Majors. Viele Platten sind ja ohnehin nur für einen Spezialistenkreis gedacht, und damit würde man einen großen Apparat nur unnötig belasten. Wir haben jetzt MJ Cole unter Vertrag genommen. Bei ihm dauert das mindestens sechs Monate, eine Platte aufzubauen. Wenn er in der Zwischenzeit eine großartige Idee hat und sie unbedingt veröffentlichen will, dann muss er in der Lage sein, das zu tun. Sicherlich nicht auf Talkin Loud, denn Major-Firmen haben ihre festen Vorlaufzeiten. Für Künstler mit wirklichen Ideen ist dieser Zustand doch toll. Sie können ohne Druck herumexperimentieren.

Was muss man als DJ eigentlich beachten, wenn man von einer Plattenfirma angesprochen wird, um Compilations zusammenzustellen?

Kommt darauf an, wer du bist. 1985/86 habe ich für das Streetsounds-Label die „Jazz Juice"-Albumserie betreut. Es gab keinen Vertrag, und ich habe 200 oder 300 Pfund für meine Musikauswahl bekommen. Ich stellte meine Favoriten zusammen, sie haben die Rechte geklärt, und das war's. Mittlerweile läuft das gerade bei bekannten Namen längst nicht mehr so locker. Viele lassen solche Anfragen über ihr Management laufen, und die halten dort entsprechende Verträge bereit. Egal, ob man Compilations zusammenstellt oder Musik produziert. Heute müssen Labels für DJs mindestens so viel investieren wie für Bands im klassischen Sinne.

Hast du jemals den Druck verspürt, dich gerade in London mit all seinen Möglichkeiten und weltweit beachteten Medien beweisen zu müssen?
Ich liebe London, es ist ein großartiger Platz für Musikliebhaber. Und ich hatte das unheimliche Glück, meinen Sound dort über die Jahre aufbauen zu können. Der harte Wettbewerb treibt die Sache immer wieder voran. Was für die Londoner Szene positiv und negativ zugleich ist. Die beste englische Musik kommt nicht aus London, sondern aus kleineren Orten. Die Leute holen sich ihre Energie in London ab, gehen dann aber nach Hause und machen dort ihre Platten. Roni Size und die ganze Szene aus Bristol haben davon profitiert, dem Wahnsinn Londons immer wieder entfliehen zu können.

Zumindest scheint London dieser Tage weltweit die einzige Stadt mit einer weit gefächerten und wirklich funktionierenden Clubszene.
Für DJs ist es der schwierigste Ort der Welt. Der Wettbewerb ist hart, und die Leute wollen immer nur beeindruckt werden. Ich spiele mittlerweile am liebsten an Orten, wo die Musik noch nicht so bekannt ist. Ich schätze Irland sehr, dort wissen sie wirklich zu feiern. Oder Polen oder Estland, diese Leute geben alles. Sie sind weniger zynisch. Der schrecklichste Ort dagegen ist Paris. Paris als Stadt ist natürlich großartig, doch wenn es um Clubs geht … Ich sitze dort sehr gerne in Cafés herum. Laurent Garnier und Daft Punk haben etwas bewegt, aber sie mussten erst ihre Erfolge außerhalb von Frankreich feiern, bevor sie dort akzeptiert wurden. Bei allem geht es um den Aufbau einer bestimmten Kultur. Für mich ist es großartig, zu Rainer Trüby nach Freiburg zu kommen und tausend Leute sind auf der richtigen Wellenlänge. Er hat dort seine Szene geschaffen, genauso wie Jazzanova in Berlin. In Frankreich gab es offenbar niemanden, der sich dafür zuständig fühlte. Sie fangen gerade erst an, ihre eigene Basis aufzubauen.

Mal ehrlich, hattest du jemals das Gefühl, dass du für ein bestimmtes Publikum absolut nicht spielen willst? Kannst du dir mehr erlauben als andere?

Ja, ich habe definitiv einen Vorteil. Es gibt schon gewisse Leute, die nur wegen eines Namens kommen. Mittlerweile suche ich mir die Angebote genau aus. Deswegen spiele ich auch nicht auf Raves. Ich habe aber schon die übelsten Gigs gemacht, mit wirren, verstrahlten Techno-DJs in Frankfurt. Und dann übernahm Gilles Peterson vor 5000 Leuten. Mit einem Schlag leerte sich der ganze Laden. So etwas funktioniert nicht für mich. Da steckt zwar eine Menge Geld drin, aber ich mache es nicht mehr. Ich muss an Orten spielen, wo man das Auflegen genießen kann. Wenn nicht, hat alles keinen Sinn.

Monsieur GILLES PETERSON in Stichworten:
Geboren: 28/9/64 in Caen, Frankreich

All time Top 10 (alle Formate):
1) SUN RA: *Lanquidity (Filly Jazz)*
2) AIRTO: *Celebration Suite (Warners)*
3) HORACE SILVER: *Tokyo Blues (Blue Note)*
4) STEVIE WONDER: *Talking Book (Motown)*
5) A TRIBE CALLED QUEST: *Low End Theory (Jive)*
6) NU YORICAN SOUL: *Nu Yorican Soul (Talkin Loud)*
7) RONI SIZE FEAT. REPRAZENT: *New Forms (Talkin Loud)*
8) JOHN MARTYN: *Solid Air (Island)*
9) MINNIE RIPPERTON: *Perfect Angel (Epic)*
10) DOUG AND JEAN CARN: *Revelation (Black Jazz)*

All Time Compilations:
Stand Up And Be Counted (Harmless)
Jazz Juice (Street Sounds)
Future Sound Of Jazz (Compost)
100% Dynamite (Soul Jazz)

Wie würdest du dein Dasein als DJ zusammenfassen?
Nur ein Wort: Privilegiert.

„Detroits tiefster Bass"

AUS DEM KOFFERRAUM VON *DJ ASSAULT*

Während Europas Techno-Jünger manchmal gar zu ehrfürchtig nach Detroit blicken, regiert in der Motorstadt schon lange ein ganz anders geerdeter Sound. DJs wie Assault bauen auf einem mächtigen Fundament aus Bass mit den Überresten aus Techno, R&B und Electro einen elektrischen Hochgeschwindigkeits-Mix voller HipHop-Attitüde. Der 26-jährige und sein ebenfalls anwesender Partner Mr. Adé versorgen mit Labels wie Electrofunk und Assault Rifle diesen von internationalen Championlovern geschätzten lokalen Sound mit Nachschub. Titel wie „Ass'n'Titties", „Sex On The Beach" und „Dick By The Pound" lassen dabei der Fantasie nur noch wenig Spielraum. Kodwo Eshun und Torsten Schmidt wollten am 11.6.99 mehr über Chromfelgen-Hedonismus wissen.

Detroit Bass wirbelt gängige europäische Klischees von Detroit als der Mutterstadt des Techno gehörig durcheinander.
Die Musik ist nicht als Kunstwerk, sondern als direkter Soundtrack aus dem Ghetto entstanden. Sie vermittelt ein Gefühl von Chicago House mit größerer Betonung auf den tieferen Frequenzen. Uns war der Kick auf den Solarplexus wichtig, und auch die Texte sollten diese basslastige Stimmung treffen. Detroit stand für mich immer für eine Kombination von ganz verschiedenen Musiken, zu denen natürlich auch Electro oder Techno gehörten. Doch mich hat es nie interessiert, einen bestimmten Stiefel runterzuspielen. Ich brachte Magic Mikes „Drop That Bass" mit House-Platten zusammen und stand dabei in der Tradition unserer lokalen DJs der frühen 80er, die einen sehr eigenwilligen Umgang mit einzelnen Musikgenres pflegten. Techno war längst ein Begriff, als in den Clubs immer noch massiv R'n'B mit Stücken von Funkadelic und Zapp gespielt wurde. Die einzelnen Phasen waren nicht glatt abgegrenzt. Selbst Miami Bass von Luther Campell oder die Two Live Crew rutschten zwischen die House- und Techno-Klassiker. Als wir 1996 mit dem Label anfingen, machten sich gerade alle einen Spaß daraus, zehn Jahre alte Rap-Platten

hochzupitchen. „Crystal Grip Pop" war ein echter Hit, erinnerst du dich daran? Aktuellerer R'n'B wie von Montell Jordan – „This is how we do it" lief immer gut. Ansonsten hielt man sich nicht an bestimmte Stücke, sondern griff auf A-cappella-Versionen zurück. Auf dem Electrofunk-Label begannen wir mit einer Mischung aus Bass, Rap und Techno. Daraus entstanden unsere Tracks, die vor allem für DJs gedacht waren. Da gab es z. B. unser „Wake Up"-Stück mit dem Sample von Run DMCs „Wake up". Dieser Rap liefert den Groove, der Bass ist eher Techno, aber das Drumpattern ist Bass. Das Format der Platte ist genau auf einen DJ zugeschnitten.

Du spielst einige Tracks wesentlich schneller ab, selbst deine eigenen Stücke. Warum machst du sie nicht bereits im Studio schnell genug?
Gute Frage. Es ist nahezu unmöglich, sie so schnell zu produzieren, wie sie mittlerweile gespielt werden. Technisch betrachtet zwar kein Problem, doch das Ergebnis ist dann kaum noch funky. Wir benutzen im Studio fast ausschließlich digitale Sampler, Sequenzer und verschiedene Computer-Software. Nur ganz selten die alten analogen Kisten. Ich lege aber viel Wert auf pumpende Rhythmen, deswegen belassen wir es im Studio bei etwa 140 Beats per Minute, schneller werden sie erst auf dem Plattenteller. Einige DJs spielen solche Scheiben dann auf 45er-Geschwindigkeit, was sich zu einer totalen Mode entwickelt hat. Das geht hoch bis 180 bpm. Im Laufe der Zeit sind die Mixes in Detroit immer schneller und schneller geworden.

Woher weißt du, dass die ausgesuchten A-cappella-Stellen auch zu den Tracks passen? Ist das Training?
Mix-Platten sind wie Gemälde. Man kann alles ausbreiten und daran arbeiten. Dieses Zusammensetzen der verschiedenen Tonspuren ist ein kreativer Prozess. Bis alles passt, vergeht einige Zeit. Ich finde es immer wieder faszinierend, dass manche Stücke mit Rapper eigentlich off beat sind und dennoch funktionieren. Auch wenn man sie so normalerweise nie zusammen spielen könnte.

Die Situation im Studio unterscheidet sich also vom Live-Mix?
Mittlerweile schon. Die ersten Alben haben wir live eingespielt und dann in aufwendiger Kleinstarbeit an den Plattenspielern zusammengeschnit-

ten. Das war grauenvoll, nach jedem kleinen Fehler mussten wir wieder von vorne beginnen. Später war dann ein Toningenieur im Studio dabei, der uns dabei geholfen hat, 140 kurze Tracks auf einer CD unterzubringen. Die einzelnen Schnipsel liegen dabei in mehreren Schichten übereinander und werden am Mischpult ständig neu arrangiert.

Wie bekommst du die Samples für diese Art der Verwendung geklärt?
Wir arbeiten in einer Grauzone. Unsere Firma besteht aus einer Hand voll Labels, die unterschiedlich aktiv sind. Genau wie Dance Mania und Submerge veröffentlichen wir relativ überschaubare Stückzahlen. In diesem direkten Umfeld hat niemand etwas dagegen, wenn wir kleine Schnipsel ihres Materials verwenden, das lässt sich einfach regeln. Den Majors wiederum schienen unsere überschaubaren Aktivitäten immer ziemlich egal zu sein. Im letzten Jahr haben wir Erykah Badus „Tyrone" benutzt. Als es so groß wurde, dass auch die Radios es spielen wollten, mussten wir eine Coverversion neu einspielen. Wir haben das Stück mit unserer eigenen Sängerin komplett neu eingespielt und bearbeitet. Als das Stück dann im Radio lief, hat Erykahs Verlag fleißig mitkassiert.

Neulich habe ich eine Umfrage auf der Webseite der Invisibl Skratch Piklz zum Thema „Beeinflussen Ringe oder anderer Schmuck eure Performance an den Decks?" gelesen. Bei deinem Set eben ist die Nadel verrutscht, weil du mit dem Ärmel am Tonarm hängen geblieben bist.
Kein Grund durchzudrehen. Das ist nur menschlich und gehört dazu. Ich nehme die Dinge, wie sie kommen. Wenn ich überhaupt irgendwas an einem Plattenspieler ändern könnte, dann würde ich einen Regler einbauen, mit dem man ohne Bruch in der Geschwindigkeit von + 8 bei 33rpm auf −8 bei 45 schalten kann.

In deinen Texten geht es oft um Sex. Du findest dafür eine recht deftige Sprache zwischen Wortwitz, Zoten und bloßem Angebertum.
Es sind kleine alberne Geschichten aus dem Leben. Auf die Spitze getriebene Grobheiten, wie sie in den Clubs jeden Abend vorkommen. Uns hat es einfach gereizt, millionenmal „Ass'n'Titties" zu sagen und damit überall durchzukommen. Entstanden ist dieser Text im Grand Court Club, wo wir jeden Freitag für Kids aus der High School auflegten. Dort herrschte eine eher derbe Stimmung, bei der es viel zu glotzen gab. Schließlich hatten

sich alle schwer herausgeputzt, insbesondere die Mädels. Irgendwann meinte ein Typ in einem Plattenladen: „Los, geht zum Grand Court, da gibt's nächste Woche jede Menge Arsch und Titten zu sehen!", worüber sich alle kaputtlachten. Das wurde zum geflügelten Wort des Clubs, und alle sagten: „Okay, ja und hier haben wir mehr Ärsche und Titten." Irgendwann wurde ein kleiner Song daraus mit immer neuen Strophen, bis schließlich jemand auf die Idee kam, das auf Platte zu pressen. Gesagt, getan, und das Ding wurde zum Underground-Hit der Region. Offenbar wollten die Leute so etwas hören. Wir legten sofort noch einige härtere Reime nach, und so entstanden „Asses jiggelin'" oder „Dick by the pound".

Ein etwas neutralerer Titel von euch heißt „Belle Isle Tech". Was hat es mit diesem Teil der Stadt auf sich?
Belle Isle ist eine große Insel im Osten von Detroit. An den Sommer-Wochenenden ist dort im Stadtpark immer schwer was los. Man geht dorthin, um gesehen zu werden, oder fährt seine aufgemöbelte Karre spazieren. Hier entstand auch die Idee für die „Belle Isle Tapes", auf denen wir die Stimmung dort einfangen wollten. Man grillt, hängt ab und bewundert die Autos der anderen. Adé, mein Partner, hält sich da eher zurück, doch mein Camaro mit Verdeck und Chromfelgen passt schon in dieses Bild. Es ist unsere Musik, die dazugehört. Man schaltet das Radio ein und hört ein Assault-Stück. Ein Auto zieht vorbei, und durch die Scheiben dröhnen meine Platten. Detroit Bass ist zum festen Bestandteil einer Party geworden, die überall in der ganzen Stadt abgeht.

Ist dieser Auto-Soundclash eine spezielle Angelegenheit der Schwarzen Community?
Nein, das läuft total gemischt. Die regionalen Medien wollten daraus schon den neuen Ghetto-Sound der Stadt machen. Dabei verkaufen wir unsere Platten genauso an die Schwarzen in Downtown wie in Ladenketten der Vororte oder in Rock'n'Roll-Shops mit Independent-Programm. Detroit Bass richtet sich nicht nur an Schwarze. Es wird in ganz Michigan auch von Weißen oder Latinos gehört.

Abseits der fetten Mainstream-Produktionen von Puff Daddy & Co haben sich in Amerika überall eigenständige Musikmärkte entwickelt. Wie kommt das eigentlich?

Die Nation ist so groß, dass man auf jeden Fall eine regionale Szene braucht, um landesweit etwas aufzubauen. Nicht umsonst gibt es im HipHop diese unterschiedlichen Ansätze von East oder West Coast. Und in Washington DC existiert immer noch ein Nährboden für GoGo. Naja, und der Süden ist ohnehin ein Fall für sich, New Orleans, Atlanta. Das wird auch immer so bleiben. Genau wie bestimmte regionale Sounds die Chance bekommen, sich im ganzen Land zu verbreiten. Miami Bass schaffte den Crossover, warum sollte das Detroit Bass nicht auch passieren? Das ist lediglich eine Frage der Zeit.

Bestehen eigentlich Verbindungen zu anderen Detroit-Techno-Produzenten wie Mad Mike und Suburban Knight?
Mad Mike ist ein echter Freund. Er hat uns bei allem sehr unterstützt und übernahm sogar den Vertrieb unserer Platten für Europa. Musikalisch und geschäftlich ist diese Beziehung sehr eng. Mit all den anderen haben wir keinerlei Kontakt. Das ist auch ein ziemlich geschlossener Kreis, der von außen kaum zugänglich ist.

Liegt das nur am musikalischen Ansatz?
Schwer zu sagen. Es ist einfach eine andere Wellenlänge. Wir empfinden uns eher als Musiker, die sich hinsetzen und ein paar Akkorde über den

Track spielen können. Wir sind nicht irgendwelchen Stilregeln von wegen Minimalismus oder Underground verpflichtet, sondern fühlen uns als Typen aus dem Leben. Techno in Detroit ist wirklich sehr überschaubar, von daher haben uns die weltweiten Reaktionen immer sehr fasziniert.

Was bedeutet für dich der Kontakt nach Europa?
Wir waren ein regional operierendes Label und wussten nie so recht, ob überhaupt jemand außerhalb von Detroit mit unserer Musik etwas anfangen kann. Es gab zwar die üblichen europäischen Einflüsse, Kraftwerk und so, doch wir arbeiteten eindeutig für unser Umfeld. Und plötzlich bekommen wir von überallher Resonanz und können unsere Platten ohne die Unterstützung einer großen Plattenfirma 4000 Meilen entfernt verkaufen. Die Leute lieben uns sogar. Das ist direkt unheimlich.

Mitte der 90er sprachen Detroiter Techno-Produzenten von Platten wie „Detrechno", die in Europa ziemlich unbekannt waren. Kaum ein Vertrieb konnte sich vorstellen, diese Musik hier abzusetzen. Es schien ungeheuerlich, dass sich so etwas allein in einer Stadt über 8000-mal verkauft hat.
Im städtischen Einzugsgebiet operieren wir fast schon wie ein großes Label. Es gibt sogar Fernsehwerbung und Videos für Assault und Electrofunk Records. Bis zu den landesweiten Musiksendern haben wir es allerdings noch nicht geschafft.

Dafür wird eure Musik in Stripclubs gespielt.
Stimmt. Was aber nichts Besonderes ist, da sie in einigen Strip Clubs gute DJs haben, die wirklich auflegen und mixen können. Die spielen dort die angesagten Dancefloor-Tracks, zu denen die Mädchen tanzen. Klar eigentlich, dass in Detroit „Ass'n'Titties" oder „Detrechno" läuft. Das hat in den USA wohl eine ganz andere Bedeutung als hier in Europa.

In welchen Laden könnte man denn noch gehen, wenn man Detroit Bass in einer netten Umgebung hören möchte?
Ins Legends. Von dort gibt es sogar eine Live-Übertragung mit den allerneuesten Platten, die von einem Millionenpublikum gehört wird. Musikalisch ist dieser Laden wirklich führend.

Was macht eine gute Party in Detroit aus? Was sind die wichtigsten Zutaten, von den Stripperinnen mal abgesehen?
Sehr gute DJs, eine sichere Umgebung und keine Kloppereien im Laden. Dazu eine überdurchschnittliche Anlage, dann kann nichts mehr schief gehen.

Modifizierst du das Soundsystem vor deinem DJ-Gig?
Nein, ich benutze die Sachen so, wie ich sie vorfinde. Du weißt, wie Gastronomen meist rechnen. Warum sollten sie 5–10.000 Dollar extra in eine Anlage stecken, wenn ein billigeres Modell doch auch funktioniert. Ihnen ist das direkt gesparte Geld meist lieber als die Aussicht auf mehr Einnahmen durch zufriedenere Gäste. Man muss also gut und besser sein, um dieses Manko auszugleichen. Ich habe beim letzten Mayday in der Dortmunder Westfalenhalle aufgelegt und war hin und weg über die perfekten Video- und Lichteffekte. Von so einem Standard ist Detroit natürlich meilenweit entfernt.

Auch in Amerika werden große Raves immer verbreiteter. Wirst du dorthin gebucht?
Wir spielen überall in den Staaten auf Raves. Nicht so groß wie Mayday, doch es ist immer wieder erstaunlich, wie universell Musik sein kann. Dasselbe Set, das sonst Leute aus den Innenstädten begeistert, funktioniert dort für Hardcore-Raver vom Land und aus den Suburbs.

Gibt es bestimmte Stilrichtungen, die generell außen vor sind?
Country & Western vielleicht. Es geht darum, die Sache funky zu gestalten, und weniger um einen bestimmten Stil. So kommt auch Drum'n'Bass dazu, aber nur die Elemente, die sich bei einer bestimmten Geschwindigkeit gut anhören. Das gilt genauso für Rap und alles andere. Nur der Groove zählt.

Langweilst du dich leicht und brauchst deshalb immer neue Überraschungen?
Eigentlich schon. Da schlummert das Wesen eines rastlosen Musikers in mir. Ich beschäftige mich seit 17 Jahren mit Rap und Platten, und ständig kamen neue Einflüsse dazu. Am Anfang suchte ich meinen Spaß im HipHop-Mixing, doch heute reicht mir das einfach nicht mehr.

Wie hat sich denn Detroit Bass in dieser Zeit insgesamt verändert?
In den frühen 90ern hatte es diesen gimmickhaften Underground-Charakter, der dann von den örtlichen Radiostationen gezielt gepusht wurde. Mittlerweile gibt es fast schon zu viele Mixshows bei den Sendern, die nach dem gleichen Prinzip laufen. Wenn man als DJ mehrmals die Woche vier Stunden im Radio mixt, dann leidet die Qualität darunter, und die Plattenauswahl wird dadurch auch nicht gerade origineller.

Wer also in Detroit regelmäßig das Radio einschaltet, bekommt in der Woche sechs bis sieben spezielle Mixshows zu hören?
Genau. In der Woche gibt es bestimmte Zeiten wie zur Rush Hour gegen fünf oder mittags, wo sich irgendwo auf der Skala bestimmt eine Mixshow findet. Und natürlich die stundenlangen Sets in der Nacht, die nichts mehr mit den straffen einstündigen Mixes der Frühzeit zu tun haben. Komischerweise halten einige DJs immer noch das alte Dogma aufrecht, nur mindestens 10 Jahre alte Platten zu spielen. Dabei sind die Sender überhaupt nicht an diesem Ansatz interessiert. Die vermarkten das als Party-Musik für jedermann.

Hattest du in deiner Jugend einen DJ zum Vorbild?
Jeff Mills, den wir nur als den „Wizard" kannten. Seine Radioshow hörte ich als Elf-, Zwölfjähriger ständig. Ich hatte keinen Schimmer, wo er seine merkwürdigen und interessanten Platten herbekam, und rätselte über diese Verlängerungs- oder Verkürzungseffekte beim Mixen. Er spielte die harte europäische Industrial-Schule und auch HipHop, allerdings ganz bestimmte Stücke wie „Planet Rock" von Afrika Bambaataa. Lange bevor Chicago House richtig bekannt wurde, gab es bei ihm schon diesen anderen progressiven Elektronik-Kram zu hören. Als er Ende der Achtziger aufhörte, hatte er viel von dem vorweggenommen, was nun richtig bekannt werden sollte. Ansonsten mochte ich Hot Mix Five aus Chicago, die Hip-Hop-Tricks mit House-Platten machten. Es gab dann noch dieses Zwischenspiel mit HipHouse und Fast Eddie, das in Detroit wie kommerzialisierter House aufgenommen wurde. Die Songs der Two Live Crew wiederum brachten etwa 1991/92 die Bass-Sounds aus Miami in die Stadt.

Wäre es möglich, dass eine Detroit-Bass-Platte in die US-Top Ten einsteigt?

Warum nicht, immerhin hat Ponytail auch so ein Crossover geschafft. Er war auf MTV und BET, dann fett im Source-Magazin und kurz darauf auch international vertreten. Wenn so etwas einmal läuft, warum nicht?

DJ Assault ist kein Mann großer Worte. Und dennoch nie verlegen um ein Statement. Auf „Straight Up Detroit Shit Volume 5" (Electrofunk Records) packt er all (!) diese Tracks in 70 Minuten 42 Sekunden Laufzeit. Keine weiteren Fragen. Ihr Zeuge, Hohes Gericht.

1. Intro
2. I'm Ready / My Love Is the Shit / Bitchstremental*
3. Who the Fuck you Wit
4. Bring the Flavor/Gimmie the Bass
5. Freak that Hoe / Smack it up, Flip It
6. Let Me C U Pop*
7. Tear this MF up / Get up, Get down
8. I'm a Pimp / Are you There
9. Butter Love
10. Poison Ivy
11. Boombastic / Good Life / Booty Mover
12. Brighter Days / Get on it
13. Future / Not Tellin You
14. Return of Terror Tec* / Head, Head and More Head
15. Hell Yeah
16. Sterilization / Where the Rats
17. X-Men / Work It Out
18. Ride This MF

19. Searchin / 3 Fine Hoes
20. 808 Beats
21. Coochie Shake
22. Let It Go / It's Automatic / Pop That Pussy
23. Tyrone (Remix)*
24. Phylpstrak / Rock The Funky Beats
25. Freak Them Hoes (Remix) / Cosmic Car
26. Edge Record 4 / Bootyhole*
27. Freakaholic / Uptown Hop
28. Dance All Nite / Sweetest Taboo/Funky Soul Makossa
29. Work It Out
30. K-1 Agenda / Oh My Gosh
31. Jack The Bass / Private Dancer
32. Beat That Bitch
33. Oliver Dood / I Wanna Rock Remix
34. Nasty Rock
35. CheckStub*
36. She does The Hump
37. Do Da Doo / One Day* / Throw That Dick
38. AudioTech / Down South
39. Planet Rock (Remix)
40. Dangerous
41. Fix It In The Mix
42. Beat That Shit / Tour De France
43. Come On Baby
44. Techno City / I'm A Diva
45. Raise The Roof
46. Take It Off / Blip
47. Vertigo
48. Surgery (Remix)*
49. Time to Groove / Where Rockin' The Planet
50. Shelia / Mouth Blew Out*

51. Force Feild
52. Uh Shit / Toyland
53. Get It, Get It
54. Danz
55. R-9 / Time to Doo Doo / Evolution
56. Bounce Those Tits / Rodeo
57. They Can't Stand It*
58. Move It To The Back / When I Hear Music
59. Keep It Real / BrainKraker
60. Whip Shake Ride
61. White Horse / Table Dance
62. Breakdown
63. Mo' Money / Alleys Of Your Mind
64. Positive Nations
65. Tic Toc / Technology
66. Turntable Show / Birdman / Professor X
67. Brown Paper Bag
68. Eat Some Pussy
69. Club Lonely
70. Work That Booty*
71. Work It Baby
72. Hear What I Hear
73. Get The H*
74. Whoop There It Is
75. Bald Head Bitches
76. Experience De Bass / Pop, Shake, now Wiggle
77. Shake That Ass Bitch
78. Kill The Biitch
79. Fuck You Later
80. Hump Wit It
81. Ponytails*
82. Straight Rider
83. Get It Down
84. Do That Shit
85. Rappin Blow / Ass'n'Titties*

86. Bitches Ain't Shit
87. Insistent Rhythm
88. Say What*
89. Swing My Way
90. Get Buck Ass Wild
91. Birth Control
92. Techno Bass

93. Year 2001 / Ain't There Ain't
94. Get Down
95. Bomb Ass Tongue
96. Bass*
97. Night At The Opera
98. Revolution
99. Invitation feat. Kia

*DJ Assault Eigenproduktionen

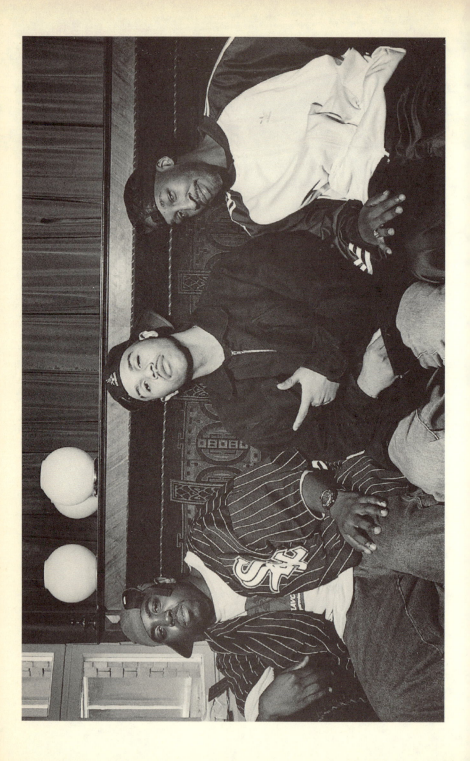

„Plattenspieler zu Orchestern"

VON HIPHOP ZUM TURNTABLISM MIT DEN *X-ECUTIONERS*

Wettbewerb war seit den frühesten Tagen eine treibende Kraft im HipHop. Viele Innovationen der DJ-Technik haben hier ihren Ursprung. Doch spätestens als man geschulterte BMX-Räder zum Plattenkratzen benutzte, wurde der Ruf nach einem fundamentalen Umdenken lauter. Der Plattenspieler soll Instrument, nicht Zirkusbeiwerk sein, fordern die Turntablisten. Crews wie die Beat Junkies, Invisbl Skratch Piklz und die X-Ecutioners gehören zu den Begründern dieser Bewegung. Wie nahezu alle dieser Crews haben sich auch die X-Men, durchaus angelehnt an die unfehlbaren Helden des Comicuniversums, im Rahmen der Battles und Competitions kennen gelernt. Als sie sich entschlossen, ihre atemberaubenden Sessionen an den Plattenspielern auch auf Platte zu veröffentlichen, musste der Name in X-Ecutioners übergehen. Doch auch wenn Rob Swift, der vierte ständige X-Mann, am 22.4.98 leider in der Heimat New York weilte, stellten sich Roc Raida, Mista Sinista und Total Eclipse den Fragen von Torsten Schmidt. Was danach noch offen blieb, findet sich unter Technik & Skills ab Seite 225.

Was für ein Publikum zieht ihr drüben in den USA an?
Roc Raida: Bunt gemischt, Rockhörer genauso wie Technoheads. Viele Leute finden es experimentell. Wir sehen das zwar nicht ganz so, denn auch wenn unsere Musik ein wenig darüber hinausgehen mag, ist die Kunstform immer noch HipHop.

Wie viel dreht sich bei solch einem Auftritt um ein neues musikalisches Konzept, und wie groß ist der Anteil von Battle-Routines?
Roc Raida: Nun, ich habe schon lange keine Battle-Routines mehr geübt. Ich mache eigentlich beides, in Clubs und auf Partys spielen und battlen. Produzieren, Clubsets, Battle-Routines. Das alles sind Seiten eines Turntablist-DJ.
Total Eclipse: Wie alle haben wir damit angefangen, Musik für Publi-

kum zu spielen. Unterschiedliches Publikum. Aber dann wollten wir einen Schritt weiter gehen, damals standen wir unheimlich darauf, uns Battles anzuschauen. Und von da an wollte ich genauso sein wie die Person, die mich dazu inspiriert hat: Steve D. Er war so was wie das ursprüngliche Mitglied der X-Men, der Gründer. Er ist mein Haupteinfluss.

Und wo steckt er jetzt?
Roc Raida: Er ist immer noch ein Mitglied. Doch manche Leute müssen ab und an auch mal andere Verantwortungen übernehmen. Ich meine, nun, da die Leute beginnen, uns wahrzunehmen, müssen wir uns nicht mehr so viel Sorgen machen. Wir haben im Untergrund angefangen, und jetzt ist es eine völlige Revolution der Musik, der ganzen Kunstform.

Habt ihr euch innerhalb des Battle-Zirkus bei den Meisterschaften kennen gelernt?
Roc Raida: Am Tag Eins waren die X-Men: Sean Cee, Johnny Cash, Steve D und ich. Wir begannen, Mitglieder wie Damien Jay aufzunehmen, der aber oft mehr als Außenseiter wahrgenommen wurde, da der Rest von uns damals so eine starke Einheit formte. Dann kam Doctor Butcher dazu. Rob Swift haben wir auf einem Battle getroffen, wir hatten uns vorher schon immer darüber unterhalten: „Was er macht, ist echt krank. Ziemlich nah an uns dran, aber trotzdem völlig anders." So jemanden hatten wir noch gebraucht, er war aufgenommen. Rob hat uns dann mit Joey, ich meine mit Sinista zusammengebracht.

Wo sind all die anderen Mitglieder abgeblieben?
Roc Raida: Die gibt's alle noch, aber wie schon gesagt, jeder kümmert sich jetzt um seine Sachen. Sean Cee ist A&R bei Loud, Steve D tourt mit Leuten wie Blackstreet. Im Moment hat jeder einfach ein anderes Ziel. Wir wollen entdecken, was man mit Plattenspielern sonst noch alles anstellen kann.

Warum habt ihr bei solchen Kontakten euer Debut-Album ausgerechnet bei einem recht kleinen Indie wie Asphodel rausgebracht?
Roc Raida: Ich denke, dass man so etwas Wichtiges wie das erste Album extrem vorsichtig angehen muss. Denn du kannst genauso Gold erreichen wie auch nur eine einzige Kopie verkaufen. Also dachten wir, dass es für

uns das Beste sei, erst mal im Underground rauszukommen. Wenn du mit so etwas zu einem Majorlabel gehst, probieren sie zwar einiges damit aus, aber du weißt nicht, wie sie es promoten werden. Also muss es schon da draußen sein, damit sie es besser einschätzen können, bevor sie dich signen und dieselbe Promotion fahren wie bei einem Rap-Künstler.

Auf der einen Seite stehen die Battle-Routines, auf der anderen die Platte. Wie habt ihr es geschafft, die Idee der Battle und das, was ihr mit euren Händen, Fadern und Turntables alles könnt, auf Vinyl zu bannen?

Roc Raida: Oh, wir haben einfach alles miteinander kombiniert, genauso wie man das eben macht, wenn man eine komplette Langspielplatte aufnimmt. Wir wollten alle Elemente des Turntablism auf das Album packen. Und gleichzeitig noch mit dem kombinieren, was wir am liebsten mögen. Wir bewegen uns nicht nur in einer Dimension, sondern benutzen ja auch Maschinen und Produktionstechnik, nicht nur Plattenspieler. Es war also kein allzu großes Problem für uns, das einzufangen, schließlich ist es genau das, was wir schon seit Jahren tun. Genauso wie wir eine Solo-Routine in einer Battle bringen, nur dass wir es jetzt im Studio aufnehmen, den Sound ein wenig aufpeppen und es auf Vinyl pressen. Dasselbe mit Team-Routines. Wenn wir komplett zu viert sind und dann eine Show wie letzte Nacht spielen, dann übernimmt einer die Drums, ein anderer die Percussions, und wir nehmen einfach die Essenz davon auf das Album. In den Credits liest sich das dann: Drums by Roc Raida, Percussions by Rob Swift, was auch immer, nur um den Leuten zu zeigen: Das hier ist live, das ist eine Turntable-Band, die das spielt. Sie benutzen keine Sampler, es ist live, während ich es sehe, passiert es gerade, und wir tun es alles mit den Plattenspielern, jeder ist ein anderes Instrument, verstehst du.

Wie reagieren die Jungs aus der Old School auf euren Scheiß?
Roc Raida: Ja, sie mögen es.

Total Ecplipse: Sie wissen definitiv zu würdigen, dass wir es zum Maximum treiben. Ich meine, das ist wie eine Fackel tragen, die Flamme am Leben erhalten. Und wenn wir womöglich mal müde von unserer Mission werden sollten, sind da hoffentlich andere Leute, andere DJs, die mit anderen Styles kommen, anderen Elementen und Aspekten des Plattenspielers – und dann können wir die Fackel weiterreichen.

Wie geht ihr mit der legalen Seite bei dem Album um, ihr greift schließlich ausschließlich auf Material zurück, was ursprünglich nicht von euch aufgenommen worden ist?

Roc Raida: Darum kümmern sich unsere Anwälte.

Mista Sinista: Sie beraten uns darüber, welche Samples und Sounds wir klären müssen und wo es kein Problem geben dürfte. Aber wie immer im HipHop kümmern wir uns nicht darum, wir werden es einfach rausbringen, egal, ob sie uns sagen, dass wir es benutzen können oder nicht.

Es gab immer den Disco Mix Club (DMC), nun ist die International Turntable Federation (ITF) dazugestoßen. Wie wichtig ist die Rolle dieser Organisationen heute?

Roc Raida: SEHR wichtig. Ein Wettbewerb wie der von DMC hat jemanden wie mich aus Harlem, der nie wirklich irgendwohin kam, weltweit bekannt gemacht. Mit einem einzigen Videoband. Wegen fünf Minuten auf einem Videoband kennt man mich nun auf der ganzen Welt. Das ist also schon sehr wichtig, ohne solche Wettbewerbe würde man mich gerade mal in Harlem, New York, USA kennen, das wär's. Leute in Europa würden immer noch sagen: „Rock Raida, wer ist das? X-Men? Äh, was machen die so?" Solche Tapes verschaffen uns weltweite Aufmerksamkeit.

Es gibt auch einen Wettbewerb zwischen beiden Organisationen.
Auf welcher Seite steht ihr?
Roc Raida: Um ehrlich zu sein, ich favorisiere den ITF. Wir kommen mit den Typen dahinter, denen auch der Fat-Beats-Vertrieb gehört, ziemlich gut klar. Die anderen wichtigen Crews übrigens auch.

Total Eclipse: ITF ist eher eine Hardcore Battle.

Roc Raida: Ja, es hat mehr von einer Skills Battle. Der DMC ist zwar wesentlich bekannter, aber sie haben Techno- und House-Typen in der Jury, die nichts über Rap wissen. Was ich nicht für richtig halte, denn man sollte nicht einfach irgendwen von irgendwo solch einen respektierten Wettbewerb bewerten lassen.

Total Eclipse: Oh, Word!

Roc Raida: Das führt dazu, dass ein normaler Typ, der Techno auflegt, einen HipHop-DJ sieht, der Body Tricks macht, beat jugglet und scratcht – und das verstehen sie dann nicht. Sie fallen auf die flashigen Sachen rein. Jemand kann sich einfach an die Plattenspieler stellen, ein paar Backspins und Faxen machen, und schon wird er zum Gewinner erklärt. Wenn jemand aber mit was ankommt, was man in den nächsten zehn Jahren noch nicht kapieren wird, ist er der Verlierer.

Es geht also wohl mehr darum, das Ganze ein wenig aus dem
allgemeinen DJ-Kontext herauszulösen. Beim DMC konkurrieren
die unterschiedlichsten Styles miteinander.
Roc Raida: Ja. Ich denke, der DMC hat eher als offener Wettbewerb begonnen. Und als sich dann HipHop-DJs dafür interessierten, werteten sie das Ganze auf. Darauf hat der DMC aufgebaut, auch wenn sie in ihrem Herzen immer noch Techno- oder House-Fans sein mögen. Also werden sie dieses Element auch weiter beibehalten, ob über die Jury oder das Publikum.

Schaut ihr Jungs euch manchmal auch was von DJs ab, die andere
Styles auflegen?
Roc Raida: Ja, du kannst von jedem Stil was lernen.

Was gibt's denn z. B. bei den Techno-Kollegen zu sehen?
Roc Raida: Bei Techno? Nun, was ich an dem ganzen Ding mag, ist, wie sie das Zeug so perfekt überblenden, dass du nie weißt, wann sich was

ändert. Das ist verrückt. Und wie sie mit den EQs und alldem umgehen. Es ist gut zu wissen, dass man all das auch im HipHop einsetzen kann.

Total Eclipse: Und auch die Art der Platten, die sie spielen, könnten wir womöglich in einer sehr abstrakten Routine benutzen. Wenn du z. B. House spielst und dann den Breakdown hörst und denkst: „Oh, wie krank. Das könnte ich auch gebrauchen." Warum soll man das so strikt behandeln? Los, nimm eine Houseplatte, setze sie im HipHop ein. Aber vergiss nicht, dass du die eigentliche Idee von dem House-DJ bekommen hast, der sie ursprünglich aufgelegt hat. Denn ohne ihn würdest du die Platte noch nicht mal kennen. So können sogar neue Stile entstehen, durch die Kombinationen, und alle lernen voneinander. Ich denke nicht, dass sie uns genauso beobachten wie wir sie. Ich weiß es nicht genau, aber ich denke, sie stehen mehr auf ihre eigenen Fertigkeiten.

In Interviews mit Turntablisten findet man immer wieder Zeilen wie „Wir müssen den DJ wieder mehr ins Rampenlicht rücken".

Roc Raida: Es ist doch immer noch so, dass ein Rapper mit der lahmsten Platte der Geschichte herauskommen kann und trotzdem noch gehörige Stückzahlen verkauft. Ganz allein darüber, dass sie wissen, dass die Stimme ein Instrument ist, das bei der Party akzeptiert wird. Aber wir haben das erste Plattenspieler-Album gemacht, und du wirst niemals einen Turntable-Track in einem Club oder im Radio hören, denn die Leute haben zu viel Angst, das zu spielen.

Total Eclipse: Wenn Puffy dabei wäre …

Roc Raida: Ja, kein Zweifel. Wenn jemand wie Puffy auf diesen Zug aufspränge, würde es auch gespielt werden. Sie versuchen einfach nur, den DJ in den Hintergrund zu rücken, denn wenn es darauf ankommt, zieht ein Rapper seine eigene Show ab. Ein Turntablist stellt sich auf die Bühne, und es gibt niemanden, der uns vorstellt und sagt: „Also, diese vier Typen werden jetzt Folgendes machen." Doch sobald wir mit unseren Routines loslegen, bekommst du eine Show. Und diese Show besteht eben nicht nur daraus, dass ein Kerl hin und her rennt, während hinter ihm 200 Leute schreien: „Ja, da geht was, da geht was!" Die Show besteht einzig und allein daraus, wie wir an den Plattenspielern abgehen. Du bekommst etwas zu sehen, jede einzelne Sekunde.

Du hast vorher gesagt, dass Turntablist Tracks nicht im Club gespielt werden. Könnte es sein, dass es auch DJs gibt, die zu viel Respekt vor diesen Platten haben und sie deswegen nicht verunstalten wollen? Vielleicht legt ihr euch so selbst Steine in den Weg?
Roc Raida: Exakt. Aber wenn du darauf stehst, dann darfst du keine Angst haben, der Welt zu zeigen, dass es so was gibt. Denn solange du es nicht einem breiteren Publikum vorspielst, werden sie niemals wissen, dass so etwas existiert. So werden sie offener dafür. Wenn du es dann nächste Woche noch mal spielst, ist es plötzlich in der Rotation.

Ein anderes Ding, was manche Leute seltsam finden: Ihr präsentiert euch als Einheit, dennoch battlet ihr euch gegenseitig auf der Bühne?
Roc Raida: Ja, auch wenn wir das schon eine Weile nicht mehr getan haben, versuchen wir stets, diesen Geist einer Battle umzusetzen. Wir battlen uns jetzt mehr in unseren privaten Sessions zu Hause. Schon allein um uns gegenseitig auf Trapp zu halten. Wenn Joey mit einer Routine kommt, die ich mit einer neuen toppe, fühlt er sich natürlich herausgefordert. Und wenn er dann härter abgeht, ist er glücklich. Und ich versuche dann wieder, mir etwas auszudenken, was seine Routine schlägt. Wir wollen die Sache einfach im Fluss halten.

So bilden sich dann sehr kleine Eliten, die sich sehr schnell weiter entwickeln, und der Rest der Welt wird um Jahre zurückbleiben.
Total Eclipse: Im HipHop interessiert man sich jetzt plötzlich für Gruppen wie Company Flow. Organized Confusion haben solche Texte schon '92 gebracht, intergalaktisch weit weg und doch sehr auf den Punkt. Kapiert

wird das erst jetzt. Du hörst erst jetzt verschiedene Rapper, die genauso abgehen wie Organized Confusion in '92, so ist das eben mit HipHop.

Wie fühlt sich das für euch an, wenn Kids sich eure Videos in Superzeitlupe anschauen, um dahinter zu kommen, wie ihr bestimmte Tricks handhabt?

Roc Raida: Als wir anfingen, Battle DJs zu werden, gab es mal gerade drei Kassetten, die man sich anschauen konnte. Viel rauszuziehen gab es da nicht. Wir mussten uns selbst Gedanken machen, wie wir das Gesehene weiterführen könnten. Heute kannst du dir einfach irgendein Style-Video von den Skratch Piklz, Beatjunkies, X-Men nehmen und damit all das lernen, was wir uns erarbeitet haben. Jemand wie ich musste noch alles FROM SKRATCH, von Anfang an, lernen. Wenn man das mal genauer betrachtet, müssten all diese Leute zehnmal besser sein, denn sie haben etwas, was sie anschauen, vergleichen und wovon sie lernen können.

Im Gegensatz zu den bemühten Fingerübungen eurer Jünger wirkt eure Bühnenshow immer sehr locker und entspannt. Habt ihr diesbezüglich irgendwelche guten Ratschläge an die Youngsters da draußen?

Roc Raida: Habt Spaß! Es geht um die Einstellung. Sobald du damit anfängst, übernimmt die Musik die Kontrolle über dich. Da sollte keine Schauspielerei drinstecken. Wenn du auf die Bühne gehst und die Plattenspieler berührst, fühlst du wie ein Pianist, wenn er die Tasten anfasst, es fließt einfach. Sobald er fühlt, dass bestimmte Sachen von ihm losgelöst werden, spiegelt sich die Show auch in seinem Gesicht wider. Im Grunde geht es darum, sich vom Flow treiben zu lassen, da raus zu gehen, es zu tun, und das Gefühl kommt dann ganz natürlich, du verstehst schon.

Wer tiefer in die Geheimnisse zwischen den Rillen einsteigen möchte, dem seien folgende Websites inklusive der dort zahlreich vorhandenen Links eindringlichst empfohlen – inklusive all der Historikerstreitigkeiten, wer was zuerst gekratzt hat, womit sich was am besten wie kratzen lässt:

www.Phaderheadz.de
www.turntablism.com
www.skratchpiklz.com

Wer auch zu Hause kratzen möchte, versuch's mit folgenden Videos:
DMC Worldchampionships 1988 (Cash Money), '89 (Cutmaster Swift), '93 (Q-Bert, Apollo, Mixmaster Mike), '94 (Q-Bert, Mixmaster Mike), '95 (Roc Raida), '96 (DJ Noize), '97 (DJ A-Trak), '98/'99 (Craze).
Auch wenn inzwischen zahlreiche Spezialvideos zu diesem Battle (Team-Wettbewerb, Eliminations, Finals – alles separat) erhältlich sind, bleiben der Fachhandel oder direkt DMC Deutschland, Grevenbroich, die Bezugsadressen.
Die **ITF** mag da nicht hintenanstehen und veröffentlicht auch Bänder ihrer jährlichen Meisterschaften. Die Weltkonkurrenzen finden immerhin an so illustren Orten wie Amsterdam ('98) oder Hawaii ('99) statt.

Dass auch **Vestax** ein Interesse daran hat, dass ihr fleißig übt, unterstreichen sie mit ihrem „**Turntable Mechanic Workshop**" (Skratch Piklz) und „**Turntable Tutorial**", wo mit den Scratch Perverts auch mal Europäer als Dozenten auftreten.

Erstaunliche Ergebnisse der Kunst des Turntablisms sind auf folgenden Alben zu hören:
X-Ecutioners: *X-Pressions (Asphodel)*
DJ Craze: *Crazee Music (Bomb)*
Phonosychograph DISK: *Ancient Thermits (Bomb)*
Faust: *Man Or Myth (Bomb)*
Rob Swift: *Soulful Fruits (Stones Throw)*
Invisbl Skratch Piklz: *Klamz uv Deth (KOD)*
Diverse: *Deep Concentration – Reihe (OM)*
und frisch aus Deutschland
Diverse: *Universal DJ Invasion (M-Pire)*

Und wer daran Geschmack gefunden hat, hier die von den Invisibl Skratch Piklz empfohlenen Platten zum Nachkratzen:
1. Alles auf **Dirtstyle Records**: „Wenn ich auf einer einsamen Insel stranden würde, bräuchte ich nur ein Paar irgendeiner Dirtstyle-Platte, und ich hätte für den Rest meines Lebens ausgesorgt", sagt DJ Q-Bert.
2. **Superduck Breaks**
3. **Hamster Breaks**
4. **Swamp Breaks**
5. **Needle Thrashers**
6. **Mr. Dibbs**
7. **Beats For Jugglers**
8. **DJ Rectangle**
9. **Marsupial Flip Flop Breaks**
10. **Gamblin' Pete's Casino Breaks**
Nicht vergessen: echte DJs verwenden zwei Kopien.

TECHNIK & SKILLS

DJ Hype. Deutscher ITF-Champion 1998 und 99,
RBMA-Absolvent 1998, RMBA-Technician 1998/99

Don't Sweat The Technique

Du kannst ein großartiger DJ sein, ohne auch nur den Hauch einer Ahnung davon zu haben, wie man die Geschwindigkeiten zweier Platten angleicht. Du kannst genauso gut ein unglaublich wenig inspirierender DJ sein, wenn du alle ITF/DMC-Weltmeister-Routines der letzten Jahrzehnte auf den Punkt genau nachscratchen kannst. Doch manchmal, wenn du sie auf dem falschen Fuß erwischst, erhältst du sogar von Leuten wie Norman Jay oder Gilles Peterson solch ein Statement: „Selbst meine Großmutter bekäme diese Routines hin, wenn sie nur hart genug trainieren würde. Doch manchmal wünsche ich mir schon, dass ich mit dem ein oder anderen Trick im entscheidenden Moment das Dach so richtig wegblasen könnte." Sich alleine auf die Plattensammlung zu verlassen hilft also nicht immer weiter – selbst wenn sie so exquisit sein sollte wie bei jenen Herren.

Die Zeiten des DJs als bloßem Dienstleister sind gottlob weitgehend vorbei. Die Kunstform, mit der Turntablisten inzwischen AUS-SCHLIESSLICH mit Plattenspielern komplexe Stücke erschaffen, darf als allgemein anerkannt gelten und steht gleichberechtigt neben anderen Musikstilen der Neunziger. Selbst der „erwachsene" Mainstream kommt nicht mehr ohne Anleihen aus dem DJ-Kosmos aus. Gleichzeitig teilen sich die Videobänder von internationalen DJ-Wettbewerben völlig selbstverständlich den Regalplatz in deutschen Jugendzimmern mit Skatevideos. Spätestens dann wird klar, wie sehr hier ein Umdenken stattgefunden hat.

Was dabei allerdings nie aus dem Auge verloren werden sollte: Hier geht's um Musik, nicht um Zirkus. Wer zum Sport will, soll sich in den Gelben Seiten umschauen. Und dennoch: Ohne Übung geht auch hier

nichts. Überhaupt nichts. Jeder Einzelne der hier gezeigten „Tricks"
erhöht deine Möglichkeiten, die Party genau zu den Punkten zu lenken, wo du sie hin haben möchtest. Dass dabei das Publikum niemals
vergessen werden sollte, steht hier nur noch mal der Form halber.
Nützen werden dir all diese Routines („Übungen") dennoch nichts,
wenn die Platten, die du dabei benutzt, so daneben sind, dass selbst
deine Oma dich mit Tomaten bewirft. Mach es dir noch einmal ganz
genau klar: Ein Plattenspieler heißt so, weil er zum Plattenspielen
gebaut worden ist. Und von der Platte kommt was? Richtig: Musik.
Und letztendlich geht es bei aller Virtuosität um nichts anderes, als
den Zuhörern damit Freude zu bereiten. Bei so viel gutem Willen
bleibt eigentlich nur noch eines zu sagen: Amen.

„Hallo, Echo"

AKUSTIK, KLANG UND WAHRNEHMUNG VON *ELMAR KRICK*

Da wir davon ausgehen, dass die meisten von euch ähnlich engagiert im Physikunterricht bei der Sache waren wie wir, baten wir Elmar Krick, uns doch bei den Grundlagen von Akustik und Psychoakustik ein wenig auf die Sprünge zu helfen. Die folgenden 18 Fragen und Antworten zu den Themen Schall und Schallwahrnehmung enthalten genug Munition für die nächste Grundsatzdiskussion mit übellaunigen Clubbetreibern oder Anlagenverleihern.

Was ist Schall?

Um dieser Frage auf den Grund zu gehen, stellen wir zunächst fest, dass man Schall nicht nur hören, sondern auch sehen und sogar fühlen kann. Schall wird sichtbar, wenn man vor einer laut aufgedrehten Box steht und die Membran des Basslautsprechers beobachtet. Bei entsprechender Lautstärke und geeigneter Musik sieht man, wie sich die Membran im Rhythmus beispielsweise der Bassdrum vor- und zurückbewegt. Offensichtlich hat Schall etwas mit der Bewegung der Membran zu tun. Was aber wird dort bewegt? Nun: Hält man die Hand vor die sich bewegende Membran, stellt man tatsächlich einen Luftstoß fest. Somit kann man Schall tatsächlich fühlen. Die Lautsprechermembran bewegt also die sie umgebende Luft. Schall muss folglich mit Luft und ihrer rhythmischen Bewegung zu tun haben. Luft ist aber nicht einfach nichts, sondern eine Ansammlung von kleinsten Teilchen, wie Sauerstoff-, Stickstoff- und vielen anderen Molekülen, allgemein: Luftmolekülen. Jedes dieser Moleküle beansprucht einen gewissen Raum für sich. Wenn sich die Lautsprechermembran nach vorne bewegt, passiert Folgendes: Die Luftmoleküle, die sich vor ihr befinden, werden nach vorne gedrückt, dort treffen sie aber auf andere Moleküle, sodass sich plötzlich mehr Teilchen den zur Verfügung stehenden Raum teilen müssen. Es kommt zu einer Verdichtung oder Kompression von Luftmolekülen. Bewegt sich die Membran wieder zurück, wird Raum freigegeben, und die Teilchen können sich wieder frei verteilen. Sie haben nun sogar mehr Platz als vorher, sodass eine Verdünnung von Luftmolekülen stattfindet. Das alles passiert durch die sich ständig wiederholende Hin- und Herbewegung der Membran immer wieder von Neuem, sodass Luftteilchen an bestimmten Stellen im Raum periodisch zusammengedrückt und auseinander gezogen werden. Anders gesagt: Es entstehen Zonen hohen und niedrigen Luftdrucks. Daraus folgt nun die Definition von Schall: Schall ist nicht mehr und nicht weniger als eine periodische Veränderung des atmosphärischen Drucks, also des Luftdrucks. Alles, was Luft mechanisch in Schwingungen versetzt, erzeugt prinzipiell Schall. Egal ob das eine Gitarrensaite, ein Lautsprecher oder ein Tritt gegen die Kellertür ist.

Was sind dann Schallwellen?

Wenn in der gegenüberliegenden Ecke eines großen Raums ein Lautsprecher steht, hört der Zuhörer trotzdem den Schall der weit entfernt stehenden Box. Schall muss offensichtlich in der Lage sein, sich vom Entstehungsort fortzubewegen, zu wandern. Aber: Wie legt er die Strecke zwischen dem Zuhörer und der Schallquelle zurück? Erinnern wir uns an die Luftteilchen, die von der Membran verdrängt wurden. Und da zwei Dinge niemals am gleichen Ort sein können, schubsen die verschobenen Luftteilchen die vorhandenen weg – und zwar in die gleiche Richtung. Die nun ihrerseits verschobenen Teilchen treffen am neuen Aufenthaltsort aber ebenfalls auf bereits vorhandene, also werden diese wiederum weggestoßen. Die Zone des hohen Luftdrucks bewegt sich damit vorwärts. Der Schall wandert von der Schallquelle weg. Wichtig ist, dass nicht die Luftteilchen selbst wandern, da sie nur minimal aus ihrer Ruhelage herausgeschleudert werden und dann wieder in ihre Ausgangsposition zurückgleiten. Es wandert allein die Luftdruckerhöhung von einem Ort zum anderen. Zu diesem wichtigen Zusammenhang hier noch ein weiterer Vergleich: Ähnliches wie bei der Schallwanderung passiert, wenn man einen Stein ins Wasser wirft. Die Wassermoleküle werden am Ort des Einschlags verdrängt, prallen auf andere, verschieben diese wiederum und so fort. Von außen betrachtet sieht man, dass sich – angeregt durch den einen Impuls – eine Welle höheren Wasserdrucks kreisförmig vom Einschlagsort ausbreitet. Man kann leicht einsehen, dass sich auch hier nicht die Wasserteilchen selbst bewegen, sondern eben nur die Zone der Verdichtung. Das Gleiche passiert auch mit den Luftteilchen, die vom Impuls der Lautsprechermembran bewegt werden: Die Zone des hohen Luftdrucks wird wellenförmig fortbewegt. Es entsteht eine Schallwelle.

Wie schnell bewegt sich Schall?

Die Ausbreitung der Schallwelle, die Schallgeschwindigkeit, hängt direkt mit dem Bewegungsverhalten der Luftmoleküle zusammen. Können sich die Teilchen schnell aus ihrer Ruhelage herausbewegen, wird auch die Schallwelle schnell fortbewegt. Wie schnell die Luftteilchen sind, hängt in erster Linie von der Temperatur ab. Je wärmer, umso höher die Schallgeschwindigkeit. Bei 20°C beträgt sie genau 344 Meter pro Sekunde, das sind umgerechnet 1200 km/h, also ziemlich schnell, verglichen mit den Geschwindigkeiten von Autos oder Flugzeugen, aber ziemlich langsam im Vergleich zur Lichtgeschwindigkeit, die 300 Millionen km/s beträgt.

Kann man Schallgeschwindigkeit in der Praxis beobachten?

Die Tatsache, dass Schall eine gewisse Zeit braucht, um von einer Stelle zu einer anderen zu gelangen, spielt eine große Rolle in der täglichen Praxis. Deswegen gilt auch die alte Gewitter-Faustregel, dass der zeitliche Abstand zwischen Blitz und Donner eine Aussage darüber zulässt, wie weit das Gewitter noch entfernt ist. Das funktioniert so: Am Ort des Blitzes wird es so heiß, dass die ganze Luft schlagartig verbrennt, es entsteht somit ein kurzzeitiges Vakuum, das natürlich sofort wieder mit frischer Luft aufgefüllt wird. Und wie beim Aufreißen von vakuumverpacktem Kaffee – auch da strömt Außenluft in das Vakuum ein – entsteht auch beim Blitz ein Geräusch, in diesem Fall kein Zischen, sondern eben ein Donner. Der Ort der Schallerzeugung ist also der Ort des Blitzes. Nun braucht der Schall eine gewisse Zeit, um zum Beobachter zu gelangen. Er schafft 344 Meter in der Sekunde, also alle drei Sekunden einen guten Kilometer. Vergehen zwischen Blitz und Donner beispielsweise 10 Sekunden, ist das Gewitter somit noch ca. 3 km entfernt. Aber auch bei Beschallungen oder ganz generell überall in der Musikproduktion spielen diese so genannten Laufzeiten des Schalls eine wichtige Rolle. Bei Stadionkonzerten beispielsweise ist die Bühne bereits so weit von den hinteren Reihen entfernt, dass sich ein Versatz zwischen dem Beobachten des Geschehens auf der Bühne und dem akustischen Erlebnis einstellt. Er wird durch zeitlich verzögerte Lautsprechersysteme ausgeglichen (Delay-Lines).

Gibt es Schall nur in Luft?

Nein, überall, wo sich Moleküle räumlich verdichten und verdünnen können, kann Schall auftreten. So gibt es Schall beispielsweise auch im Wasser oder in festen Körpern (Körperschall), nur nicht im Vakuum, also beispielsweise im Weltraum. Weil das Vakuum schlichtweg nichts enthält, keine Moleküle, keine Teilchen. Absolut nichts, also kann auch nichts bewegt werden, und damit kann kein Schall entstehen.

Sieht jede Schallwelle gleich aus?

Nein. Wenn die schallauslösende Membran schneller hin- und herbewegt wird, ergeben sich mehr Zonen hohen und niedrigen Luftdrucks und damit eine andere Form der Schallwelle. Oder: Wird die Membran zwar mit gleicher Geschwindigkeit bewegt, aber unterschiedlich stark (mit verschiedenem Hub), fallen die Luftdruckschwankungen wieder anders aus. Und noch mal anders sieht die Schallwelle aus, wenn die Membran zwar gleich schnell und gleich stark bewegt wird, aber vielleicht nicht gleichmäßig, sondern ruckartig. Auch dann ändert sich die Form der resultierenden Schallwelle.

Wie groß sind Schallwellen?

Die räumlichen Dimensionen von Schallwellen hängen von der Frequenz ab, also von der Tonhöhe. Tiefe Frequenzen haben deutlich größere Ausmaße als hohe. Eine einzige Periode einer sehr tiefen Schwingung von 20 Hz (der tiefste Ton, den das menschliche Ohr wahrnehmen kann) ist 17 Meter lang. Man sagt auch: Die Wellenlänge einer 20-Hz-Schwingung beträgt 17 Meter. 100 Hz, das ist etwa die obere Grenze der typischen Bassfrequenzen einer Musikmischung, sind immer noch 3,4 Meter lang. Und am oberen Ende der menschlichen Hörfähigkeit, bei 20.000 Hz, beträgt die Wellenlänge nur noch 1,7 cm. In der Praxis bedeutet das: Ist ein Raum kleiner als 17 Meter Kantenlänge, wird eine 20-Hz-Schallwelle, bevor sie überhaupt einen einzigen Schwingungsdurchlauf absolviert hat, bereits an der Rückwand reflektiert. Es überlagern sich Teile von Schallwellen dadurch eventuell derart, dass es zu keiner ganzen Schwingung kommt und der 20-Hz-Ton schlichtweg nicht hörbar ist. In Studios, die ja zumeist deutlich kleiner sind als 17 m, wird daher mit geeigneten akustischen Maßnahmen dafür gesorgt, dass die Rückwand den Schall absorbiert, damit er nicht reflektiert wird und die Schwingungen vollständig am Ohr des Zuhörers vorbeilaufen können. Die Wellenlänge wirkt sich aber auch noch anders aus. Hinter einer Säule oder einem anderen Hindernis klingt die Musik stets dumpfer als davor. Das liegt daran, dass der Schall sich um das Hindernis herumarbeiten muss und dabei eine größere Strecke zurückzulegen hat als auf dem direkten Weg. Da hohe Frequenzen sehr kurze Wellenlängen haben, brauchen sie viel mehr Perioden, bis sie das Hindernis überwunden haben, als die tiefen. Da jedes Auslenken von Luftteilchen Energie verbraucht, werden die hohen Frequenzen beim Umrunden des Hindernisses stärker gedämpft. Sie werden also schwächer als die tiefen.

Klingen verschiedene Schallwellen auch unterschiedlich?

Ja, und die Zusammenhänge sind leicht nachzuvollziehen: Die Geschwindigkeit der Hin- und Herbewegung der Membran bestimmt die Tonhöhe des daraus resultierenden Schalls. Je schneller, desto höher der Ton, je langsamer, desto tiefer. Technisch nennt man die Tonhöhe übrigens auch Frequenz. Die Stärke der Membranauslenkung nehmen wir dagegen als Lautstärke wahr. Wird die Membran mit großem Hub bewegt, wird der sich daraus ergebende Ton lauter sein, als wenn die Membran nur leicht bewegt wird. Und schließlich sorgt die Art der Bewegung für unterschiedliche Klangfarben: Bewegt sich die Membran ruckartig, ergibt sich eine andere Klangfarbe, als wenn sie schön gleichmäßig hin- und herpendelt.

Was ist eigentlich „Phase"?

Eine Schallwelle, oder ganz allgemein: eine Schwingung, ganz egal mit welcher Kurvenform, wird stets durch drei Parameter beschrieben: Wie schnell schwingt sie (Frequenz, Tonhöhe)? Wie stark ist die Auslenkung (Amplitude, Lautstärke)? Und wann beginnt sie (Phase)? Wie in der Grafik ersichtlich ist, unterscheiden sich die beiden Schwingungen in ihrem Beginn, und damit nur darin, wann sie ihre Schwingungshöhepunkte haben. Oder anders: In welcher Phase befindet sich die Schwingung zum Zeitpunkt XY? In ihrer aufsteigenden Phase oder in ihrer Höhepunktsphase? Der Begriff der Phase ist daher auch nur dann sinnvoll, wenn man mindestens zwei Schwingungen in Relation zueinander betrachtet.

Mit „Phase" bezeichnet man den Startzeitpunkt der Schwingung.

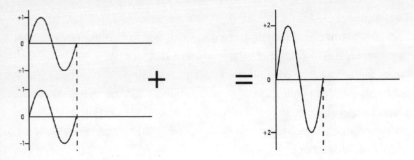

Hier starten beide Schwingungen gleichzeitig („phasengleich" oder „in Phase"), die Addition oder Mischung beider Schwingungen führt zu einer neuen Schwingung gleicher Frequenz, aber doppelter Amplitude (Auslenkung).

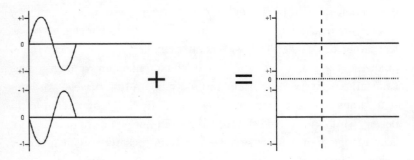

Hier beginnt die untere Schwingung genau eine Halbwelle später, sodass das Maximum der oberen mit dem Minimum der unteren zeitlich zusammenfällt („gegenphasig"). Mischt man beide in dieser Phasenlage, ergibt sich als Ergebnis Null.

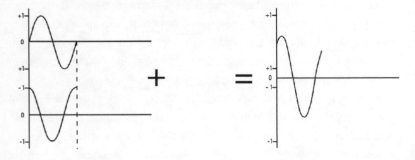

Hier nun sind beide Schwingungen leicht gegeneinander versetzt („phasenverschoben"). Als Mischung kommt es zu einer neuen Wellenform.

Was passiert, wenn man mehrere Schwingungen mischt?

Eigentlich nichts Außergewöhnliches. Es ergibt sich einfach eine neue Schwingung, die Merkmale aller beteiligten Schwingungen enthält. Haben die gemischten Schwingungen unterschiedliche Frequenzen, besteht die neue Schwingung aus beiden Frequenzen und einer Amplitude, die sich aus der Summe der Amplituden zusammensetzt. Interessant sind nun die Phasen der Schwingungen zueinander. Haben nämlich zwei Schwingungen genau gegensätzliche Phasenlagen zu einem Zeitpunkt, also etwa die eine ihr Maximum, die andere ihr Minimum, ist das Ergebnis Null. Die Mischung enthält nichts, man sagt: Die beiden Schwingungen haben sich ausgelöscht. Dieses Problem sollte man sich immer wieder bewusst machen: Sobald man Schwingungen miteinander mischt, kommt es zu Auslöschungen. Auffällig sind diese Auslöschungen aber eigentlich nur, wenn die beteiligten Schwingungen oder Signale ansonsten gleich sind. Bestes Beispiel: verpolte Boxen, meist aufgrund von vertauschten Lautsprecher-Anschlüssen. Durch die Verpolung dreht man die Phase der einen Box in Relation zur anderen um 180°, also genau gegensätzlich. Das heißt: Gibt die eine Box ein Schwingungsmaximum ab, hat die andere exakt in dem Moment ein Minimum. Der Zuhörer, der ja beide Boxen gleichzeitig hört, also sozusagen im Kopf die Mischung vornimmt, hört nichts. Bei komplexen Musiksignalen hört man zwar noch etwas, nämlich die Unterschiede zwischen linkem und rechtem Kanal, aber das Signal klingt verfremdet, und die Musik scheint außerhalb der Boxen zu stehen.

Was ist ein Spektrum?

Beim Mischen von einzelnen Schwingungen entsteht eine neue Schwingung, mit einer eigenen Kurvenform, einem eigenen Klang (s. o.) und Anteilen der beteiligten Einzelschwingungen. Baut man einen Klang auf diese Weise auf, weiß man, welche Frequenzen darin enthalten sind. Aber auch der andere Weg funktioniert: Hat man ein Frequenzgemisch als Ausgangspunkt, kann man durch geeignete Maßnahmen die darin enthaltenen Einzelfrequenzen herausfinden. Mit „Spektrum" bezeichnet man die Konstellation der in einem Signal enthaltenen Einzelschwingungen. Konstellation bedeutet in diesem Zusammenhang: Welche Frequenzen sind enthalten und mit welchen Pegeln? Das Spektrum einer Sägezahnschwingung aus einem Synthesizer beispielsweise zeigt Einzelschwingungen,

Verschiedene Wellenformen haben verschiedene Obertonzusammensetzungen und klingen daher unterschiedlich. Faustregel: Je mehr und je lauter die Obertöne, umso heller der Klang.

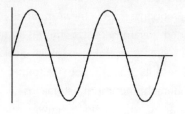 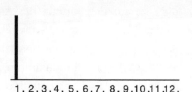

Der Sinus hat keine Obertöne und klingt deswegen stumpf.

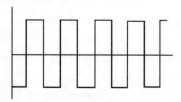 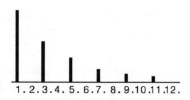

Die Wellenform des Rechtecks baut sich über die Grundfrequenz x1, x3, x5 etc. auf, wobei der Pegel abnimmt. Beispiel: Bei einer Grundfrequenz von 100 Hz schwingen abnehmend 300, 500 und 700 Hz mit. Bei 1000 Hz (1 KHz) 3 KHz, 5 KHz, 7 Khz.

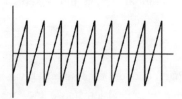 

Ähnlich funktioniert es beim Sägezahn: Bei einer Grundfrequenz von 100 Hz schwingen 200, 300, 400, 500 Hz ganzzahlig abnehmend als Obertöne mit (siehe Text).

deren Frequenzen in ganzzahligen Verhältnissen zueinander stehen und im Pegel logarithmisch abnehmen. Eine Sinuswelle enthält nur eine einzige Frequenz, nämlich sich selbst. Und ein komplexes Musiksignal enthält sich ständig verändernde Konstellationen von Einzelschwingungen und damit zu jedem Zeitpunkt ein anderes Spektrum.

Was ist Psychoakustik?

Psychoakustik ist die Lehre von der Schallwahrnehmung. Denn das menschliche Gehör verarbeitet und interpretiert stets das eintreffende Signal, sodass sich das physikalisch Messbare und die Wahrnehmung zum Teil drastisch unterscheiden.

Wie leistungsfähig ist unser Gehör?

Unser Gehör ist extrem leistungsfähig und hoch empfindlich. Es arbeitet zwischen zwei Schallpegelgrenzen (vereinfacht gesagt: Lautstärkegrenzen). Die untere Grenze ist die Hörschwelle. Erst wenn ein Ton so laut ist, dass er die Hörschwelle übersteigt, beginnt unsere Wahrnehmung. Die obere Grenze ist die Schmerzgrenze. Denn Töne können tatsächlich so laut sein, dass sie physische Schmerzen verursachen oder zumindest Unbehagen auslösen. Interessant ist, dass der Pegel der Hörschwelle etwa eine Million Mal leiser ist als der Pegel der Schmerzgrenze. Unser Gehör kann also eine extreme Dynamik verarbeiten. Es nimmt aber auch Schaden bei Dauerbelastung, was sich in Höhenverlust und Nebengeräuschen (Tinnitus mit Pfeifen, Klingeln etc.) äußert. Diese Hörschäden sind unwiderruflich! Jeder, der ständig extrem lauter Musik ausgesetzt ist, muss sich mit dem Thema Gehörschutz auseinander setzen! Schallpegel werden in dB SPL gemessen (SPL = Sound Pressure Level = Schalldruckpegel). Die Hörschwelle liegt bei 0 dB SPL, die Schmerzgrenze bei etwa 140 dB SPL. Eine normale Unterhaltung in einem Zimmer bringt etwa 60 dB, durchschnittlicher Straßenlärm 80–90 dB, eine übliche Clubbeschallung 120 dB, liegt aber auch darüber; das ist mindestens 1000-mal lauter als eine Unterhaltung.

Ist „laut" immer gleich „laut"?

Nein. Ein Beispiel: Man nehme zwei unterschiedliche Signale, eine Figur aus einem Bass-Synthesizer und eine Megafon-Stimme und sorge für gleiche Schalldruckpegel. Welches Signal würde man als lauter empfinden? Sicherlich das Megafon, obwohl beide Signale doch über den gleichen Schalldruck verfügen. Sie sind anscheinend doch nicht gleich laut. Dieses Phänomen erklärt sich mit der unterschiedlichen Wahrnehmung verschiedener Frequenzen durch das menschliche Gehör. Im mittelhohen Frequenzband, etwa zwischen 1.000 Hz und 4.000 Hz., ist das Gehör am empfindlichsten. Kein Wunder, denn in diesem Bereich befin-

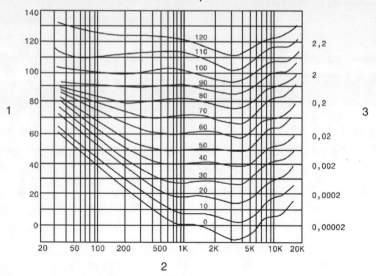

Die Kurven gleicher Lautheit von Fletcher und Munson stellen die Frequenzabhängigkeit des menschlichen Gehörs dar.

1: Schalldruckpegel in dB SPL
2: Frequenz in Hertz
3: Schalldruck in Pa
4: Lautheit in Phon

den sich die konsonanten Laute der Sprache und damit die Sprachverständlichkeit. Die beiden Wissenschaftler Fletcher und Munson haben diesen Zusammenhang entschlüsselt und in ihren viel zitierten „Kurven gleicher Lautheit" abgebildet. Sie haben nämlich festgestellt, wie wir in dem oben angeführten Beispiel, dass sich die Angabe des Schalldrucks nicht für den Lautstärke-Eindruck eignet. Man empfindet einen tiefen Ton bei gleichem Schalldruckpegel als leiser als einen mittelhohen, obwohl er – rein physikalisch – gleich laut sein müsste. Unser Gehör interpretiert das Gehörte also unentwegt und lässt uns nur die Interpretation wahrnehmen. Fletcher und Munson haben deshalb eine neue Einheit entwickelt, die eine Aussage über die tatsächlich empfundene Lautheit zulässt: das Phon. Wenn verschiedene Tonhöhen 30 Phon laut sind, dann nimmt man sie auch als gleich laut wahr. Allerdings sind dann ihre Schalldruckpegel keineswegs mehr gleich. Diesen Zusammenhang kann man anhand der Fletcher-Munson-Kurven sehr schön ablesen. Nehmen wir als Beispiel 30 Phon. Bei 2 kHz muss der Schalldruckpegel 30 dB SPL betragen, um eine Lautheit von 30 Phon zu erzielen. 100 Hz müssen aber schon ca. 55 dB SPL haben, um als gleich laut empfunden zu werden, und 10 kHz immerhin noch über 40 dB SPL.

Klingt deshalb laute Musik immer besser als leise?

Ganz genau! Wie man an Fletcher-Munson sieht, werden die Schalldruckpegel-Unterschiede immer geringer, je lauter die ganze Angelegenheit wird. Bei 100 Phon Lautheit liegen alle Schalldruckpegel zwischen 20 und 2.000 Hz im gleichen Bereich, nämlich bei rund 100 dB SPL. Das bedeutet: Leise gehörte Musik scheint weniger Bässe und weniger Höhen zu haben als laute Musik. Also klingt laute Musik immer voller und spritziger. Mit diesem simplen Trick arbeiten die meisten Verkäufer von HiFi-Boxen. Die Lautsprecher-Box, die sie gerne verkaufen würden, drehen sie einfach etwas lauter, und schon findet der Kunde mit Sicherheit, dass diese „aber jetzt echt besser klingt".

Gibt es deshalb auch den Loudness-Knopf an Hifi-Anlagen?

Ja. Die Loudness-Schaltungen von HiFi-Anlagen heben bei geringen Lautstärken Bässe und Höhen an, damit leise abgehörte Musik ähnlich klingt wie laut gehörte. Gute Loudness-Schaltungen sollten bei hohen Abhörlautstärken keine Wirkung mehr haben, da unser Gehör nur bei leiser Musik Bässe und Höhen abschwächt. Ein guter Test also für den HiFi-Verstärker: Laut aufdrehen und Loudness ein- und ausschalten. Hört man einen Unterschied, macht die Loudness-Schaltung keinen Unterschied bei verschiedenen Abhörlautstärken. Dann muss man daran denken, die Loudness bei hohen Abhörlautstärken auszuschalten, weil sonst Bässe und Höhen über die Maßen verstärkt werden.

Warum haben wir zwei Ohren?

Neben der Wahrnehmung von Lautstärken und Frequenzen nehmen wir auch die Richtung wahr, aus der Schall kommt. Und damit kommen wir zu einem weiteren Teil der Psychoakustik: der Richtungswahrnehmung. Was passiert, wenn eine Schallquelle seitlich von uns steht? Nun, der Schall macht sich auf die Reise und erreicht unseren Kopf. Das der Schallquelle abgewandte Ohr ist aber etwa 20 cm (Kopfbreite) weiter von der Schallquelle entfernt als das der Schallquelle zugewandte. Damit gibt es einen minimalen Zeitversatz zwischen linkem und rechtem Ohr. Gleichzeitig erreicht der Schall das abgewandte Ohr mit etwas geringerem Pegel, weil er ja eine längere Strecke zurücklegen muss und sich dabei abschwächt. Aus diesen beiden Parametern (Zeitversatz und Pegelunterschied) wird vom Gehirn eine Richtungsinformation abgeleitet. Damit können wir den Einfallswinkel des Schalls wahrnehmen. Keine Aussage lässt sich aber darüber machen, ob der Schall von vorne links oder von hinten links kommt, da Zeit- und Pegelversatz in beiden Fällen gleich sein können. Auch die Information oben/unten fehlt. Um diese Richtungen wahrnehmen zu können, benötigen wir unsere Ohrmuschel. Sie hat diese spezielle Form nur aus dem Grund der Vorne/Hinten- und Oben/Unten-Ortung. Denn: Fällt Schall von hinten ein, wird er teilweise um die Ohrmuschel gebeugt und in den Furchen der Ohrmuschel mehrfach reflektiert, es entstehen somit mehrere Signale, die sich zueinander zeitversetzt überlagern. Erinnern wir uns nun, was passiert, wenn sich zeitversetzte (phasenverschobene), aber ansonsten identische Signale überlagern: Es entstehen Auslöschungen und Anhebungen, das Ursprungssignal wird in seinem Frequenzgang verfremdet. Man kann auch sagen: Ein von hinten kommendes Signal klingt bereits anders als ein von vorne kommendes, bevor es das Gehör überhaupt erreicht. Aus diesen spezifischen Klangunterschieden interpretiert das Gehirn die Vorne/Hinten- und Oben/Unten-Informationen.

Was ist Stereo?

Wie wir gesehen haben, kann das Gehör nur dann eine Richtungsinformation aus dem Schall ableiten, wenn es irgendeinen Unterschied zwischen Links und Rechts gibt, sei es eine Zeitverzögerung, einen Pegel- oder Klangunterschied. Sollte man von zwei absolut identischen Signalen beschallt werden, die links und rechts stehen, so würde man das Signal trotzdem in der Mitte orten. Deshalb kann man zwischen seinen beiden Boxen der Stereoanlage sitzen und die Bassdrum trotzdem aus der Mitte hören. Warum? Die Bassdrum wird durch auf Mitte gestellten Panpot-Regler im Mischpult quasi verdoppelt und gelangt absolut identisch auf den linken und rechten Lautsprecher – kein Unterschied zwischen Links und Rechts, also Mono, also hören wir das Signal aus der Mitte. Soll ein Stereoeffekt erzielt werden, muss man irgendwie dafür sorgen, dass auf dem linken Kanal irgend etwas anders ist als auf dem rechten. Entweder durch einen Pegelunterschied, wie es beispielsweise der Panpot des Mischpults tut, oder durch zeitversetzte (phasenverschobene) Signale. Die bekannten Studioeffekte wie Chorus, Flanger und Phaser basieren übrigens allesamt auf der Vervielfachung des Eingangssignals durch kurze Verzögerungsleitungen und der anschließenden Phasenverschiebung der einzelnen Echos.

Elmar Krick *ist Dipl. Ing. Ton- und Bildtechnik und war viele Jahre Autor und Redakteur beim Fachmagazin KEYS. Zur Zeit arbeitet er als Tonmeister in der TV-Post-Produktion.*

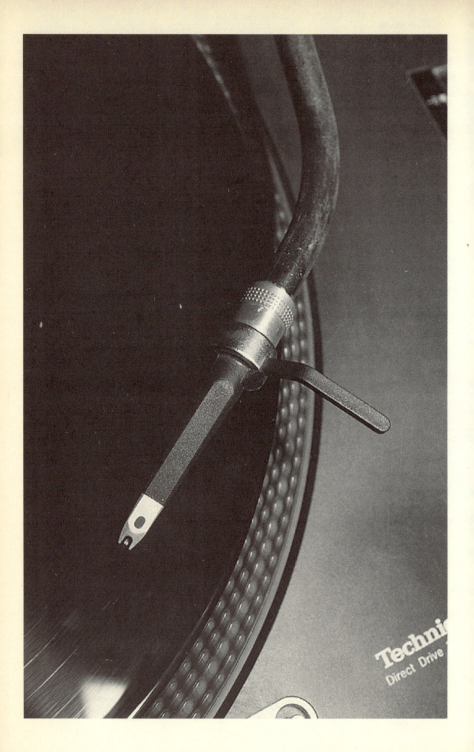

„In der Rille liegt die Kraft"

EINE KLEINE PLATTEN- UND NADELKUNDE
VON *SASCHA VOGT* UND *PETER UNDERSANDER*

Woraus besteht eigentlich eine Schallplatte?
Am 16.5.1888 wurde der Weltöffentlichkeit die erste Schallplatte vorgestellt. Bis zum Vinyl unserer Tage war es noch ein langer Weg. Damals war das Material Zink mit einer Rußoberfläche, die nach jedem Abspielen neu gehärtet werden musste. Die Versuche der folgenden Jahre konzentrierten sich auf Wachs und Hartgummi, allerdings ohne großen Erfolg, da die mit diesen Materialien mögliche Abspielzeit nur eine Minute betrug. Um eine längere Laufzeit zu erlangen, wurden die Platten bis zu 50 cm groß. Erst durch Thomas Alva Edison wurde 1912 eine Platte mit 40 Minuten Spielzeit möglich. Er brachte 16 Rillen auf einem Millimeter unter, was den Nachteil hatte, dass das Material der Platte sehr hart sein musste (in Zahlen: 750 g schwer, 6 mm dick, abgespielt bei 80 rpm). Diese Härte war auch deswegen notwendig, weil damals ein Auflagegewicht von 300 g gefahren wurde, da die Rillen sehr fein und nicht besonders tief waren. Dadurch nutzten sich die Platten sehr schnell ab, was mit der Einführung des Schellacks als Hauptmaterial verbessert wurde. Ab 1948 trat mit der Vinylplatte von Peter Goldmark die Schallplatte, wie wir sie heute kennen, ihren Siegeszug an. Ihre beiden Möglichkeiten, sie auf 33 bzw. 45 rpm abzuspielen, ließen eine optimale Platzausnutzung bei größtmöglicher Klangqualität zu. Spätestens mit der Einführung der 12"-Maxisingle 1976 wurde das Vinyl unentbehrlich für den DJ. Die Kombination aus flexiblem Handling und druckvollem Sound ist bis heute konkurrenzlos.

Ein Tonabnehmer, was ist das? Was macht er auf der Platte?
Wie erzeugt er den Klang?
Schauen wir uns erst mal eine Plattenrille genauer an. Die mechanischen Bewegungen, die der Tonabnehmer in der Rille vollführt, werden durch eine im System befindliche Spule in elektrische Wechselspannung umgewandelt. Eine Rille ist durchschnittlich 6 km lang und wird mit ca. 16 km/h abgetastet. Der Druck der aufsitzenden Nadel beträgt ca. 1 Tonne pro cm.

In der Fachsprache unterscheidet man bei einem Tonabnehmer, auch Cartridge genannt, zwischen Body und Stylus. Der Body besteht im Wesentlichen aus dem Träger, der am Tonarm befestigt wird, und dem Stylus als Träger der eigentlichen Nadel, der sich meist auswechseln lässt.

Die beiden wichtigsten Tonabnehmertypen sind MM und MC. **MM** steht für „moving magnet", bei dem der Magnet vor einer Spule bewegt wird. Gebräuchlich in jedem DJ-System.
MC oder auch „moving coil" bedeutet, dass eine Spule im Magnetfeld bewegt wird. Da die Spule sehr klein ist, entsteht auch eine fünfmal schwächere Ausgangsspannung als bei MM. Diese Systeme werden hauptsächlich im gehobenen Hifi-Bereich angewendet, da sie noch zusätzliche Verstärker benötigen.

Darüber hinaus unterscheidet man auch zwischen zwei wesentlichen Nadelschliffen, die manchem DJ Kopfzerbrechen bei der Wahl des richtigen Systems bereiten. Von einem **sphärischen** Schliff spricht man bei einer kegelförmigen Abtastnadel, die an der Spitze die Form einer Kugel hat. Dieser Schliff ist für den DJ vorzuziehen, da der Kontakt mit der Oberfläche maximiert wird, wodurch sich der Druck pro Quadratzentimeter reduziert.

Der **elliptische** Schliff ist eine Annäherung der Form der Nadelspitze an die Geometrie des Schneidestichels, wie er bei der Herstellung einer Schallplatte benutzt wird. Dies führt zur Verringerung der geometrischen Abtastverzerrung. Die Nadel taucht tiefer in die Rille und kann mehr Informationen aus der Rille holen. Das schafft eine bessere Höhenabtastung, die sich besonders zum Abmischen von Masterbändern und analytischen Hören eignet.

Sitzt die Nadel in der Rille und die Platte dreht sich, springt die Nadel durch die entstehende Fliehkraft aus ihrer Bahn. Die **Antiskating**-Einstellung kompensiert dieses Phänomen. Bei Scratches auf dem Technics 1210 ist die empfohlene Antiskating-Einstellung „0". Bei reiner Wiedergabe kann man die Antiskating-Einstellung am Auflagegewicht anpassen (bei 3 g also auf 3 einstellen).

Das **Ausgleichsgewicht** dient dem Ausgleich verschiedener Tonabnehmergewichte und bei manchen Tonarmen der Einstellung der Auflagekraft. Die Auflagekraft der Nadel sollte nicht höher eingestellt werden, als das für das jeweilige System zulässig ist. Auch beim Beschweren des Systems mit Münzen sollte man stets bedenken, dass die Nadel dadurch stärker in die Rille drückt. Der daraus resultierende Effekt ist ähnlich dem einer Fräse, die permanent Vinyl aus der Rille zieht. Das kann die Nadel schädigen und erhöht den Abrieb des Vinyls derart, dass die Platte über kurz oder lang beschädigt wird. Der Nadelträger kann bei zu hohem Gewicht an den Rillenflanken aufsitzen. Die Resultate kann sich jeder ausmalen.

Egal wie schwer die Entscheidung beim Kauf eines Tonabnehmersystems fällt, denke immer daran, dass jeder DJ nur so gut ist wie sein Equipment. Aus einem schlechten DJ wird mit guter Ausstattung zwar nicht unbedingt ein besserer, aber schlechtes Equipment kann auch dem besten DJ gehörig den Abend versauen. Wie dem auch sei, hier sind ein paar Fragen, mit denen ihr jeden Händler in die Knie zwingen könnt:

*Was für eine **Abtastfähigkeit** hat dieses System?*
Eine normale Plattenrille hat eine Breite von 120 Mµkrometer. Spitzensysteme wie „Trackmaster" oder „Groovemaster" werden davon 90 Mµkrometer aufnehmen. Gute Systeme („DJ-Blue S", „Night Club") 80 Mµkrometer, Billiganbieter schaffen es meist nur auf 70 Mµkrometer. Je größer die Abtastfähigkeit des Systems, desto besser die Klangqualität, weil die Nadel den größtmöglichen Bereich der Rille abtastet.

*Welche **Kanaltrennung** hat dieses System?*
Hier wird gemessen, um wie viele Dezibel die Cartridge das Signal auf dem linken bzw. rechten Kanal trennen kann. Deswegen gilt auch hier die Faustregel: je höher die Kanaltrennung, desto besser die Klangqualität. Eine Cartridge, die dies zufriedenstellend leistet, genügt in der Regel auch sonst den Ansprüchen.

Spitzensysteme (Trackmaster, Groovemaster, Night Club) schaffen 30 dB, billigere Systeme dagegen meist nur 23 dB. Für den anspruchsvollen Gebrauch z. B. im Studio bieten sich Systeme der Klasse Groovemaster limited gold mit 32 dB und 680 EL mit 35 dB an.

Peter Untersander, Stanton UK

*Sitzt ein „high polish" oder ein normal polierter **Diamant** in dem System?*

Durch einen auf Hochglanz polierten Diamanten sind die Abtastverzerrungen weit geringer als bei einem normal polierten Diamanten. Ortofon verwendet bei einigen Modellen High-polish-Diamanten, Stanton bei allen Systemen. Bei Billiganbietern findet man keine High Polishs. In der Regel bedeuten bessere Systeme eine Steigerung der Lebensdauer der Platte und deiner Performance mit ihnen. Das Maß für die Klangqualität wiederum ist trotz der vielen technischen Daten und Erklärungen immer noch das menschliche Ohr. Du bestimmst also, was gefällt oder nicht. Der DJ sollte aber darauf achten, dass es sehr wohl Unterschiede zwischen HiFi- und Clubanwendung eines Systems gibt. HiFi-Systeme werden ausschließlich für den Heimanwender konzipiert. Die Nadelaufhängung ist nicht so elastisch wie bei Club-Systemen und lässt daher Scratches selten zu. Bei HiFi-Systemen steht der klangliche Aspekt ganz klar vor der Robustheit. Diese Einbußen bei den robusteren Clubsystemen sind allerdings meist in Bereichen, die eher für die Ohren von High-End-Fetischisten relevant sind – also für dich vernachlässigenswert.

Nadel- und Plattenpflege:
Nadelreinigung und Plattenpflege sind meist das Letzte, an das ein DJ denkt. Doch nach jahrelangem Fronteinsatz kann sich schon mal einiges an Schmodder in viel gespielten Rillen angesammelt haben. Übertreiben sollte man es dabei mit dem Sauberkeitswahn dennoch nicht, denn a) muss eine Platte besonders für komplizierte Scratches auch erst mal „eingescratcht" werden, b) fasst Q-Bert von den Invisbl Skratch Piklz das so zusammen: „Wenn eine Gitarren- oder Geigensaite reißt, gehst du doch auch einfach zum Händler und kaufst dir eine neue, oder nicht. Die Platte ist eben dein Arbeitswerkzeug."

Vinyl: Was auch immer man außer Wasser an seine Platte lässt, probier's am besten erst an der ungeliebten Promosendung von neulich aus. Dann zuerst mit kaltem Wasser und einem Schuss mildem Spülmittel abwaschen. Je nach Härtegrad des Wassers empfiehlt es sich, destilliertes Wasser zu verwenden. Zur Not ist selbst Regenwasser besser als zu kalkhaltiges Leitungswasser. Auf jeden Fall kein Scheuermittel benutzen! Danach mit klarem Wasser abspülen und trocknen lassen. Falls dazu ein Föhn benutzt wird, dann NUR mit kalter Luft. Unkontrolliert eingesetzt ist warme Luft tödlich für die Platte. Ein gezielter Einsatz kann dagegen bei kleineren Dellen Wunder wirken. Nachdem die Platte trocken ist, mit einem handelsüblichen Reinigungsset flüssig nachbehandeln.

Nadel: Finger weg von der Nadel! Der größte Fehler ist das Staubentfernen mit dem Zeigefinger. Denn der Schweiß an den Fingerkuppen ist der beste Kleber für all den Schmutz, mal abgesehen davon, dass so meist die Nadel verbogen oder abgebrochen wird. Idealerweise erst den Staub wegblasen, dann mit einem kleinen Nadelbürstchen zuerst trocken von hinten nach vorne abstreifen. Danach Reinigungsfluid auf die Bürste und den gleichen Vorgang noch einmal wiederholen. Die Richtung dabei ist immer von hinten nach vorne. Viele Sprünge auf Platten stammen von Nadeln, die so verschmutzt waren, dass sie sich wie Panzer durch die Rillen gruben. Und dazu sollte euer Vinyl euch wirklich zu wertvoll sein.

Zum Zeitpunkt der jeweiligen Vorträge (April 1998, Juni 1999) war **Sascha Vogt** *Produktmanager von Stanton in Deutschland,* **Peter Untersander** *der Vice President der Mutterfirma in England.*

„Mischpulte und ihr Innenleben"

VON DEN REGLERN, DIE MAN BRAUCHT, UM DEN SHIT
TIGHT ZU MACHEN VON *DIRK LINNEWEBER*

In diesem Kapitel geht es nicht darum, Funktionen und Ausstattungs-
merkmale von Mischpulten zu beschreiben, sondern dem technischen Laien Grundkenntnisse in der qualitativen Bewertung von
Audio-Mischpulten zu vermitteln. Hierdurch sollen insbesondere ein
besseres Verständnis des Zusammenhangs zwischen Preis und Qualität vermittelt werden und marken- oder herkunftsbezogene Vorurteile vermieden werden. Dabei zeigt sich zwangsläufig, dass ein asiati-
sches Produkt nicht schlecht und ein europäisches nicht automatisch
gut sein muss – abgesehen davon, dass manch „europäisches" oder
„amerikanisches" Gerät am Ende doch aus asiatischer Produktion
stammt. Dabei sind folgende Kriterien entscheidend:

Modularität. Es ist bei einfachen und preiswerten Geräten üblich, alle
Bauelemente auf einer großen, parallel hinter der Frontplatte liegenden
Platine anzuordnen. Der Nachteil ist offensichtlich: Sobald ein Teil – z. B.
ein Drehregler – defekt ist, muss das gesamte Gerät demontiert werden.
Damit kann die Instandsetzung eines ursprünglich preiswerten Gerätes
schnell teuer werden. Außerdem werden durch den nur sehr begrenzt
zur Verfügung stehenden Raum oft Leiterbahnführungen erforderlich,
die zu schlechten Audiodaten (z. B. „Übersprechen") führen. Besser sind
intern modular aufgebaute Geräte, bei denen jede Baugruppe – z. B. jeder
Eingangskanal – eine eigene vertikal zur Frontplatte stehende Platine besitzt, sodass im Servicefall auch nur diese ausgebaut werden muss. Bei
solch einer Bauweise steht auch ausreichender Raum für eine korrekte
Leiterbahnführung zur Verfügung. Eine weitere Verfeinerung dieses Prin-
zips sind vollmodulare Geräte, die ein Einsetzen bzw. Tauschen der Mo-
dule ohne Öffnen des Gerätes erlauben. Ein weiterer Vorteil dieser der
obersten Preisklasse vorbehaltenen Technik ist die bedarfsgerechte Kon-
figurierbarkeit des Geräts.

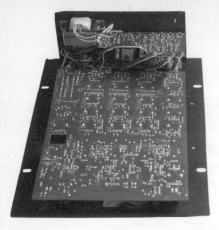
Mischpult in Einplatinentechnik

Schieberegler (Fader). Der Qualität der Schieberegler kommt in einem Mischpult im DJ-Einsatz besondere Bedeutung zu. Da es sich hierbei um verschleißende Bauteile handelt, kann bei schlechter Qualität des Bauteils sehr bald ein Austausch notwendig werden. Der Verschleiß hängt – ähnlich wie bei einem Autostoßdämpfer – von der Intensität der Nutzung ab. Deswegen gewähren die meisten Hersteller auf diese Bauteile keine zeitliche Garantie. Es ist daher wichtig, nicht nur das Schiebegefühl, sondern auch die Lebensdauererwartung eines Faders vor dem Kauf eines Mischpults zu bewerten. Da es sich bei Fadern um Zukaufteile handelt, kann hierzu die Marke des Faders einen Anhaltspunkt geben, aber auch die Kenntnis seiner Funktion mag hilfreich sein.

Zunächst zur Marke: Einer der bekanntesten Faderhersteller ist ALPS in Japan – diesen Namen liest man häufig in Mischpult-Prospekten. Tatsächlich stellt ALPS einige exzellente Faderbaureihen her, z. B. die Master- oder Studioserie. Allerdings gibt es von ALPS auch sehr preiswerte Typen, sodass hier die alleinige Nennung des Markennamens nicht ausreicht. Andere, weniger bekannte und dennoch gute Fader stammen z. B. von KOON, Penny & Giles oder Panasonic. Ein wichtigeres Kriterium ist die Funktion. Da im Inneren des Faders ein Schleifer auf einer Widerstandsbahn gleitet, ist für die Haltbarkeit offensichtlich die Verschleißfestigkeit dieser Bahn entscheidend. Denn schließlich ist das bekannte Knacken und Krachen eines verbrauchten Faders nichts anderes

Mischpult in intern modularer Technik

als das Ergebnis einer verschlissenen Widerstandsbahn. Man unterscheidet hier die preiswerteren Kohleschichtbahnen, die je nach Typ nur ca. 10.000 bis 20.000 Zyklen Haltbarkeit aufweisen (Turntablisten nennen diesen Öffnungs- und Schließvorgang auch einen „Click"). Oder die stabileren, aber auch teureren Conductive-Plastic-Bahnen, die erst nach ca. 100.000 Zyklen verschlissen sind. Zur Illustration der Zahlen: Wer einen Schieberegler im Takt des Bass-Schlages eines 130-bpm-Tracks hin- und herbewegt, erreicht pro Stunde 3900 Zyklen – kein Wunder, dass mancher preiswerter Crossfader bei schnellen Scratchtechniken nach wenigen Stunden verschlissen ist.

Ein anderer Weg der Verlängerung der Faderlebensdauer ist der Einsatz von VCA- oder Optotechniken. Im Wesentlichen wird hier das Audiosignal nicht direkt mit dem Fader gesteuert, sondern der Fader löst nur ein Regelsignal aus, mit dem dann das Musiksignal geregelt wird. Aus diesem Grunde treten Verschleißerscheinungen am Fader erheblich später oder gar nicht im Audiosignal auf. Die hierzu notwendige Technik ist jedoch aufwendig und teuer, sodass diese bei akzeptabler Audioqualität nur hochpreisigen Geräten vorbehalten bleibt. Hinweis: Bei „kratzenden"

Hochwertiger Kanalfader der ALPS LowProfile Master-Baureihe

Fadern ist Kontaktspray nur eine sehr kurzfristige Lösung, da der Zustand des Faders nicht verbessert wird, sondern lediglich die defekten Kohlebahnstellen mit einer (leider verdampfenden) Flüssigkeit geschlossen werden. Aber: Die Flüssigkeit und das enthaltene Fett lösen die restliche Kohlebahn an, sodass der weitere Verschleiß beschleunigt wird. Deshalb: Niemals bei neuen Fadern anwenden! Und Vorsicht: Niemals irgendwelche Sprays bei Conductive-Plastic-Fadern benutzen, da so die Kunststoff-Widerstandsbahn angelöst oder sogar zerstört wird.

Netzteil. Obwohl meist wenig beachtet, kommt dem Netzteil für die Klangqualität eines Mischpults eine entscheidende Bedeutung zu. Immerhin bestimmt die maximale Ausgangsspannung des Netzteils auch die Übersteuerungsgrenze des Mischpults. So bedeutet das bei Billiggeräten übliche Steckernetzteil mit nur einer Ausgangsspannung (z. B.

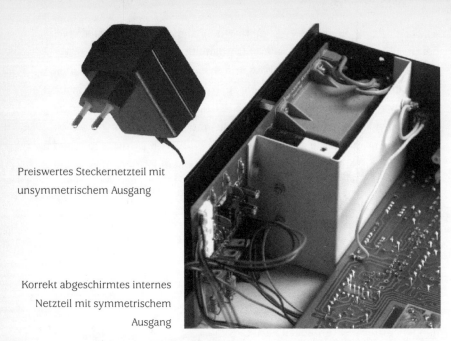

Preiswertes Steckernetzteil mit unsymmetrischem Ausgang

Korrekt abgeschirmtes internes Netzteil mit symmetrischem Ausgang

+12 V) nichts anderes als eine deutliche Reduzierung der Aussteuerungsgrenze und damit Verzerrungen bei höheren Ausgangspegeln – außerdem sind die Steckverbindungen dieser Netzteile oft problematisch und die Netzteile selbst teilweise nicht leerlauffest, das bedeutet: nicht gegen Belastungsausfall geschützt. Im Gegenteil: Die Spannung steigert sich dann noch, das Netzteil läuft heiß. Besser sind Netzteile mit symmetrischer Ausgangsspannung (+15/-15 V oder mehr). Auf Grund der magnetischen Strahlung des Netztrafos ist es möglich, dass in nahe gelegenen, hochverstärkenden Baugruppen – z. B. Phono- oder Mikrofonvorverstärkern – Brummgeräusche eingestreut werden. Deshalb verwenden einige Profi-Geräte externe Netzteile, die jedoch im mobilen Einsatz unpraktisch sind. Ein guter Kompromiss ist die Verwendung eines internen Netzteils mit einem zwar teureren, aber streuärmeren Ringkerntransformator.

Elektronische Komponenten. Neben der schaltungstechnischen Konzeption und der Leiterbahnführung ist auch die Qualität der elektronischen Komponenten entscheidend für das klangliche Ergebnis. Da selbst der motivierteste Fachverkäufer dich kaum mit dem Schraubenzieher an seine Ware lassen wird, müssen detaillierte Nachfragen erst mal reichen.

Als wesentliche Komponenten sind hier Operationsverstärker (OP) zu nennen, welche leicht als meist 8-beinige, kleine Chips identifizierbar sind. Am Aufdruck ist der Typ erkennbar, gängig sind: 4558 (Mittelklasse), 5532 (besonders rauscharm), TL072 (gut in Klangregelungen und Ausgangsstufen). Ebenfalls ein guter Indikator für den qualitativen Anspruch eines Geräts sind die verwendeten Widerstände und Kondensatoren.

Widerstände sind als kleine zylindrische Körper mit beidseitigen Anschlüssen leicht erkennbar, man unterscheidet hier Kohleschichtwiderstände (preiswert, bis 10 % Toleranz, brauner Körper) und Metallschichtwiderstände (teurer, 1 % Toleranz, blauer Körper). Durch die geringere Toleranz von Metallschichtwiderständen erreichen diese eine bessere Einhaltung geforderter Frequenzgänge, z. B. in Phono-Vorverstärkern.

Technische Daten. Die wesentlichen technischen Daten sind sicherlich der Geräuschspannungsabstand, der Klirrfaktor und das Übersprechen sowie der Frequenzgang des Gesamtgeräts und einzelner Baugruppen, insbesondere der Equalizer. Das Hauptproblem mit technischen Daten besteht darin, dass diese eigentlich nur dann eine Aussagekraft besitzen, wenn alle zu vergleichenden Geräte unter gleichen Bedingungen und mit gleichen Methoden gemessen werden. Hersteller neigen leider dazu, jeweils die Messmethode zu wählen, bei der die Schwächen ihres Produktes hinreichend kaschiert werden. Daher sind technische Daten in den wenigsten Fällen ohne weitere Fachkenntnisse aussagekräftig oder gar vergleichbar. Dennoch nachfolgend einige grundlegende Worte zu den genannten Daten: Der **Geräuschspannungsabstand** (auch S/N = engl. Signal/Noise) beschreibt das Verhältnis des Nutzsignals (das, was man eigentlich hören möchte) zum Rauschsignal (störende Nebengeräusche), meist in dB. Je weiter das Rauschsignal vom Nutzsignal „entfernt" ist, umso besser, d. h. umso weniger rauscht das Gerät. Ein möglichst hoher Wert ist daher wünschenswert. Ob dieser positiv oder negativ ist, hängt nur von der Betrachtungsweise ab, d. h. wie weit ist das Rauschsignal „unter" dem Nutzsignal (negative Angabe) bzw. wie weit ist das Nutzsignal „über" dem Rauschsignal (positive Angabe). Man sollte wissen, dass jede Verstärkung den möglichen Abstand reduziert, d. h. hoch verstärkende Eingänge (für Geräte mit geringer Ausgangsleistung wie Phono oder Mikro) erreichen meist keine so guten Werte wie Line-Eingänge (alles, was auch direkt an eine Endstufe angeschlossen werden kann wie

CD-Player, Tape, Synthie). Deshalb ist eine Angabe ohne Nennung des benutzten Eingangs unsinnig und schlecht vergleichbar. Gute Werte sollten im Line-Bereich über 80 dB, im Phono/Mikro-Bereich über 70 dB liegen. Anmerkung: Das Ausgangssignal des Plattenspielers wird wie gesagt extrem verstärkt. Da die System-Nadel (ähnlich einem Mikrofon) ein mechanischer Schallempfänger ist, werden auch unerwünschte Störungen, z. B. ein Brummen durch ein schlecht abgeschirmtes externes Netzteil, mit verstärkt. Deshalb beim Aufbau des Set-Ups bedenken, Störquellen möglichst weit weg von den Nadeln zu platzieren.

Als weiteres Kriterium dient der **Klirrfaktor** (engl. THD). Als Maß dafür, welche unerwünschten Signale dem Original (in Form von Oberwellen) hinzugefügt werden, erfolgt diese Angabe prozentual und sollte folglich möglichst klein sein. Werte unter 0,1 % sind bereits sehr gut, Werte über 1 % werden deutlich als Verzerrung hörbar. Als dritter und letzter Zahlenwert bleibt das **Übersprechen** zu erwähnen. Hiermit ist das unerwünschte Auftreten eines Signals an einer Stelle gemeint, wo es nicht auftreten sollte (z. B. das linke Stereo-Signal auf der rechten Seite → unerwünschte Auslöschungen, siehe Phase). Tatsächlich wird in den meisten technischen Daten genau dieses Stereo-Übersprechen beschrieben, obwohl es nicht die schlimmste und gängigste Form des Übersprechens ist. Problematischer ist z. B., wenn der an einem Line-Eingang angeschlossene CD-Player auch in der „Phono"-Stellung des entsprechenden Kanals (wenn auch leise) hörbar ist. Ein Übersprechen, das leider nicht in den technischen Daten der meisten Geräte erfasst wird. Ebenso interessant wäre es zu erfahren, bei welchen Frequenzen und mit welcher Präzision (Flankensteilheit) die Filter eines Equalizers arbeiten – ebenfalls in den meisten technischen Daten nicht auffindbar. Als Fazit bleibt: Anhören ist das beste Kriterium, auch wenn das Datenblatt noch so gut oder schlecht aussieht.

Kopfhörerausgang. Hier sollte das Mischpult am Kopfhörerausgang auch kleine Impedanzen (Wechselstromwiderstände) verkraften, um niederohmige Kopfhörer nutzen zu können und damit hohe Endlautstärken erreichen zu können. Denn dieser Ausgang arbeitet wie eine Endstufe. Einfache Faustregeln über den Zusammenhang zwischen Ohmzahl,

Lautstärke und Hörqualität lassen sich nur schwer ableiten. Kopfhörer und Mischpult müssen schlichtweg zueinander passen. Also Ausprobieren.

Wartungsmöglichkeiten. Bei manchen Geräten sind mechanische Verschleißteile (z. B. Fader) leicht vom Nutzer selbst austauschbar, ohne das Gerät öffnen zu müssen. Dies ist insbesondere bei häufiger zu wechselnden Teilen – z. B. Crossfadern – sinnvoll und Kosten sparend, auch wenn die Austauschbaugruppen etwas teurer sind als „nackte" Ersatzteile. Allerdings sollte man in diesem Zusammenhang darauf achten, dass der Hersteller oder Händler stets entsprechende Ersatzteile liefern kann. Wenn diese nicht in angemessener Zeit verfügbar sind, nützt auch die schönste Austauschmöglichkeit nichts.

Anordnung der Bedienungselemente. Eine große Funktionsvielfalt ist nutzlos, wenn Knopfabstände zu klein sind oder die Anordnung der Elemente einzelne Bedienungsabläufe behindert. Man sollte daher auf nicht benötigte Funktionen verzichten und stattdessen auf eine durchdachte Bedienung achten.

„Und taugt der Mischer auch was?"
Ein Blick auf die Frontplatte in einem bunten Prospekt, der dazu noch mit einem entsprechend zündenden Text versehen ist, reicht für den Kauf eines guten Mischpults nicht aus. Schnell entpuppt sich der superhippe und „extraphatte" Szene-Mixer als schlecht klingendes, nicht reparierbares und in der Handhabung kaum brauchbares Kinderspielzeug. Und dafür ist selbst der fett gedruckte, aber günstig erscheinende Preis zu viel. Sicher wäre es das Beste, sich jeden in Frage kommenden Mischer selbst von innen ansehen zu können – leider ein kaum durchführbares Unterfangen. Einfacher ist es, sich dessen bewusst zu werden, was man braucht und will. Um dann einen guten Fachhändler nach der richtigen Empfehlung zu fragen. Ein kompetenter Händler

sollte seine Ware gut genug kennen, um alle Fragen nach oben erwähnten Kriterien beantworten zu können.

Dirk Linneweber *studierte Elekrotechnik und ist Geschäftsführer der TD Systemtechnik GmbH. Der Bochumer Vertrieb kümmert sich neben eigenen Produkten um Mikrofone, PA-Anlagen, Stereo-Mischpulte, Audio-Leistungsverstärker und -Signalprozessoren.*

„On the wheels of steel tonight we have ..."

AUFSTELLEN, EINSTELLEN, ANSCHLIESSEN, MARKIEREN – DIE VORBEREITUNGEN

Das Fundament sollte nun stehen, das Equipment ist vorhanden, wenden wir uns dem eigentlichen Geschehen zu. Welchen Plattenspieler ihr benutzt, ist einigermaßen Jacke wie Hose, solange ihr darauf achtet, dass euer in Gebrauch befindliches Paar 100% synchron läuft und über einen möglichst schnell ansprechenden Direktantrieb verfügt. Die Technics SL-1210 MK II haben sich dabei dank ihrer robusten Bauweise über lange Jahre als Quasi-Standard durchgesetzt, auch wenn Firmen wie Vestax verstärkt brauchbare Alternativen anbieten. Also Augen offen halten und am besten beim Kauf zwei Kopien derselben Platte mitnehmen, um all das auszuprobieren, was deine Decks auch in Zukunft leisten sollen. Keine Scheu vor Nachfragen, und auch eine Vorführung der Geräte sollte möglich sein. Schließlich lasst ihr bei einer positiven Entscheidung mindestens das halbe Durchschnittssalär eines Verkäufers im Laden.

Getting Started: Erst die Systeme montieren ...

... dann die Einstellung von Gewichten, Antiskating und Tonarm überprüfen.

Der Plattenspieler muss wie jedes andere Instrument auch vor jedem Gebrauch auf die eigenen Bedürfnisse und Gewohnheiten (ab-) gestimmt werden. Zum Thema „Einstellung von Gewichten und Nadeln" gibt es mehr Meinungen als Menschen. Besonders wenn ihr – z. B. im Club – nicht eure eigenen Decks benutzt, treten oftmals laute Knackser auf. Hier empfiehlt es sich, die Verbindung zwischen System und Tonarm vorsichtig mit hochprozentigem Alkohol – unter Realbedingungen im Club heißt das meist Wodka – zu reinigen. Jedes System verlangt eine ganz spezielle Behandlung. Die allgegenwärtigen kleinen Tricks, wie einfaches Umdrehen des Hauptgewichts oder Münzen auf dem Systemträger können ebenso enorm helfen wie auch die Platte ruinieren. Von daher stets langsam probieren, Meinungen austauschen und auch mal die Kommentare auf den Websites (siehe Ende X-Ecutioners des Kapitels) in Betracht ziehen. Als kleinster gemeinsamer Nenner lässt sich zumindest die Einstellung des Anti-Skatings auf Null festhalten. Und so ganz nebenbei: Uns ist kein technisch versierter DJ auf diesem Erdball bekannt, der das von Technics mitgelieferte Zusatzgewicht auf dem Tonarm belässt. Es geht um dieses kleine, runde Silberteil – falls ihr euch fragt, wofür dieses leere Gewinde am Ende des Tonarms ist.

Die mit den Plattenspielern gelieferten Gummimatten könnt ihr gleich dort lassen, wo sie sind, nämlich im Karton. Zu groß, zu schwer, zu unflexibel. Sie verlangsamen den Plattenteller und verhunzen das Vinyl. Ohne die **Slipmats** genannten Auflagen, die meist aus Filz bestehen, läuft beim DJing buchstäblich überhaupt nichts rund. Manch einer benutzt auch noch gerne dünne Plastikunterlegscheiben in Plattengrösse zwischen Plattenteller und Filzmatte. Doch das bleibt dem

Frische Slipmats drauf.

Ganz Eifrige verzichten nicht auf ihre Unterlegscheiben ...

... die sich auch bequem selbst herstellen lassen.

persönlichen Gusto genauso überlassen wie die Entscheidung, ob man sie, falls gewünscht, lieber aus US-12"-Plastikinnenhüllen selbst schnippelt oder sich im Handel danach umschaut.

Wesentlich unstrittiger ist die Bedeutung von **Markierungen**. Mit dem Fortschreiten deiner technischen Fertigkeiten wirst du auch sehr schnelle Routine-Abfolgen einsetzen wollen. Ein exaktes Vorhören mittels Kopfhörer wird dabei oft unmöglich sein. Wenn man das Vinyl wie das Zifferblatt einer Uhr betrachtet, bietet sich z. B. eine Markierung „auf zwölf Uhr" in Relation zur Nadel an. Die Nadel bleibt der Bezugspunkt, denn egal mit welchem System man auflegt, bleibt immer der Ton entscheidend, der von der Nadel kommt, und nichts anderes. Damit die Nadel besonders in hektischen Battle-Situationen direkt an der richtigen Stelle sitzt, empfiehlt es sich, die Rillen mit längeren Klebern exakt so abzukleben, dass die Nadel an der richtigen Stelle „einlaufen" kann. Filzstifte und verschiedene Aufkleberformen für verschiedene Anlässe (Jugglebreak, Cue-Punkt, prägnantes Sample etc.) haben sich als praktisch erwiesen. Sorgfalt erhöht hier nicht nur deine Performance, sondern auch die Lebensdauer deiner Platten. Beim Entfernen der Aufkleber deshalb sehr vorsichtig mit einem Föhn zu Werke gehen.

Roc Raida lüftet eines der Geheimnisse hinter seiner atemberaubenden „Ninja of Rap"-Routine: Ohne exaktes Markieren der wichtigsten Stelle seiner Platten geht bei seiner Geschwindigkeit gar nichts.

Als Nächstes gilt es, sich mit der **Vorhör-Einrichtung** (meist mit Monitor oder Cue gekennzeichnet) des Mischpults vertraut zu machen. Je nach Modell gibt es hier die Möglichkeit, die Kanäle separat oder in einem zu bestimmenden Verhältnis schon „vorgemischt" über den Kopfhörer wahrzunehmen, ohne den Fader zu öffnen.

Allgemein gültige Empfehlungen für **Kopfhörer** zu geben fällt schwer. Zu unterschiedlich sind die Bedürfnisse in puncto Budget, psychoakustische Eigenheiten oder Design. Die meisten DJs bevorzugen Exemplare mit geschlossener Technik, bei denen sich das jeweilige Ohr ohne äußere

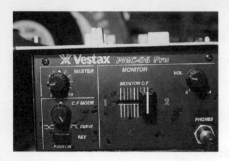

Die gesamte rechte Hälfte dieses Battlemischers widmet sich der Vorhöreinrichtung. Links unten versteckt sich der „Hamster"-Schalter.

Drei beliebte Kopfhörer-Typen, an denen der Zahn der Zeit unterschiedlich stark genagt hat.

Störungen auf das konzentrieren kann, worauf es ankommt: den Ton aus der Muschel. Die Schwachpunkte eines jeden Kopfhörers sind seine Kabel. Da sie aber auch seine einzige Verbindung zur Außenwelt sind, ist hier auf überzeugende Verarbeitung zu achten. Knicke und Risse sind tunlichst zu vermeiden, man hält schließlich ein Stück Präzisionselektronik in der Hand und kein Springseil. Da das Nachtleben nur selten unter klinischen Laborbedingungen stattfindet, kann eine robuste Verarbeitung nicht schaden. Ob man letztlich bereit ist, für ein Markenmodell so viel mehr an Scheinen auf den Tisch zu legen als für das Low-budget-Teil, muss jeder selbst entscheiden. Egal wie viel man investiert, früher oder später landen sie alle am selben Punkt, dem Mülleimer. Markengeräte haben meist den Vorteil, dass sich auch nach Jahren noch Ersatzteile beschaffen lassen. Andererseits wirst du nicht der erste und letzte DJ sein, dem seine Kopfhörer unter mysteriösen Umständen abhanden kommen. Bedenke dabei stets nur: Wenn die Monitor-Anlage (siehe auch Interview mit Jeff Mills), also die Box, die dir als DJ die Kontrolle über dein Tun ermöglichen soll, schlecht bis gar nicht vorhanden ist, ist der Kopfhörer deine einzige Möglichkeit, deine jeweils nächste Platte auf das laufende Stück hin auszurichten.

„Get Retarded"

KLEINE FINGERÜBUNGEN FÜR GROSSE MEISTER
MIT DEN *X-ECUTIONERS* UND *INVISBL SKRATCH PIKLZ*

Die Grundlagen auf Seiten des Equipments dürften nun einigermaßen klar sein. Die folgenden Ausführungen beziehen sich immer auf „normal" eingestellte Mischpulte. Mit einem sogenannten „*Hamster*"-Schalter (der wohl besser „Umkehrungsschalter" hieße) lässt sich die Zuordnung des Crossfaders gegenüber den beiden Kanälen umdrehen. Denn mancher DJ kommt besser damit zurecht, wenn der linke Plattenspieler vom rechten statt vom linken Fader kontrolliert wird. Wie immer gilt: selbst ausprobieren, dein Gefühl allein entscheidet, was richtig für dich ist.

Bevor wir uns all den Möglichkeiten der Manipulation einer Platte zuwenden, sollte der angehende DJ sich mit dem **Beatmixen** vertraut machen. Diese im Grunde simple Form der Überführung einer Platte in die nächste – gemeinhin auch schlichtweg als Plattenmischen bekannt – ist die Basis für alle weiteren Versuche, mit zwei Plattenspielern Musik zu präsentieren. Die meisten Formen heutiger Tanzmusik bestehen aus recht logisch aufbauenden Taktfolgen. Deswegen ist es unabdingbar, ein Gehör dafür zu entwickeln, wo die „1", also der erste betonte Schlag (meist eine Kickdrum) eines Taktes liegt. Da bei manchen Genres die Eins leicht verschoben sitzt, empfiehlt es sich mitunter auch, gleichzeitig auf ein anderes periodisch wiederkehrendes Element (Erste HiHat oder Snare) zu achten. Mit dem Kopfhörer wird die einzuspielende Platte nun zu ihrer Eins (an den „Cuepunkt") vorgedreht, wobei besonders bei komplizierteren Routines Markierungen helfen können. Erreicht die schon zu hörende Platte wieder den ersten Schlag eines Taktes, könnte man nun die neue Platte loslassen, gleichzeitig den Fader in die Mitte bewegen.

Wenn da nicht noch die Geschwindigkeit wäre. Denn leider werden nur in den seltensten Fällen beide Platten genau über dieselbe Geschwindigkeit und Betonung verfügen. Über den Pitch-Regler lässt sich die Umdre-

Selbst für Roc Raida ist ein sicheres Händchen beim Beatmixen die Grundlage schlechthin. Also: Üben, Üben, Üben.

hungsgeschwindigkeit der Platten innerhalb eines gewissen Rahmens (in der Regel +/-8%) angleichen. In extremen Fällen kann es auch mal nötig sein, eine Platte z. B. auf 33 rpm +8% hochzupitchen, während die zweite Platte auf 45 rpm -8% runtergeregelt wird. Falls das immer noch nicht reicht, muss ganz im Sinne der alten Schule auch mal der Daumen am Plattentellerrand als zarter Bremsklotz fungieren.

Das Tempo wird in bpm-Zahlen (beats per minute) gemessen. Die von der Industrie dazu angebotenen Counter werden allerdings nur von nennen wir sie mal eher mathematischen DJs benutzt. Denn auch wenn die meisten Tracks auf Rhythmusmustern basieren, die in der Regel nach Vierer-Schemata organisiert sind (z. B. 4 Takte Intro, 16 Takte Vers, 8 Takte Chorus oder Einsatz der Hihat nach 16 Takten usw.) –, wird gerade im Hinblick auf die Harmonien deutlich, dass ohne das nötige Gefühl für die Musik auf den Platten alle Technik meist vergebens ist. Die einzige Abhilfe dagegen: Üben. Üben. Und, ja, üben.

Gerade in dieser Phase im stillen Kämmerlein empfiehlt es sich oft, auf den Einsatz eines Kopfhörers völlig zu verzichten. Denn der schwierigste Teil ist meist schlichtweg, herauszufinden, welche von beiden Platten denn nun die schnellere ist. Und um wie viel sie verlangsamt bzw. eben die andere beschleunigt werden muss, damit mit dem eigentlichen Mischvorgang begonnen werden kann. Die meist mit Gain oder Trim betitelten Regler oberhalb der einzelnen Kanäle helfen dabei, die Platten auch in ihrer Lautstärke anzugleichen, was besonders hilfreich ist, wenn man (leiser gepresste) Albumtracks mit dicken 12"-Maxis mischen möchte. Auch bei Scratchversuchen kann es die Nerven schonen.

Wer hier sattelfest ist, wird später auch kaum Probleme haben, mit A-cappellas und Instrumentals völlig neue Versionen bekannter Stücke zusammenzusetzen. Möglicherweise gar unter Einsatz eines dritten Decks.

Das Publikum wird es zu schätzen wissen. Auch der geschickte Einsatz der Klangsteuerungen über den jeweiligen Kanälen, das Anheben oder Absenken der Bässe und Höhen kann im rechten Moment Wunder bewirken. Vergiss dabei aber bitte nie, dass die Menschen auf der Tanzfläche dein Publikum und nicht deine Versuchskaninchen sind. Und nicht verzweifeln, wenn es nicht so wirklich hinhauen will. Ein beherzter Cut (d. h. mit dem Crossfader im passenden Moment die Kanäle umschalten) zur rechten Zeit, womöglich gar in Verbindung mit einem simplen Scratch, rettet oft auch hoch dotierte Profis über manch brenzlige Situation hinweg.

Der **Baby Scratch** ist die Mutter aller Scratches. Ein rhythmisches Hin- und Herbewegen der Platte, bei dem der Fader noch keine Rolle spielt. Der Plattenteller läuft in der Regel weiter durch, allerdings funktioniert dieser – wie alle folgenden Scratches – auch mit abgestopptem Motor (Start/Stop-Taste). Entscheidend dabei ist letztendlich immer, welches Ergebnis man erzielen möchte. Der Klang eines Scratches bei abgestopptem Plattenteller hängt natürlich noch wesentlich stärker davon ab, wie man mit der Platte umgeht.

Keine Angst vor der Platte! Langsames Einüben verschiedener Arten, die eigentliche Platte anzufassen, ist die beste Basis für ein breites Arsenal an Scratches.

Dabei bleibt es sich völlig gleich, ob man wie Q-Bert die rechte oder hier Shortkut die linke Hand lieber benutzt.

Je austrainierter die Plattenhand ist, desto mehr Varianten ergeben sich für die Klanggestaltung. Generell gilt hier wie auch im Folgenden: langsam beginnen, und beim konsequenten Üben erst auf Sauberkeit der Ausführung achten. Die Geschwindigkeit stellt sich mit zunehmender Sicherheit und Kontrolle von selbst ein. Zum Zeitpunkt dieser Ausführungen hat ein Turntablist wie Q-Bert immerhin schon 15 Jahre hartes Training im Handrücken.

Interessant sind diese Techniken allerdings nicht nur für HipHop-Fanatiker. Dass die meisten Innovationen in diesem Genre ihren Ursprung haben, bedeutet noch lange nicht, dass sie für alle anderen DJs verboten sind. Viel mehr lässt sich gerade von den Drehtisch-Artisten lernen, dass ein offener Blick über den Plattentellerrand hinaus immer wieder für einen frischen Dreh sorgen kann.

Übrigens: Alle hier gezeigten Scratches beziehen sich in ihrer Erklärung auf die Koordination der Hand am Plattenspieler, auf dem der gewünschte Sound läuft, mit der Hand am Mischpult. In der Regel läuft während des Übens die Musik auf dem zweiten Plattenspieler völlig normal weiter.

Forwards

Ein sauber ausgeführter Forward in seiner Grundversion stellt die Basis für fast alle weiteren Scratches. Die Koordination von Faderhand und Plattenhand mag anfangs Probleme bereiten, wie King Britt es ausdrückte: „Es ist nicht einfach, denn erst musst du dein Hirn in zwei Hälften trennen." Wenn also die Platte an der gewünschten Stelle, den Cue-Punkt, vorgedreht ist, öffnet man den Fader, lässt die Platte los, der Sound wird in der normalen Geschwindigkeit abgespielt. Am Ende des ausgewählten Klangs wird der Fader einfach wieder geschlossen.

Rhythmische Wiederholungen werden durch das Rückdrehen der Platte bei geschlossenem Fader möglich. Punktgenau angebrachte Markierungen auf der Platte helfen beim Finden eines sauberen Cuepunktes.

Bevor man wie hier Q-Bert dem Mittelfinger die alleinige Scratchgewalt überlässt, bietet es sich an, die benachbarten Finger zur Unterstützung einzusetzen.

Mit zunehmender Sicherheit werden sich virtuose Variationen und eigene Styles der Plattenhandhabung einstellen. Letzten Endes entscheidet stets das eigene Gefühl.

Auch optische Auffälligkeiten des bedruckten Labels (Schrift, Logos, Punkte etc.) können hilfreich sein.

Am fruchtbarsten lässt sich dieses Vorgehen zu einem langsameren Beat mit einem möglichst kurzen Sound einüben. Sounds mit einem hohen Attack, also einem harten Ansprechpunkt, wie sie auf den meisten Battleplatten (im Handel meist unter „Battle-Breaks" o. ä. einsortiert) zu finden sind, bieten sich dazu besonders an.

Die Variationen des Forward ergeben sich aus den verschiedenen Arten der Plattenhandhabung. Beim Forward Drag wird die Platte langsam vorwärts bewegt, fast schon mit den Fingern gezogen. Beim Forward Stab (wegen seines abgehackten Sounds auch Chop genannt) wird die Platte eher ruckartig kurz nach vorne angedrückt, kurze schnelle Soundfolgen sind das Ergebnis. Mit dem Forward Push (drücken) und Forward Throw (mit Schmackes, die Tonhöhe des Sounds geht deutlich nach oben) lässt sich das Ganze noch steigern.

Scratchen und Cutten lässt sich mit jeder Platte. Auf diesen speziellen Battleplatten finden sich beliebte Breaks, Scratches, Cuts und A-cappellas für den harten DJ-Alltag.

Reverse

Was vorwärts funktioniert, lässt sich (fast) immer auch in die andere Richtung umsetzen. Analog zum Forward ist hier immer nur der gerade durch Rückwärtsbewegung der Hand gespielte Sound zu hören.

Vorwärts wie Rückwärts. Den Varianten sind keine Grenzen gesetzt. Auch über die Wahl des Faders gibt es keine verbindlichen Regeln. Shortkut benutzt hier die Upfader für punktgenaue Reverse-Scratches.

Tears sind laut den Invisbl Skratch Piklz ein sehr breit einsetzbarer Scratch, den viele DJs oftmals vergessen. Auch hier entscheidet ganz stark die Kontrolle über das Vinyl. In der Grundform bleibt der Fader offen. Die Konzentration liegt auf der rhythmischen Bewegung der Plattenhand. Erst in Kombination mit anderen Scratches entfaltet der Tear seine volle Wirkung. Zur Pflege der Hände empfehlen Turntablisten mit Weltmeisterehren übrigens Massagen und entspannende Handbäder. Zum Training nur eines: scratchen.

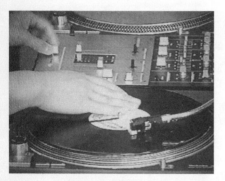

Q-Bert: „Practise your touch – Die Musik kommt von der Platte, nicht vom Fader. So lässt sich jede Note spielen, die du möchtest."

Im **Transformer** findet sich ein weiterer Klassiker, der durch seine Kombinationsfähigkeit auch heute kaum an Attraktivität verloren hat. Die Platte wird hier eher langsam (hin- und her-) bewegt, während das Hauptaugenmerk den schnelleren rhythmischen Bewegungen des Faders gilt. Begonnen wird dieser Scratch mit einem geschlossenen Fader, wo er nach den gewünschten rhythmischen Öffnungen (meist eine Art Stottern) auch wieder endet. So lassen sich schon schnell aus simplen Soundfetzen komplexe kleine Melodien spielen. Es ist darauf zu achten, bei jedem Click des Faders wirklich einen Sound zu erzielen – das schont Material, Nerven und kommt der Überzeugungskraft des Scratches zugute.

„When you transform the tears, it gives it more music", sagt Q-Bert. „Aber lasst euch nicht von übermotivierten ›Faderbanger‹-Typen abschrecken, konzentriert euch lieber auf die einzelnen Noten."

Q-Bert lässt auf der Suche nach dem goldenen Mittelweg zwischen festem Griff, flexiblem Handgelenk und exakter Faderbewegung mit dem Chirp die Vögel singen.

Für den **Chirp** empfehlen sich Sounds, die über einen hohen Attack verfügen, also sehr klar und hart ansprechen, da man in der Regel nur den Anfang eines Sounds benutzt. Also, Sound vorwärts spielen, am Ende Fader zu, Sound rückwärts spielen, dann wieder von vorne, bis die schnellen Bewegungen das Vogelgezwitscher ergeben, das diesem Scratch zu seinem Namen verhalf.

Der **Flare** ist prinzipiell erst mal nur ein umgedrehter Transformer. Klingt einfach. Doch wenn Bay-Area-Legenden es verschmitzt die Abkürzung zum Transformer nennen, deutet sich schon an: Dieser Scratch bereitet höllisch viel Mühe in seiner Beherrschung. Zur besseren Verständlichkeit nennt man eine Schließ/Öffnungs-Bewegung auch einen „Click".

Beim **One Click Flare** arbeitet der Zeigefinger mit dem Daumen als Gegenpol am meisten. Der Flare beginnt bei offenem Fader in der Mitte, wo er auch wieder endet. Es geht darum, den Click bei Vorwärts- und Rückwärtsbewegung an derselben Stelle anzusetzen, um ein flüssiges Pattern zu erzielen. Welchen Punkt man allerdings dazu aussucht, bleibt jedem selbst überlassen. Bei einem **Two Click Flare** führt man zwei Fader Clicks während einer Plattenvorwärts- (bzw. eben Rückwärts)-bewegung aus, Analoges gilt für 3-, 4-, 5-, 100 Click Flares.

Kein Scratch ist in seiner Grundform schneller als der **Crab**. In derselben Zeit, die sonst für einen Scratch zur Verfügung steht, wird der Sound in drei bzw. vier Teile zerschnitten. Die hierfür nötige Bewegung lässt

Auch wenn die komplizierten Bezeichnungen der Flare-Variationen eher an Eiskunstlauf denn an Musik erinnern, ist der Flare eine der Grundlagen heutiger Turntablisten. Leicht einzuüben, schwer zu beherrschen.

Wichtig bleibt dabei, so wie hier D-Styles von San Franciscos Skratch Piklz, die „Clicks" sauber zu koordinieren.

Kleiner und Ringfinger holen aus …

sich am einfachsten „trocken" einstudieren. In einer flüssigen Bewegung schnippen nacheinander kleiner, Ring-, Mittel- und Zeigefinger am Daumen entlang. Wobei ein Gripmaster, wie man ihn in vielen Sportgeschäften erhält, zum Training der im Alltag weniger benutzten Finger sich mancherorten als sinnvoll erwiesen hat. Beherrscht man diese Bewegung, so benutzt man beim gleichen Ablauf den Daumen als federnden Gegenpol auf der anderen Seite des Faders, während die Finger in der schnippenden Bewegung den Fader in Richtung des Daumens drücken.

… bevor über den Mittelfinger …

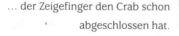

… der Zeigefinger den Crab schon abgeschlossen hat.

Der **Scribble** wird je nach Herkunft des Ausführenden auch gerne Drill genannt. Während der Fader offen ist, wird die Platte stotternd abgestoppt, was sich bis zu einer Art Vibrieren steigern kann. In seiner Urform hat die Faderhand dabei mal Pause, Kombinationen können reizvoll sein, bringen aber gerade hier nur hörwürdige Erlebnisse, wenn die Ausführung extrem sauber stattfindet.

Mit Vibrationen der Platte die Vibes zum Kochen bringen: Ein Scribble eignet sich auch gut als spannungssteigerndes Mittel während eines Clubsets.

Mit **Echo Fades** lässt sich praktisch jeder Scratch aufwerten. Seine Haupteinsatzgebiete sind Intro und Abspann einzelner Abschnitte in Battle-Routines und nicht zuletzt Breaks in Clubsets. Nur wenn der Cuepunkt bei jedem Zurückdrehen präzise getroffen wird, lässt sich durch ein langsam abnehmendes Aussteuern des Faders ein klarer Echo-Effekt erzielen. Das überzeugendste Ergebnis stellt sich ein, wenn bei jeder Bewegung der Platte der Fader etwa um 20 % des Schließungsgrades (z. B. 10–0, 8–0, 6–0 etc., dabei Einstellung der Faderkurve beachten!) zurückgenommen wird.

Shortkut nimmt mit dem Echo die Luft raus und erhöht dadurch im selben Moment die Spannung.

Was **Laser Scratches** letztendlich ausmacht, lässt sich am besten, wie vieles hier, in der Anschauung erfahren. Die diversen Videos und Webseiten seien hier noch mal explizit empfohlen. Bei offenem Fader springen die Finger auf der Plattenoberfläche hin und her und sorgen so über verstärkten Stop-and-Go für futuristische, ungleichmäßige und daher lebendige Sounds.

231

Den **Hydroplane** haben sich die Turntablisten von Conga-Spielern abgeschaut. Jene erweitern die Darstellungsmöglichkeiten ihres Instrumentes dadurch, dass sie über das Fell ihrer Trommeln streichen. Warum sollte

Wie immer gilt: keine Angst vor Experimenten – ob beid- oder einhändig, der Lauf der Platte will auch beim Laser manipuliert werden.

Das „Wasserflugzeug" landet – der Hydroplane bedient sich bei virtuosen Conga-Spielern.

das nicht auch bei Platten umsetzbar sein? Der Fader ist dabei offen; während die Platte (meist) zurückgezogen wird, streift ein Finger der Faderhand so über die Platte, dass sich ein schnarrender Klang ergibt. Ein leicht (also Battle-Angstschweiß schnell am Shirt abwischen) angefeuchteter Finger erhöht den Kontakt und gleitet schmoover. Ob der erhöhten Sprunggefahr nichts für Grobmotoriker.

Beim **Beatjuggling**, der zweiten großen Hauptdisziplin der eigenhändigen Plattenmanipulation, geht es darum, mit Hilfe zweier Platten einen neuen Beat zu erschaffen.

Unbedingte Grundvoraussetzung ist eine detaillierte Kenntnis des zu bearbeitenden Beats. In der Regel bieten sich – ähnlich wie beim Sampling – zweitaktige Breaks an, die möglichst klar das meist allein stehende Schlagzeug präsentieren. Nun lassen sich mit koordinierten Fader- und Backspinbewegungen die Beats neu zusammensetzen. Zum Üben empfiehlt es sich, sich auf die deutlichen Elemente eines Beats, wie Kickdrum, Snare und HiHat, zu konzentrieren. Beide Platten laufen zuerst parallel, was eine unbedingte Synchronität beider Plattenspieler erfordert. Vorsicht in Clubs, da oftmals irgendein Wahnsinns-DJ der Meinung war, dass +8 auf dem Pitchregler nicht ausreicht, und an der Geschwindigkeitsfeinjustierung rumgeschraubt hat. Durch geschicktes Abstoppen und versetztes Abspielen der beiden Platten entstehen völlig neu arran-

Mista Sinista ordnet den Beat neu an: Bei Juggles kommt es neben exzellentem Timing, exakten Markierungen und guter Rechts-Links-Koordination auch auf eine genaue Kenntnis des Breaks an.

Ob die Decks dabei in L-Form oder der klassischen parallelen Aufbauweise stehen, hängt ganz allein vom Wohlgefühl des Juggelnden ab.

gierte Rhythmus-Muster. Wer dabei auch noch den Fader offen lässt, kann interessante physikalisch bedingte Effekte (siehe „Psychoakustik"-Teil) erzielen, die man je nach Versetzungsgrad (1/4, 1/8, 1/16, …) dann als „Doppeln" oder „Phasing" bezeichnet. Wir mögen uns wiederholen: aber wie immer sind auch hier der Fantasie keine Grenzen gesetzt.

X-Ecutioner Roc Raida phrasiert den Beat.
Wer braucht noch einen Schlagzeuger, wenn er eine Platte und einen Fader hat?

Besonders in Teamroutines, aber immer mal auch als kleines Fill-in für eine Soloroutine oder den Club-Abend, erfreuen sich **Beatcutz** großer Beliebtheit. Auch hier geht es um ein frei improvisiertes Erschaffen von neuen Beats mit Hilfe des Plattenspielers, mit dem einzigen Unterschied, dass hier nur eine Platte verwandt wird. Schnelle Folgen (1/16) von Snare und Kick- bzw. Bassdrum bieten sich hier an, die durch konsequente Wiederholung im gewünschten Rhythmus mit Hilfe von dem Forward Stab ähnlichen Faderbewegungen akzentuiert werden. Hier benutzen viele DJs lieber die Upfader, auch wenn sich alle anderen Schieber des Mischpults (inkl. des Line/Phono-Klickschalters) genauso eignen. Ein Mixmaster Mike ist dabei so präzise, dass er auch bei Stadion-Auftritten der Beastie Boys über Minuten das Schlagzeug ersetzen kann.

233

„Gimme a fonky ass bassline": Total Eclipse lässt den Plattenspieler zum E-Bass mutieren.

Egal welches Genre der Tanzmusik dein liebstes ist: Unterschätze niemals die Kraft der **Bassline**. Denn der Bass verbindet traditionell Schlagzeug mit den anderen Teilen einer Band, liefert das Fundament, auf dem sich die Musik ausbreiten kann. Um mit einem Plattenspieler eine Bassline zu spielen, empfehlen sich lange ruhige Basstöne, wie sie sich auf handelsüblichen Battleplatten finden lassen. Die Höhe des Tones lässt sich nicht nur mit der Hand, sondern auch mit dem Pitchregler und nicht zuletzt dem 33/45-Schalter am Plattenspieler ganz entscheidend mitbestimmen. Die Faderhand sorgt derweil durch Öffnen und Schließen für die Länge des gewünschten Tones. Mit ein wenig Übung lassen sich so schnell überzeugende Ergebnisse erzielen. Und ganz nebenbei erhält man durch diese Technik auch wieder Anregungen für die Variation anderer ans Herz gewachsener Tricks.

Okay: Wir wissen nun, wie das mit dem Schlagzeug funktioniert, wie man einen Bass spielt, wie sich Rhythmus-Sektionen zusammenstellen und Soli spielen lassen – was läge also näher, als eine Band zusammenzustellen? Bei den **Teamroutines** kommt es immer weniger auf artistische Einzelleistungen an, sondern auf eine harmonische, eingespielte

Der Mischer ist für alle da. Bei Teamroutines muss nicht zuletzt aus Platzgründen manchmal auch auf kleinstem Raum improvisiert werden.

Total Eclipse und Roc Raida beherrschen ihren Teil der X-Ecutioners-Banddarbietung so gut, dass auch mal Zeit für ein paar kleine Faxen bleibt.

Mannschaft, um nicht zu sagen: Band. Q-Bert: „Ob Shortkut oder ich die Drums übernehmen, D-Styles die Soli scratcht, egal wer die Rhythmus-Sektion jugglet: Das entsteht alles neu und frei aus dem Moment heraus. Manchmal ordnen wir das auch mit Frage-Antwort-Spielen, aber im Grunde ist das alles Improvisation. Wir erfinden die Musik neu, während sie sich auf den Plattenspielern dreht. Dabei kann alles passieren."

Berlin trifft Bern während der RBMA 1999

Wo sich Spreu von Weizen trennt: **Bodytricks** sind für Außenstehende oftmals die Hauptauslöser größerer Begeisterung. Parallelen zur Wahrnehmung von B-Boying oder Breakdancing sind da nicht zu übersehen. Da sich inzwischen das Interesse stärker auf das Wesentliche, die Musik, konzentriert, können unnötige Gimmicks, wie Fahrräder und anderer Zierrat, wieder in der Garage bleiben. Artistische Einlagen werden heute nur noch akzeptiert, wenn sie musikalisch perfekt abgestimmt sind. Was der angehende Plattenkratzer – neben ein bisschen slicker Angeberei –

Roc Raidas Hauptbotschaft: „Keine Angst vor der Platte oder dem Mischer. Am Ende des Tages ist es doch alles nur Equipment." Mit einem Sponsorenvertrag in der Tasche lässt sich so etwas natürlich leichter behaupten.

Claude Young zeigt, dass auch Techno-DJs sich nicht vor dem Equipment fürchten.

allerdings davon lernen kann: Hab keine Angst vor der Platte. Wenn sie springt, springt sie. Sie ist, genauso wie die Turntables oder der Mischer, letztendlich nur ein Mittel für dich, das auszudrücken, was du fühlst. Nicht mehr und nicht weniger.

Es muss nicht immer die teure 19"-Rackeinheit sein. Gerade beim mobilen Einsatz bieten Gitarren-Effekte effiziente Möglichkeiten.

Auch außerhalb der Paradise Garage lassen sich mit der Kombination aus Drumbox und Decks verblüffende Effekte erzielen. Der junge Schweizer Turntablist füttert hier Deep House Don Phil Asher mit Samples.

Wenn es um die Erweiterung der Ausdrucksmöglichkeiten geht, hat auch die Hardware-Seite einiges zu bieten. In Zusammenarbeit mit einem ordentlichen **Effektgerät**, die heute meist mehrere Verfremdungsmöglichkeiten in sich vereinen, kann selbst ein handelsübliches Mikrofon wahre Wunder wirken. Doch auch einzeln eingesetzt bergen Verzerrer, Echos und Pitchshifter einiges an einsetzbarem Potenzial. Seine volle Wirkung entfaltet der Einsatz solcher Geräte, wenn das Mischpult über die Möglichkeit verfügt, verfremdetes und eigentliches Signal miteinander zu mischen, im Idealfall sogar bei jedem Kanal einzeln ansteuerbar. Doch auch wenn der Effekt zwischen Battlemixer und Verstärker eingeschleift wird, lassen sich mitunter hörenswerte Ergebnisse erzielen.

Einen ersten Schritt in Richtung Produzenten-Dasein stellt der Einsatz von Rhythmusmaschinen und kleinen DJ-Samplern dar. Die Kombination Drumbox-Plattenspieler erfreute sich auch lange vor der Entwicklung des DJs zum Produzenten einiger Beliebtheit beim Live-Einsatz. Mit der Einführung des MIDI-Standard-Protokolls, das die Steuerung mehrerer Instrumente übernehmen kann, und der rasenden Entwicklung im Computerbereich boten sich plötzlich ungeahnte Möglichkeiten. Besonders attraktiv sind dabei Hybrid-Lösungen wie die MPC-Reihe von Akai und EMUs SP1200. Mit **Sampler**, **Sequenzer** und einigen Effekten findet der DJ hier im Prinzip alles in einem Gerät, was er zur Produktion eines Tracks braucht.

Besonders attraktiv werden diese Alleskönner aber erst durch ihre sehr intuitiven Bedienungsmöglichkeiten. Beide Geräte-Familien verfügen über einen Step-Sequenzer, bei dem sich komplizierte Abfolgen bequem in kleinen Schritten einspielen lassen. Das „Einspielen" verweist schon auf den Haupt-Bonus, denn beide Maschinen verfügen über große Tastflächen, über die sich einzelne Patterns oder Samples mit echtem menschlichen Timing einklopfen bzw. abrufen lassen. Wer jemals vorher versucht hat, an einem Computer einen Drumloop nicht einfach zu sampeln, sondern selbst zu entwerfen, wird ahnen, wie komfortabel dieses Feature ist. Kurzum: das beste Spielzeug, das sich der ambitionierte Musikliebhaber nur wünschen kann.

Nicht nur Pete Rocks liebstes Kinderspielzeug: Das 12-Bit Monster Emu-SP1200

Auch wenn die Ambitionen wachsen, muss noch nicht gleich Omas Erbschaft auf den Kopf gehauen werden. Der Gebrauchtmarkt bietet meist alles, was das angehende Künstlerherz begehrt. In den Genre-Kapiteln wurde deutlich: In der Tanzkultur geht es immer darum, aus den Gegebenheiten das Maximum rauszuholen. Auf den Gerätepark übertragen hieße das: Ein, zwei Keyboards als Soundquellen und zur komfortableren Steuerung der MIDI-Daten. Dasselbe noch mal an Effekteinheiten, vielleicht noch ein Kompressor dazu. Früher oder später dann noch ein herkömmlicher Rack-Sampler. Und wer unbedingt mit einem Computer arbeiten möchte, kann neben dem normalen Arbeitsgerät auch auf einen gebrauchten Atari ST zurückgreifen. Z. B. die 1040er Reihe mit eingebautem MIDI-

Platz für ein Heimstudio ist in der kleinsten Hütte: Spielzimmer für alle, die aus dem Lego-Alter rausgewachsen sind

Anschluss findet sich meist schon für dasselbe Geld, das der Fachhändler für den externen MIDI-Adapter des Heimcomputers verlangt. Der in den meisten Haushalten zu findende Mac/PC bleibt so für rechenintensive Anwendungen wie Harddisk-Recording oder Sample-Editierungen frei.

RECHT & GESCHÄFT

Strictly Business

Und klar doch! Am Ende stehen weltweite Bookings, Remixes für Alanis Morissette und ein eigenes Studio, in dem spontane Sound-Ideen jederzeit umgesetzt werden. Der Traum vom DJ als gefragter Produzent und Musiker schwebt natürlich auch anfangs schon oft mit. Wagt man den Schritt über das Stadium des passionierten Musikliebhabers hinaus, kann die simple Empfehlung nur heißen: „Spielen, spielen, spielen." Damit wäre die größte Hürde schon genommen. So gewinnt ihr ständig an Erfahrung, knüpft Kontakte und bekommt einen Überblick, welche Möglichkeiten sich bieten könnten. Unter der Überschrift „Recht & Geschäft" findet ihr hier die wichtigsten Rahmenbedingungen und Grundprobleme zusammengefasst, auf die aufstrebende DJs irgendwann einmal stoßen werden.

Ein Patentrezept im Umgang mit diesem „Business-Kram" gibt es genauso wenig wie ein nur annähernd geordnetes Berufsbild für dieses Fach. Ein Blick auf die Biografie der meisten DJs, die heutzutage recht gut davon leben können, Platten zu spielen, zeigt nüchtern, dass ein Start unter bürgerlichen Bedingungen auch Prominenten nicht geschadet hat: DJ Hell hat Schlosser gelernt, ebenso Sven Väth und DJ Rabauke. Roland Casper studierte nach einer Schreiner-Ausbildung Architektur. Doch selbst wenn man es vorerst geschafft hat und landesweit gebucht wird, geht das nicht selbstverständlich immer so weiter. Nur eine Fortentwicklung auf verschiedenen Ebenen schützt vor den Launen der nächsten Trendwelle. Das Heranreifen einer eigenständigen Persönlichkeit als Pop-Künstler braucht Zeit, und sie entsteht nicht nur hinter den Technics-Decks. Nicht umsonst sind viele DJs gleichzeitig Plattenverkäufer, Journalisten oder Studiobetreiber. Und in einem nächsten Schritt dann vielleicht Remixer, Produzent oder Labelmacher.

Bis Mitte der achtziger Jahre war alles ganz einfach: Der Discjockey war Angestellter oder Honorarkraft in örtlichen Discos oder großräumigen Kneipen. Seine Bedeutung (und Bezahlung) entsprach der des Thekenpersonals. Die Person hinter den Plattenspielern gehörte genauso zum Unterhaltungsprogramm wie ein wohl temperiertes Bier. Je nach Ausrichtung des Ladens sorgte der DJ für das aktuelle Chartsprogramm oder den Soundtrack der jeweiligen Subkultur. Keine große Sache, man legte halt – mehr oder weniger geschmackvoll – Schallplatten auf. Ein Dienstleister. Als Musiker galt man damit noch lange nicht, und ein DJ-Austausch über Städte hinweg blieb die Ausnahme. Im Frühjahr 2000 hat sich das Bild nach dem Boom der elektronischen Popmusik nachhaltig verändert. Es gibt Superstar-DJs, Kneipen-DJs, Großraumdisco-DJs, Party-DJs, DJs als Musiker und DJs, die in Kunstgalerien auf kleinen Hockern im Sitzen auflegen. Jeder Entwurf funktioniert nach einem eigenen Modell, dessen Spektrum vom internationalen Entertainer mit entsprechenden Bezügen bis zum mitteilungsbedürftigen Vinyl-Liebhaber reicht, der für Freigetränke und ein paar Mark Anerkennungsgebühr die Schätze seiner Plattensammlung vorspielt. In der Ausgabe 02/99 des Londoner Magazins The Face beschreiben britische DJs die merkwürdigsten Gastspielorte ihrer bisherigen Laufbahn. Norman Cook & Co. trafen detailverliebte Musikkenner in der „Mutant Disco" in Talinin/Estland, verspürten HouseMusic-Begeisterung in Petaling Jaya/Malaisia oder erlebten eine übergeschnappte Stranddisco am Playa del Carmen/Mexiko. Auch zwölf, dreizehn Jahre nachdem das DJ-Zeitalter ausgerufen wurde, stießen die Plattenkoffer-schleppenden Kulturbotschafter immer noch weitere Grenzen auf. Groove-Spezialist Norman Jay reiste unmittelbar nach seinem Vortrag bei der Red Bull Music Academy '99 weiter in die USA, wo selbst der „Quincy Jones des DJings" zum ersten Mal (!) in Städten wie Denver, Cincinatti oder Austin auflegte. Das Mutterland von Rhythm & Blues, Soul und House hat sich offenbar viel Zeit gelassen mit dem Aufbau einer landesweiten Clubszenerie. Und so blieb es einem Europäer überlassen, das musikalische Erbe Amerikas als DJ-Musik zurück zu den Ursprüngen zu tragen.

Norman Jay ließ seine USA-Tournee durch seinen New Yorker Agenten planen und organisieren. Ein Hinweis darauf, dass die spektakulären DJ-Reisen über Länder- und Soundgrenzen hinweg durchaus in handfesten Strukturen verlaufen. Mit Flug- und Hotelbuchungen, Honorarverträgen und detaillierten technischen Anforderungen. Die Frage ist nur: Wie kommt man in den Genuss dieser Serviceleistungen? Ab wann lohnt es sich überhaupt, sich von einem Vermittler betreuen zu lassen? Diesen und anderen Fragen geht das folgende Kapitel „Letzter Aufruf ..." nach.

Die entscheidende Erweiterung des Berufsbildes DJ erfolgte jedoch mit dem Schritt zur Produktion eigener Musik. Erst wurden fremde Songs durch Mixen, Scratchen oder ergänzende Tonband-Einspielungen verändert. Dann ermöglichte die (Sample-)Technologie den fließenden Übergang zur Komposition. Und genau an diesem Punkt kam die Tonträger-Industrie ins Spiel, die seit der Gründung der amerikanischen Firma Columbia Records im Jahre 1887 immer wieder neue technische und musikalische Entwicklungen zu verwerten wusste. Seitdem gilt auch hier der Slogan: There's no business like show-business. Angetrieben von der dynamischen Entwicklung auf dem Dancefloor musste sich die DJ-Musik in einem Umfeld bewähren, das mit Orchestern, Solisten, Rockstars und Sternchen seit Jahrzehnten gewachsen war. Die letzten drei Kapitel wollen ein wenig Licht in das Dickicht von Produktion, Labelgründung und Industrieverträgen bringen.

243

„Letzter Aufruf für Flug LH 400 nach New York"

LOKALE HELDEN, INTERNATIONALE BOOKINGS

„Mach dir in deiner Region einen Namen. Schließe erste Kontakte, besuche auswärtige Freunde, sei umtriebig und verlass dich nicht auf andere. Eine Agentur alleine macht niemanden bekannt. Ein zu Hause zusammengemischtes Tape kann noch so großartig sein – es ist normalerweise nicht genug!"
(Natascha Lodh von der internationalen DJ-Booking-Agentur Dynamix)

Wie werde ich gebucht? Wie komme ich im Lande und international herum? Diese Fragen geistern wohl jedem DJ durch den Kopf, der die ersten Partys im Freundeskreis erfolgreich überstanden hat. Oder in seinem Lieblingsclub bereits einige Abende hinter den Decks stand. „Ich bekomme jede Woche zwischen zwei und zehn Mix-Tapes von DJs zugeschickt, die bei uns auflegen wollen", sagt die Programmgestalterin des Berliner Technoclubs Tresor, Alexandra Dröner. „Manchmal sind Bänder mit komischen Künstlernamen wie DJ Tweety dabei, die ich gar nicht auf meinen Flyern sehen möchte. Meistens reicht der ganz normale Vor- und Zuname. Angestrengt Originelles oder gar Witziges geht meistens nach hinten los. Schließlich wollt ihr irgendwann ernst genommen werden. Diese Bänder sollten auf keinen Fall eine längere Spielzeit als 60 Minuten haben, und als beigelegte Zusatzinformation reicht mir ein einfaches DIN-A4-Blatt mit den wichtigsten biografischen Daten. Keine Mappen, kein Firlefanz, keine endlose Auflistung, in welchen Jugendheimen ihr schon gespielt habt. Auch wenn ich nicht immer Zeit habe, mir diese Bänder sofort anzuhören, es ist auf jeden Fall einen Versuch wert."

Es existieren natürlich keine Statistiken darüber, wie viele DJs es direkt aus ihrem Übungszimmer in einen offiziellen Club geschafft haben. Für die meisten führte der Weg jedoch über das Do-It-Yourself-Prinzip: Schmeiß deine eigene Party und entwickle ein Gefühl dafür, wie dein Mix vor Publikum ankommt. Auch in Gegenden abseits der Metropolen sind auf diese Weise schon ganz spezifische regionale Sounds entstanden. Was im HipHop *put it on the map* heißt, gilt genauso für andere Stilrichtungen. Beweise durch eigenes Engagement für die Musik, dass auf deinem Teil der Landkarte etwas los ist. Ein Start im Bekanntenkreis ist durchaus üblich. Die nächste Stufe findet dann im größeren Rahmen statt. Flyer kopieren, Anlage anmieten, Getränkeversorgung sicherstellen, Kasse und Tür organisieren. Ob das Ganze nun in einer leer stehenden Lagerhalle oder angemieteten Kneipe stattfindet – das Prinzip ist immer das gleiche. Diese Aktionen sollen Spaß bringen. Und ein Gefühl dafür, in welchem Umfeld der Traum vom eigenen Musikmix stattfinden kann. Es geht in erster Linie darum, ein soziales Geflecht rund um die Musik aufzubauen. Nutze Fachmagazine, Plattenläden, Kneipen und Clubs, um herauszufinden, was dich persönlich WIRKLICH interessiert. Willst du Hit-orientiert unterhalten oder eine eigene Szene für einen ganz speziellen Sound (mit-)aufbauen? Früher oder später stellt sich dabei die Frage nach den Möglichkeiten deiner Stadt oder Region: Komme ich in meiner Entwicklung vor Ort weiter? Bin ich in einer Großstadt vielleicht besser aufgehoben? Die Antwort dafür liegt in den erweiterten Lebensumständen. DJ-Karrieren verlaufen parallel – zur Schule, Ausbildung oder Beruf. Sie kippen erst langsam in Richtung Vollzeit-Job, und bis dahin muss die andere Welt mitgezogen werden. Der Aufbau eines eigenen Profils in Mannheim ist weitaus cooler als ein verzweifeltes Irgendwo-Unterkommen in Berlin. Gerade für produzierende DJs mit eigenem Heimstudio ist der Standort zweitrangig. Und wer erst mal vier Maxis veröffentlicht hat, kann immer noch umziehen. Auch Ian Pooley schaffte es von Mainz über Frankfurt in die Clubs von Barcelona und Australien.

„Ich muss mich danach ausrichten, was für den Club gut und erfolgreich ist", bilanziert Alexandra Dröner. „Welche DJs brauchen wir, um als gastronomischer Betrieb zu überleben? Über die Jahre haben wir Erfahrungswerte gesammelt, welche großen Namen wirklich Leute ziehen, und die werden natürlich auch immer wieder gebucht. Dann wollen wir weiterhin neuen musikalischen Entwicklungen aus aller Welt einen Raum bieten. Aus dieser Konstellation ergibt sich eine schwierige Situation für unbekannte DJs. Es bleibt schlichtweg nicht so viel Platz übrig. Trotzdem geben wir jungen, neuen Kräften speziell in der ‚New Faces'-Nacht am Mittwochabend eine Entwicklungschance. Der Eintrittspreis ist entsprechend niedrig, und so kommt diese Einrichtung auch beim Publikum recht gut an."

Im günstigsten Fall folgt der Einladung zu einem Newcomer-Abend eine sog. *residency*, was so viel bedeutet wie ständiger DJ des Hauses zu werden. Damit besetzt man zwar nicht sofort alle prominenten Termine am Wochenende, doch auch über die Woche oder im Warm-Up der Stars ist eine Heimatbasis außerordentlich viel wert. Bis weit hinein in die Achtziger waren ständig wechselnde DJs ohnehin die Ausnahme, und noch heute sind viele DJs sehr eng mit der gesamten Aura „ihrer" Clubs verbunden. Bei Junior Vasquez, dem König der legendären New Yorker Sound Factory, ging diese Verbundenheit sogar so weit, dass er seine über zehn Stunden andauernden House-Sets ausschließlich in seinem angestammten Laden durchzog. Solches Vorgehen kann natürlich psychologische Vorteile haben: Die Kübel von Unrat, die über ihm ausgekippt wurden, als er sich schließlich doch mit horrenden Gagen aus „seinem" Club locken ließ, lassen sich in Zahlen kaum messen. Dieses Beispiel zeigt nur zu deutlich, wie wichtig die Bodenhaftung gerade in der Phase des ersten Erfolges sein kann. Vielfach bildet das Team eines Clubs eine verschworene Gemeinschaft. „Wenn du ein talentierter DJ bist, der noch keine Platten produziert hat, ist eine offene und angenehme Persönlichkeit ungemein hilfreich", verweist Alexandra Dröner auf die oftmals unterschätzte soziale Komponente. „DJ Woody aus Berlin oder Trax aus Chicago haben bislang nichts veröffentlicht, trotzdem spielen sie überall. Es macht einfach Spaß, mit ihnen zu arbeiten, weil sie lustige Typen und für jede Abfahrt zu haben sind. Sie werden von Veranstaltern einfach gerne gebucht."

Die Agenturen

Wochenende für Wochenende rattern ungezählte Plattenkoffer über die Gepäckförderbänder der europäischen Flughäfen. London – München, Frankfurt – Berlin, Paris – Kopenhagen. Die Routen gehen kreuz und quer über den Kontinent. Auch Osteuropa ist längst Teil dieser Landkarte. Spezielle Tarife in den Honorarverträgen der etablierten Booking-Agenturen berücksichtigen die wirtschaftliche Situation in diesen Ländern. Nach einem guten Jahrzehnt ist das System professioneller und gleichzeitig relaxter geworden. Die von totaler Euphorie und finanziellen Katastrophen geprägte Boomphase der großen House- und Techno-Raves ist definitiv vorüber. Und auch in der wild expandierenden HipHop-Szene scheint sich vieles auf ein gesundes Maß runterzukochen. Niemand glaubt mehr, die etablierte Welt von Rock und Pop aus den Angeln heben zu können. Es herrscht ein kooperatives Miteinander. Clubs und regelmäßig stattfindende Partys halten die DJ-Drehscheibe in Bewegung. Booking-Agenturen sind Dienstleister, die für die komplette organisatorische Abwicklung eines DJ-Auftritts sorgen. Vom Selbstverständnis her orientieren sich diese Büros am gleichen Prinzip, das seit Jahrzehnten für Schauspieler, Schriftsteller oder Models gilt: Der Künstler beschäftigt sich mit seiner Kunst (in unserem Falle die Musik), den lästigen Termin- und Geschäftskram verwalten Spezialisten. Die Bezahlung für diesen Service hat der Kunde, also die Clubs oder externen Veranstalter, mittels einer Agentur-Provision zu entrichten, die prozentual auf das Künstlerhonorar aufgeschlagen wird. Wenn also Club x in y-Stadt für eine Detroit-Nacht einen bekannten Techno-DJ einladen möchte, genügt eine Terminanfrage bei der entsprechenden Agentur. Ist der gewünschte Name zum angefragten Datum frei, schließen Veranstalter und Agentur einen Vertrag. Zu Gage und Provision kommen noch die Kosten für Anreise und Übernachtung, eventuell auch besonderes technisches Equipment. Der Veranstalter verpflichtet sich, per Flyer, Anzeigen oder Plakatierung für angemessene Werbung zu sorgen. Damit auch die Party-Macher ihren Spaß am Nachtleben nicht verlieren, sollten die Einnahmen aus Eintritt und Gastronomie ihre Produktionskosten, also DJ, Werbung, Anlage, Personal, Steuern usw. mindestens wieder einspielen. Soweit zur Theorie. Die Realität sieht weit komplizierter aus.

Es gibt in Deutschland rund 50 Booking-Agenturen, die sich auf DJs und Acts in den Genres House, Techno oder HipHop spezialisiert haben. Darunter sind viele Ein-Mann- oder Eine-Frau-Betriebe, viele davon in Teilzeitfunktion, die ihre Vermittlerdienste als Zusatzjobs neben ihrer Arbeit bei Plattenlabels oder Musikmagazinen betreiben. Eine sehr spezielle Branche also, die ihre Hauptumsätze lange Zeit mit englischen und amerikanischen Stars machte, die an hiesige Clubs und Raves vermittelt wurden. Tanzmusik boomte weltweit und wuchs insbesondere in Großbritannien zu einer wahren Massenkultur heran. Mit der internationalen Professionalisierung schossen die Honorarforderungen sprunghaft in die Höhe. Plötzlich kostete ein großer Name aus Übersee nicht nur 5000, –

Mark Gage, sondern es waren zwei Business-Class-Flüge (einer für Manager, Ehefrau oder Freundin) und Übernachtungen in genau definierten Top-Hotels fällig. Die Neuregelung der sog. „Ausländersteuer" verteuerte solche Buchungen noch zusätzlich. Mehr oder weniger gesunde Gier auf Künstlerseite mischte sich mit der Angst vor der Wiederholung schlechter Erfahrungen. Denn besonders in den Anfangstagen witterte manch halbseidener Nachwuchs-Veranstalter eine Blitzkarriere voller Glamour, ohne sich auch nur in Ansätzen über die erforderliche Arbeit im Klaren zu sein. Geplatzte Auftritte, unterschlagene Gagen und dauerhaft nicht zumutbare Reisebedingungen ließen die Kompromissbereitschaft auf Künstlerseite sinken. Doch auch für seriöse Promoter waren Gastspiele von internationalen Stars über den Eintrittspreis kaum noch zu refinanzieren. Selbst die berühmte Mischkalkulation über Gastronomie-Einnahmen rechnete sich oft nicht mehr. Einzig das Engagement der Sponsoring-Agenturen, die für ihre Kunden spezielle DJ-Tour-Pakete zusammenschnürten, hielt das überhitzte System Mitte der Neunziger zusammen. Kurzfristige Absagen und lustlose Auflege-Sets vieler Pioniere, die nur noch ihre vertraglich garantierte Mindestzeit an den Plattenspielern herunterrissen, ließen die Stimmung zudem immer häufiger kippen. Statt Faszination blieb oft nur noch ein schales Gefühl.

Die Clubs strebten nach Unabhängigkeit vom internationalen Star-Rummel und setzten verstärkt auf ihr regionales Umfeld. Eine einfache Überlegung: Wenn der Laden auch ohne große Namen eine solide inhaltliche und geschäftliche Position einnimmt, hat man im risikoreichen Gagenpoker mit der vermeintlichen Prominenz eine ungleich bessere Verhandlungsposition. Mittlerweile besitzt jede gut geführte Adresse einen festen Stamm an lokalen DJs, die wiederum Netze mit anderen Städten geknüpft haben. Wer einmal die langen Listen mit dem Club- und Party-Programm in Deutschland studiert, wird feststellen, wie vielschichtig der Austausch geworden ist. Produzierende Stars aus dem Ausland gehen „auf Club-Tour" wie Popbands und können deshalb kostengünstiger angeboten werden. Die heimische Prominenz pendelt zwischen familiären Underground-Gigs und lukrativen Festival-Auftritten. Dazwischen existieren vielerlei Vereinbarungsmodelle mit und ohne Booking-Agentur. Wer bereit ist, wie Hans Nieswandt von Whirlpool Productions ungezählte Kilometer zwischen Kiel und Chemnitz mit der Deutschen Bundesbahn zurückzulegen, kommt beispielsweise in den Genuss von Gagen zwischen 1000 und 1500 Mark. Hier bleibt die Kostenstruktur auch für Veranstalter überschaubar, die mit eingeschränktem Budget kalkulieren müssen. Außerhalb dieses Clubrahmens wird die Luft dann sehr schnell dünner. „Wenn man auch im Ausland richtig bekannt geworden ist, wie etwa Paul van Dyk, geht das reine Booking sehr schnell in Management-Aufgaben über", sagt Dittmar Frohmann von der Agentur Strictly Artists. „Dann beginnt die gezielte Steuerung eines kommerziellen Erfolges, bei dem gut bezahlte Live-Gastauftritte nur Teil einer Gesamtstrategie sind." Nochmals: Die Agenturen als Wunderweg zu tausend Gigs zu betrachten, wäre für den Newcomer fatal. Denn sie sind in ihrer Arbeit darauf angewiesen, einen verbuchbaren, d. h. schon bekannten Namen in der Kartei zu haben. Auf Grund der Beschwörungen des Bookers alleine wird sich kaum ein Club für euch interessieren.

Nur der Form halber: Wie jede andere Person in diesem Lande auch, werdet ihr mit der Auszahlung von Honorar steuerpflichtig. Das mag anfangs ein wenig spießig klingen, aber wir kennen genügend junge Talente, deren Ruhm auch dem Finanzamt nicht verborgen blieb. Und mit Spaß haben dicke Steuernachzahlungen wirklich nichts zu tun. Sobald euer Name öfter auf Flyern bzw. den Abrechnungen der Clubs auftaucht, interessieren sich im Prüfungsfalle die Fahnder auch für eure Gagen. Wenn ihr ständig auf jedem Plakat der Stadt auftaucht, nutzen euch leider auch die tollsten Pseudonyme nichts mehr.

„Die Weißmustermaschine"

ERSTE GEHVERSUCHE AUF DEM WEG ZUR EIGENEN 12-INCH

Das Szenario ist oft ähnlich. Die Nacht ist vorüber, die Platten werden wieder in den Koffer gequetscht. Während die Crew mit der Anlage beschäftigt ist, sitzt man zusammen. Und plötzlich scheint in der Euphorie des jungen Morgens die Welt offen vor einem zu liegen. Genau an diesem Punkt schießen vielleicht zum ersten Mal die Gedanken an einen Werdegang als DJ und/oder Produzent durch den Kopf: Da müsste man eigentlich mehr draus machen ... Und plötzlich, spätestens am nächsten Mittag, bekommt die Sache eine ungewohnte Ernsthaftigkeit. Das System der kleinen und großen Plattenfirmen rückt ins Blickfeld. Dahinter steckt das dicke Geschäft, klar. Doch das ist zunächst weit weg, und Begeisterung alleine hilft nicht weiter. Welche Struktur braucht man, will man, passt zur eigenen Person, zu den eigenen Ideen – und womit fühlt man sich wohl?

Rund 900 Tonträgerfirmen gibt es alleine in Deutschland, in einem Spektrum von Volksmusik bis Dark Wave, von türkischer Folklore bis Gabber Techno. Und fast wöchentlich kommen neue Namen dazu. Die Faszination der DJ-Musik lag seit ihrem Beginn in der raschen Umsetzung von der Idee zum fertigen Produkt. Sowohl im US-HipHop als auch in der britischen Dancefloor-Szene galten die aus dem Kofferraum verkauften Weißmuster als Musterbeispiel für den direkten Kontakt zur Szene. Daran hat sich bis heute nichts geändert, auch hierzulande nicht. Theoretisch ist die Sache ganz einfach: Wer lange genug im eigenen Zimmer mit Sampler, Drumcomputer und MIDI herumgebastelt hat, wird sich irgendwann fit für den ersten eigenen Track fühlen. Wohin eine solche Fingerübung ohne aufwendige Nachbearbeitung und Gesangsaufnahmen im „richtigen" Studio führen kann, haben die 650.000 verkauften „Flat-Beat"-Singles von Mr. Oizo gezeigt. Natürlich wäre diese Riesenauflage ohne die gelbe Knuffelpuppe Flat Eric und den massiven Einsatz der entsprechenden Werbespots für die ach so bügelfreien Jeans mit dem roten Etikett nicht möglich gewesen, doch das Prinzip bleibt sich gleich. „Flat-

Beat"-Erfinder Quentin Dupieux reichte ein Tape mit hausgemachten Daddeleien, das er nach einer Videoproduktion für Laurent Garnier dem französischen Independent-Label F-Communications vorspielte. Er bekam prompt einen Vertrag, und 1997 erschienen seine Entwürfe als EP mit dem schlichten Titel „#1". Diese direkte, schnelle Arbeitsweise macht die unabhängigen Plattenmacher zur ersten Anlaufstelle für Neueinsteiger. Bei der Wahl der „richtigen" Adresse sollte man das ewige Ringen, ob man mit seinen eigenen Produktionen nun einen bestimmten Stil vertritt oder doch „in keine Schublade" gehört, ruhig aus der DJ-Perspektive betrachten: Welcher Sound gefällt, was lege ich auf, welche Labels stecken dahinter? Schon ergeben sich Ordnungskriterien im extrem zersplitterten Musikmarkt. Ansonsten gelten auch die örtlichen Vinylshops als Kommunikationsbörsen, die für manchen konkreten Tipp gut sind. Rein finanziell sollte man sich von einem „Independent-Deal" am besten gar nichts oder bestenfalls ein Taschengeld versprechen. Solange Elektronik- oder Dancefloor-Maxis in Mini-Auflagen von 500 bis 1000 Exemplaren gepresst werden, versteht es sich von selbst, dass für Musiker und Label nach Abzug der Kosten kaum etwas übrig bleibt.

Wer kaufmännisch und organisatorisch fit ist, kann natürlich auch mit entsprechender musikalischer Vision seine eigenen Platten oder CDs rausbringen. Dabei geht es mittelfristig nicht nur um die einmalige Veröffentlichung von selbst produzierter Musik, sondern um den Aufbau eines musikalischen Umfelds für eine ganz bestimmte Stilrichtung. Dazu gehören Produzenten, mit denen man gerne zusammenarbeiten möchte, genauso wie DJs und Journalisten, die deine Musik schätzen und bekanntmachen. Ein Label lässt sich ohne weiteres eine ganze Weile als Hobby oder Underground-Institution betreiben. Doch bereits mit der ersten Produktion gründet man ein (kleines) Unternehmen. Und das bedeutet eine Menge Spaß und Erfüllung, jedoch auch einiges an Arbeit:

Ein Track ist fertig und liegt als DAT oder CD vor. Wenn möglich, sollten die Stücke bereits in der gewünschten Qualität als sog. Premaster abgegeben werden. Premastern lässt sich heutzutage mit jedem hochwertigen Rechner (Mac G3 oder Pentium III etc.), auf dem eine gute Soundkarte und die entsprechende Software installiert ist. Sprich: Sample-Editoren, Sequenzer, Equalizer, Kompressoren, De-Esser und Effektreihen, eben alles, was man zum Hard-Disk-Recording, dem direkten Überspielen eines

Stückes in vervielfältigbarer Form auf Festplatte, so braucht. Dabei kann es sehr von Nutzen sein, sich neben der Technik auch mit den Grundzügen der Psychoakustik vertraut zu machen (vgl. Seite 201).

Dieser finale Aufnahmeschritt wird für alle, die nicht selber premastern können oder wollen, auch weiterhin von Tonstudios angeboten. Man verschickt seine Aufnahme, vertraut auf den Studiotechniker und hofft auf eine halbwegs erträgliche Qualität.

Hat man das finale Masterband in der Hand, beginnt das große Recherchieren, welches Presswerk die günstigsten Konditionen verbunden mit dem besten Service bietet. In den letzten Jahren haben außerordentlich günstige Komplettangebote aus Tschechien, Polen oder Rumänien den Markt aufgemischt. Wenn man auf den kurzen Dienstweg bei Testpressungen verzichten kann und genug Zeit im Rücken hat, spricht nichts gegen diese Offerten, man sollte sich allerdings rechtzeitig nach anfallenden Fracht- und Zollkosten erkundigen und die GEMA-Anmeldung (Sitze in München und Berlin) nicht vergessen. Sonst stehen schneller als du denkst die Piraterie-Fahnder der IFPI (International Federation of the Phonographic Industry) vor deiner Tür. Auch die renommierten deutschen Großpresswerke Pallas und Lamping oder MPO in Frankreich bieten Lösungen mit Überspielung direkt vom DAT an. Externe Masteringstudios wie Dubplates & Mastering in Berlin oder Toolhouse in Gelnhausen legen beim Herstellen der zum Pressvorgang benötigten Lackfolie mehr Sorgfalt an den Tag, die natürlich auch ihren Preis hat. Wem das für den Anfang alles zu kompliziert und verwirrend klingt, wendet sich an einen Rundum-Dienstleister wie Eldorado in Mainhausen oder Handle With Care in Berlin. Hier liegt die gesamte Herstellung von der DAT-Abgabe bis zur Auslieferung in einer Hand. Für eine Auflage von 1000 Maxis sollte man – bei durchschnittlicher Coverausstattung und ohne Überspielung – einen Richtwert von 3000 Mark ansetzen. Dazu kommen noch die Kosten für Layout, Druckfilme und Versand. Mit der Galvanisierung und GEMA können so schnell noch mal 1500 DM auflaufen.

Zusammen mit dem DAT sollte auch der Meldebogen für die GEMA mitgeschickt werden, da zeitgleich mit der Pressung auch die GEMA-Lizenzen (ca. DM 1,50 pro 12") fällig werden. Für jedes Stück sind Titel, Komponist, Textdichter, Länge und Musikverlag (falls bekannt) samt selbst vergebener Katalognummer aufzulisten. Diese Informationen leitet das Presswerk an die GEMA weiter, wo die Angaben mit der hauseigenen Datenbank abgeglichen werden. Tauchen dabei Rechteinhaber auf, wird man zahlungspflichtig für jedes gepresste Exemplar. Das hat mit der letztlich verkauften Auflage nichts zu tun. Hier geht es dem Debütanten kaum anders als beim Finanzamt: Alles muss im Voraus angemeldet, erledigt und bezahlt werden. Für mittelfristig angelegte Labelplanungen lohnt sich möglicherweise der Verband unabhängiger Tonträgerunternehmen (VUT), dem 550 Labels angeschlossen sind. Ein hier angebotener GEMA-VUT-Rahmenvertrag kostet zwar Aufnahme- und Mitgliedsgebühr, doch diese lässt sich durch niedrigere Gema-Lizenzen und Promotion-Freikontingente schnell wieder reinholen. Weiterführende Seminare zum Thema werden regelmäßig angeboten (Info unter: VUT e. V., Stahltwiete 13, 22761 Hamburg). Die für die GVL-Abrechnungen wichtige Labelcode- oder LC-Nummer ist anfangs nicht unbedingt nötig. Erst wenn das Label auf halbwegs stabilem Boden steht und eure Songs zumindest die Chance haben, im Radio (oder Fernsehen) gespielt zu werden, sollte man sich bei der GVL (Gesellschaft zur Verwertung von Leistungsschutzrechten) melden. Hier wird dann auch der Gewerbeschein verlangt, den es beim lokalen Ordnungsamt gibt, des Weiteren ein Vertrag mit dem Künstler, in dem das Label die so genannten Leistungsschutzrechte (siehe Rechtsteil) übertragen bekommt.

Irgendwann steht dann eine Palette mit 1000 Platten in einer Ecke und wartet auf weitere Verwendung. Wer das Ganze nicht als reines Hobby betrachtet, hat im Vorfeld bereits Gespräche mit einem Vertrieb geführt, der die Auslieferung der Labelneugründung an die Plattenläden übernimmt. Welcher Partner der richtige ist, hängt einmal mehr von eurer Programmplanung ab. Im Vertriebsbereich existiert heute ein musikalisch ausdifferenziertes Spektrum von altbewährten Indie-Hausnummern mit breiter Labelstreuung wie EfA und Indigo, über die mittelgroßen Dance-Anbieter NTT, Groove Attack oder Neuton bis zu hoch spezialisierten Underground-Vertrieben. Auch hier gilt: Die Chemie muss stimmen – schließlich müssen die Vertriebsleute eure Sounds den Einkäufern der Plattenläden nahe bringen. Man sollte nicht unbedingt darauf spekulieren, von den ersten Vertriebserlösen gleich die Rechnungen für die Startproduktion bezahlen zu können. Gerade kleinere Vertriebe haben einen eigenwilligen Zahlungsrhythmus, vor allem wenn eure Scheiben anfangs etwas schleppend abverkaufen. Es kursieren zwar genügend Heldengeschichten, wie jemand mit 1000 Mark Startkapital ein Pop-Imperium gegründet hat. Solche außerordentlichen Glückskinder werden leider immer seltener. Eine Summe von 10.000 Mark reicht für zwei, maximal drei Platten – drei bis vier Veröffentlichungen sollte man beim Start eines eigenen Labels bereits im Hinterkopf bzw. auf der Festplatte haben. Schließlich soll sich das Label als wahrnehmbares Markenzeichen etablieren. Selbst wenn es sich nur um ein von Liebhabern geschätztes Kleinod handelt.

„Wir sehen uns vor Gericht"

EINFÜHRUNG IN DAS URHEBERRECHT: ROYALTIES, SAMPLES UND REMIXES VON *SASCHA LAZIMBAT & KRISTINA EHLE*

Die technische Entwicklung hat die Übergänge vom DJ über den Produzenten und weiter zum Labelboss fließend gemacht. Dabei bedenken die wenigsten, dass aus der Spielerei im Studio sehr schnell eine juristische Konstruktion wird. Das sollte zwar niemanden davon abhalten, auch weiterhin einfach der begeisternden Suche nach „glücklichen Unfällen" nachzugehen. Trotzdem schadet es nichts, sich einmal mit den Grundgedanken des Urheberrechts zu befassen. Mit jedem kreativen Akt im Heimstudio entstehen nämlich Rechte – oder es werden gar Rechte verletzt.

Die folgenden Seiten sind eine – in manchen Aspekten vereinfachte – Einführung in das Urheberrecht, die sich ausdrücklich nicht an Profi-Juristen oder diejenigen richtet, deren Millionen-Deal demnächst über die Bühne gehen soll. Wer es noch genauer wissen will, findet am Kapitelende eine Liste mit nützlichen Büchern und Adressen. Für den Einsteiger beginnen wir mit den ganz grundlegenden Basics ...

Das Urheberrecht

Was ist überhaupt das Urheberrecht, und was hat es mit Musik zu tun? Außer in einigen für unsere Zwecke nicht so interessanten Nebengesetzen finden wir das deutsche Urheberrecht vor allem im „Gesetz über Urheberrecht und verwandte Schutzrechte", der Kürze wegen auch einfach Urheberrechtsgesetz genannt. Was dieses Gesetz bezweckt, steht direkt im ersten Paragraphen: Den Urhebern, also den Schöpfern von Werken, soll für ihre Werke Schutz gewährt werden.

Geschützt sind durch das Urheberrechtsgesetz alle möglichen Werke der Literatur, Wissenschaft und Kunst: von Romanen und Reden über Computerprogramme, Gemälde und Filme bis hin zu Werken der Musik. Ein

Werk der Musik meint in diesem Zusammenhang die Komposition, also die Musik und den Text, so wie man sie auf Notenblättern aufschreiben kann.

Nach § 2 Absatz 2 des Urheberrechtsgesetzes stellen aber nur solche Kompositionen schutzfähige Werke dar, die eine persönlich-geistige Schöpfung sind, d. h. eine gewisse „individuelle Eigenart" aufweisen. Die Messlatte hierfür ist im Bereich der so genannten Unterhaltungsmusik (vom Schlager über Pop bis zu HouseMusic) nicht allzu hoch zu hängen. Entscheidend ist regelmäßig der Gesamteindruck des Musikwerks. Der erforderliche Schöpfungsgrad ist gegeben, wenn der Komponist eine Leistung erbringt, die über eine rein handwerkliche Anwendung der musikalischen „Werkzeuge" hinausgeht. Es reicht also nicht aus, einen D-Dur-Dreiklang einfach unverändert mehrfach zu wiederholen, sondern es muss noch irgendetwas hinzukommen, was dieser Tonfolge einen individuellen und somit unterscheidbaren Ausdruck verleiht. Diese individuelle Eigenart muss nicht in der Melodie eines Songs liegen, sondern kann sich aus einer bestimmten Rhythmisierung oder Instrumentierung ergeben. Auch Teile eines Werkes sind geschützt, wenn sie die eben genannten Anforderungen erfüllen.

„Schöpfungshöhe" bedeutet somit nicht, dass nur Werke der vermeintlichen Hochkultur geschützt sind. Behauptungen wie „Techno ist nicht schutzfähig", die man immer wieder hört, sind Unsinn. Auch hier kommt es immer auf den Einzelfall an. Ein Technotrack ist genauso geschützt wie eine Richard-Wagner-Oper, wenn er Ausdruck persönlicher Kreativität ist. Das Erfordernis der Schöpfungshöhe kann aber gerade bei Genres wie Techno relevant werden, wenn gewisse Elemente in sehr vielen Tracks auftauchen. So entschied das Oberlandesgericht München in einem langwierigen Prozess, den die Verleger des Werkes „Superstring" auf dem Eye-Q-Label gegen die Hitproduzenten von Snap führten, dass sowohl der „Superstring"-Track als auch der Snap-Titel „Green Grass Grows" urheberrechtlich geschützte Werke seien, weil beide Titel in ihrem Gesamteindruck Ausdruck einer persönlich-geistigen Schöpfung seien. Die Tatsache, dass „Green Grass Grows" dieselbe Synthie-Bassline aus fünf Tönen benutze, die auch das Grundgerüst von „Superstrings" bildet, mache den Snap-Titel aber nicht zu einem Plagiat, weil es sich bei

dieser Tonfolge eben nicht um den Ausdruck einer persönlich-geistigen Schöpfung handelt, sondern um ein ganz simples und nahe liegendes musikalisches Element, das so oder ähnlich in unzähligen Technotracks vorkommt. Und so was ist dann eben keine persönlich-geistige Schöpfung.

Entstehung des Urheberrechts

Wann entsteht der urheberrechtliche Schutz an einem solchen Werk? Versuchen wir uns das doch an einem Beispiel klarzumachen: Im Jahre 1936 komponierte Carl Orff die Musik für „O Fortuna", den ersten Teil der Prelude der „Carmina Burana". Sie erfreut sich heute großer Popularität als Sample für Acts wie zum Beispiel Nas und Puff Daddy (wozu das geführt hat, sehen wir später). Nun könnte man sich ja verschiedene Zeitpunkte für das Entstehen des Urheberrechts vorstellen – zum Beispiel schon mit der ersten Idee oder erst mit der Uraufführung des Werkes. Der entscheidende Zeitpunkt liegt in Deutschland aber dazwischen. Die Juristen sagen hier: Die Werkschöpfung muss eine Form angenommen haben, in der sie bereits der Wahrnehmung durch die menschlichen Sinne zugänglich geworden ist. Eine körperliche Fixierung ist nicht notwendig. Das bedeutet: Als die Melodie in Carl Orffs Gehirnwindungen entstand, erwarb der Komponist hieran noch kein Urheberrecht. Die Melodie erlangte ihren Schutz aber schon, als Orff sie am Piano spielte, weil man sie jetzt eben schon hören, also mit einem menschlichen Sinn wahrnehmen konnte. Dass er sie auf Notenpapier aufschrieb, war hierfür gar nicht mehr nötig, ebenso wenig die Uraufführung vor einem öffentlichen Publikum 1937. Und schon gar nicht musste Orff sein Werk irgendwo registrieren, um Copyright-Schutz zu erwerben.

Inhalt des Urheberrechts

So leicht wird man also Urheber. Und was bringt einem so ein Urheberrecht jetzt ganz konkret? Nun, der Urheber hat grundsätzlich das ausschließliche Recht, sein Werk in jeglicher Weise zu verwerten. Das bedeutet: Niemand anders darf dieses Werk ohne Genehmigung des Urhebers benutzen oder sonst wie auswerten.

Diese ausschließlichen Verwertungsrechte des Urhebers sind im Gesetz wie folgt unterteilt:

– Vervielfältigungsrecht

Eines der wichtigsten Rechte des Urhebers ist das Vervielfältigungsrecht. Eine Vervielfältigung stellt nicht nur der Druck von Noten des Werkes dar, sondern z. B. auch das Aufnehmen eines Werkes auf ein Mastertape und das Herstellen von Schallplatten und CDs, auf denen jemand das Werk interpretiert – auch in diesen Tonträgern ist das Werk ja verkörpert.

– Verbreitungsrecht

Das Verbreitungsrecht ist das Recht, das Werk oder Vervielfältigungsstücke davon (wie z. B. CDs) öffentlich anzubieten oder in Verkehr zu bringen. Auch dieses Recht steht ausschließlich dem Urheber zu.

Die Rechte zur Vervielfältigung und Verbreitung von Werken in Form von Tonträgern nennt man auch „mechanische Rechte".

Im Gesetz finden wir als nächstes Recht des Urhebers das Ausstellungsrecht – relevant wird dieses Recht logischerweise eher bei Gemälden oder anderen Werken der bildenden Kunst.

– Recht zur Aufführung, Sendung, öffentlichen Wiedergabe
Für Werke der Musik wichtig ist aber das Aufführungsrecht, also das
Recht, ein Werk der Musik öffentlich zu Gehör zu bringen. Auch dieses
Recht, einen Song z. B. im Rahmen eines öffentlichen Konzerts oder Gigs
zu spielen, steht ausschließlich dem Urheber zu. Dasselbe gilt für das
Senderecht, also das Recht, das Werk z. B. im TV und Radio der Öffent-
lichkeit zugänglich zu machen.

Daneben gibt es noch das Recht zur öffentlichen Wiedergabe des Werkes durch Bild- oder Tonträger oder durch Funksendung. Zunächst einmal
darf also nur der Urheber Platten, die sein Werk enthalten, in einem Club
spielen oder die Radiosendung seines Werkes in einem Café einschalten.

– Bearbeitungsrecht
Das letzte wichtige im Gesetz geregelte Recht des Urhebers ist das
Recht zur Bearbeitung oder Umgestaltung des Werkes. Diesem Recht
widmen wir uns später ausführlich, wenn es um Remixes, Samples und
Coverversionen geht. Soviel vorab: Änderungen und Umgestaltungen
eines Werkes, auch die Verbindung eines Werkes mit einem anderen
Werk, darf grundsätzlich nur der Urheber vornehmen.

– Unkörperliche Verbreitung
Im Zeitalter von MP3 und Real-Audio wird momentan ein neues Recht
ziemlich relevant für den Urheber: das Recht zum Vertrieb über das Internet oder andere Online-Dienste. Das deutsche Urheberrechtsgesetz
schweigt dazu, solche Rechte werden hier bisher mit keinem Wort
erwähnt. Die entsprechende Ergänzung des Gesetzes ist schon in Arbeit,
aber bekanntlich hinkt die Politik der Realität ja immer ein bisschen hinterher. Anders sieht es in der Industrie aus: Die Verträge der Verlage,
Schallplattenfirmen usw. enthalten hierzu mittlerweile schon detaillierte
Regelungen. Denn so viel ist klar: Das Online-Recht steht als Verwer-
tungsrecht zunächst einmal dem Urheber zu.

Einräumung von Nutzungsrechten

Wenn all die oben genannten Rechte ausschließlich dem Urheber zustehen, wie kann dann eine Plattenfirma überhaupt Tonträger herausbrin-
gen, die Werke anderer Leute enthalten? Das Urheberrecht selbst kann

man nicht übertragen. Es verbleibt immer beim Urheber. Der Urheber kann einem anderen aber ein Nutzungsrecht an seinem Werk einräumen. So ein Nutzungsrecht wird auch Lizenz genannt.

Eingeräumt werden kann ein einfaches Nutzungsrecht (non-exklusive Lizenz) oder ein ausschließliches Nutzungsrecht (exklusive Lizenz). Eine solche exklusive Rechtseinräumung führt dazu, dass niemand anders als der Lizenznehmer das Werk nutzen darf, nicht einmal der Urheber selbst. Ein Nutzungsrecht kann außerdem räumlich, zeitlich oder inhaltlich beschränkt eingeräumt werden. So könnte beispielsweise ein Urheber einem Shampoohersteller das non-exklusive Nutzungsrecht einräumen, sein Werk als Hintergrundmusik mit einem Werbespot zu verbinden und über TV zu senden, aber nur zwei Jahre lang und nur in Deutschland. Der Urheber bliebe in diesem Fall berechtigt, sein Werk in jeglicher Weise weiterhin selbst zu nutzen oder nutzen zu lassen und könnte sogar einem anderen Shampoo-Hersteller seinen Song für eine Werbung verkaufen. Logisch also, dass Exklusivität dem Erwerber eines Nutzungsrechtes oft ganz wichtig ist.

„Royalties"

Natürlich werden Nutzungsrechte meist nicht aus reiner Menschenfreundlichkeit eingeräumt. Deshalb erwartet der Urheber von seinem Lizenznehmer eine Vergütung. Hier kann man natürlich ganz normal eine Pauschalsumme (*flat fee* genannt) festlegen, und in einigen Bereichen des Musikgeschäfts ist dies auch vollkommen üblich, z. B., wenn es wie oben um die Genehmigung zur Verwendung eines Songs in einem Werbespot oder einem Spielfilm geht. Diese Rechte zur Verbindung eines Werkes mit bewegten Bildern nennt man auch Synchronisations- oder Synch-Rechte. In den meisten Fällen wird im Musikbiz aber kein pauschaler „Kaufpreis" für die Einräumung von Nutzungsrechten vereinbart, sondern eine so genannte Umsatzbeteiligung, englisch *Royalty* genannt. Der Urheber ist also mit einem gewissen Prozentsatz an den Einkünften oder Gewinnen des Lizenznehmers beteiligt. Schließe ich als Urheber zum Beispiel einen Autorenexklusivvertrag mit einem Musikverlag, so könnte dieser Vertrag regeln, dass mir 10 % der Beträge zustehen, die der Verlag aus dem Verkauf von Noten meiner Werke erzielt.

Verwertungsgesellschaften

So richtig praktisch ist das System mit den Nutzungsrechten trotzdem nicht. Was ist denn zum Beispiel, wenn ich DJ in einem Club bin und dort meine Lieblingsplatten vor Publikum auflegen, also öffentlich wiedergeben will? Muss ich jetzt jeden Urheber anrufen und mit ihm eine Vergütung für die Einräumung eines einfachen Nutzungsrechts aushandeln? Das wäre für mich als DJ genauso unpraktisch wie für Leute wie Ashley Beedle, dessen Telefon wohl niemals stillstehen würde, da viele DJs seine Platten spielen wollen.

Genau aus diesem Grund gibt es für Urheber so genannte Verwertungsgesellschaften, deren Namen wir alle von den Labels auf unseren Schallplatten kennen. Die deutsche Verwertungsgesellschaft für Urheber von Musikwerken heißt GEMA (Gesellschaft für musikalische Aufführungsrechte und mechanische Vervielfältigungsrechte). Die Urheber schließen mit der GEMA einen so genannten Berechtigungsvertrag, in dem sie den überwiegenden Teil der Nutzungsrechte an allen von ihnen geschaffenen Werken der GEMA zur Wahrnehmung übertragen. Die GEMA wiederum räumt dann den Nutzern von Musik einfache Nutzungsrechte ein, kassiert hierfür Gebühren und zahlt diese nach Abzug einer Verwaltungspauschale an den Urheber aus. Der Vorteil für die Musiknutzer: sie müssen nicht forschen, wer eigentlich Urheber ist und wie man diesen erreicht. Der Vorteil für den Urheber: Er muss sich nicht um das Inkasso kümmern, sondern kann getrost seine vierteljährliche GEMA-Abrechnung abwarten.

In die Einzelheiten von GEMA-Tarifen und GEMA-Verteilungsschlüsseln einzusteigen, würde den Rahmen dieses Buches locker sprengen. Nur so viel sei gesagt: Das ganze System ist hochkompliziert und mag nicht immer ganz gerecht erscheinen. Die GEMA unterscheidet zwischen ernster und Unterhaltungsmusik, zwischen EU-Bürgern und anderen Ausländern und zwischen angeschlossenen und ordentlichen Mitgliedern, was teilweise große finanzielle Auswirkungen haben kann. In manchen Bereichen wird ganz genau geschaut, welche Werke ich tatsächlich benutze, z. B. im Bereich der mechanischen Rechte. Lasse ich eine Platte eines bestimmten Werkes pressen, dann muss ich der GEMA genau melden, welches Werk ich benutzt habe. Anderswo wird dagegen pauschal kassiert. Ein Club zahlt eine bestimmte Gebühr, die allein abhängig von seinem Fassungsvermögen ist, und erwirbt damit das Recht, das ganze Repertoire der GEMA zur öffentlichen Wiedergabe zu nutzen. Weil diese Einnahmen der GEMA aus den Zahlungen von Clubs dann aber nicht anhand von Club-Playlists, sondern anhand der Einnahmen der GEMA-Mitglieder aus allen Bereichen verteilt werden, kassiert ein Herbert Grönemeyer von den GEMA-Gebühren der Clubs erheblich mehr als ein Ashley Beedle, auch wenn dessen Platten in Clubs vielleicht viel öfter laufen. Ein gerechteres System ist hier schwierig umzusetzen, denn wie viele Mitarbeiter die GEMA bräuchte, um Playlists aller Clubs zu bearbeiten bzw. überhaupt erst zu erstellen, kann man sich leicht ausmalen.

Apropos Ashley Beedle: ist der denn überhaupt Mitglied der GEMA? Mit Sicherheit nicht, aber er ist Mitglied der britischen Verwertungsgesellschaft PRS. Und die hat wiederum ein Abkommen mit der GEMA geschlossen, wonach die GEMA alle Rechte der PRS-Mitglieder in Deutschland wahrnimmt und die PRS alle Rechte der GEMA-Mitglieder in England. Und deshalb darf ich als DJ, wenn der Clubbetreiber brav seine GEMA zahlt, auch ganz legal all meine US- und UK-Lieblingsplatten spielen.

Ein kleiner Exkurs: Wer hat die Online-Rechte?

Eines der größten Vorbilder unseres jetzt langsam etwas überstrapazierten Ashley Beedle ist der legendäre Walter Gibbons, ein amerikanischer Disco-Produzent der 70er Jahre, dem Ashley sein Album „Walter's Room" widmete. In den Siebzigern waren die weltweite und millionenfache Nutzung des Internet noch Zukunftsmusik. Nehmen wir einmal an, dieser Walter Gibbons hätte in Deutschland in den Siebzigern Disco-Werke komponiert und hätte damals (die GEMA lassen wir mal außen vor) einen Vertrag mit folgendem Inhalt unterschrieben: „Hiermit übertrage ich, Walter Gibbons, der XY-Schallplattenfirma weltweit und zeitlich unbeschränkt exklusiv sämtliche urheberrechtlichen Nutzungsrechte für alle jetzigen und zukünftigen Verwertungsformen."

Wäre diese Schallplattenfirma dann heute berechtigt, Walters Werke als MP3-Dateien im Internet zum Abruf bereitzuhalten? Die Antwort gibt uns § 31 Abs. 4 UrhG, der regelt, dass die Einräumung von Nutzungsrechten für noch nicht (als wirtschaftlich wichtig) bekannte Nutzungsarten unwirksam ist. Das bedeutet: In den Siebzigern konnte man noch gar keine Online-Rechte einräumen. Die Juristen setzen als Zeitpunkt des Bekanntwerdens des World Wide Web erst 1995 an. Die entsprechenden Verwertungsrechte gehören also immer noch dem guten alten Walter.

Zweiter Exkurs: Die Zweckübertragungstheorie

Ein ganz wichtiger Grundsatz im deutschen Urheberrecht findet sich in der so genannten Zweckübertragungsregel. Die besagt nämlich, dass Nutzungsrechte, wenn sie bei der Einräumung nicht einzeln bezeichnet werden, nur insoweit übertragen werden, wie sie zur Erfüllung des jeweiligen Vertragszweckes erforderlich sind. Schauen wir uns vor diesem Hintergrund noch einmal Walters Vertragsklausel von oben an und versuchen zu ermitteln, welche Rechte die XY-Schallplattenfirma durch diesen Vertrag erworben hätte, wenn der Vertrag nicht in den Siebzigern, sondern heute abgeschlossen worden wäre. Einzeln bezeichnet sind bestimmte Nutzungsarten in der Klausel überhaupt gar nicht. Es werden pauschal „alle" Rechte für „alle" Verwertungsformen eingeräumt.

Dank der Zweckübertragungslehre bedeutet dies aber, dass Walter in Wirklichkeit mitnichten alle Rechte verloren hat, sondern nur die, welche die Schallplattenfirma für den beim Vertragsschluss zugrunde gelegten Zweck unbedingt braucht. Und wenn vor dem Vertragsschluss nur über Tonträger gesprochen worden ist, dann hat die Firma eben auch nur die dafür erforderlichen mechanischen Rechte erworben. Damit wird deutlich, warum die Rechtsübertragungsklausel in Verlags- und Tonträgerverträgen manchmal drei Seiten lang werden kann: Will man wirklich alle Rechte erwerben, so muss man sie auch alle einzeln aufzählen.

Noch ein kleiner Exkurs: Zum Verbreitungsrecht

Jetzt haben wir also die Verwertungs- und Nutzungsrechte kennen gelernt und wie man sie erwirbt. Kommen wir aber noch mal zum Verbreitungsrecht zurück, denn da könnten sich bei genauerem Überlegen ein paar praktische Fragen auftun. Was passiert eigentlich, wenn ich zum Beispiel meine neue Underworld-CD nach ein paar Monaten leid bin und sie verschenken oder verkaufen möchte? Wenn ich zu diesem Zweck eine Kleinanzeige aufgebe und einem Interessenten die Scheibe verkaufe, muss ich dann vorher zur GEMA gehen und mir ein dementsprechendes Nutzungsrecht besorgen, weil ich sonst das exklusive Verbreitungsrecht der Urheber der Underworld-Songs verletze? Karl Hyde und seine Kumpels haben über die GEMA ja schließlich nicht mir, sondern nur der Plattenfirma V2 das Verbreitungsrecht eingeräumt.

Zur GEMA muss ich trotzdem nicht. Denn das Verbreitungsrecht erschöpft sich, wie es so schön im Juristendeutsch heißt. Das bedeutet, dass die Weiterverbreitung eines Werkes oder Vervielfältigungsstückes ohne weiteres erlaubt ist, wenn dieses mit Zustimmung des Berechtigten innerhalb der Europäischen Union in den Verkehr gebracht worden ist. Und die Veröffentlichung durch V2 in Deutschland geschah ja mit Zustimmung von Underworld. Bei Tonträgern, die woanders in den Verkehr gebracht worden sind, kann das schon anders aussehen. Der Import von CDs, die z. B. in den USA legal erschienen sind, kann deshalb unter Umständen hier rechtlich problematisch sein.

Kann ich also mit einer in Deutschland gekauften CD alles anstellen, was ich will, sie zum Beispiel auch vermieten? Nein. Das gewerbliche Vermieten oder Verleihen ist vom Verbreitungsrecht nicht mehr erfasst. Eine entsprechende Regelung im Gesetz hat die Plattenindustrie Mitte der neunziger Jahre durchsetzen können, als die Videotheken hier eine lukrative Marktlücke entdeckten. Seitdem benötigt man für das Vermieten von Tonträgern eine gesonderte Erlaubnis.

Der letzte Exkurs:
Vervielfältigung für den privaten Gebrauch

Verletze ich eigentlich das Vervielfältigungsrecht des Urhebers eines Songs, wenn ich mit meinem CD-Brenner als Geschenk für meinen besten Freund eine Kopie von einer CD anfertige?

Das Recht zur Vervielfältigung eines Musikwerks steht – wie wir oben gesehen haben – grundsätzlich dem Urheber zu. Niemand darf ohne seine Zustimmung einfach CDs mit seinen Songs bespielen. § 53 lässt allerdings Ausnahmen bei der Vervielfältigung für den privaten Gebrauch zu. Solange nur Familienmitglieder oder enge Freunde die Kopie der CD zu hören bekommen sollen, ist dagegen rechtlich nichts einzuwenden. Ist dein Freund allerdings DJ und soll die gebrannte CD öffentlich einsetzen, liegt kein privater Gebrauch mehr vor, und die Rechte des Urhebers wären verletzt. Außerdem dürfen auf diesem Wege nicht beliebig viele Vervielfältigungen hergestellt werden, sondern nur einzelne Exemplare. Als Richtschnur gilt in der Praxis: maximal sieben „Vervielfältigungsstücke".

Du kannst daher auch zum privaten Gebrauch Songs von einer CD in MP3-Files speichern (= vervielfältigen), um diese in deinem MP3-Player zu spielen. Ein Upload auf deine eigene Homepage, wo sie beliebige Dritte hören und runterladen können, fällt allerdings nicht mehr unter den privaten Gebrauch und ist daher ohne Einwilligung der Rechteinhaber verboten (die IFPI hat schon zehntausende illegaler Sites dichtgemacht). Das gilt auch, wenn du keine Vergütung verlangst. Das Internet ist eben nicht mehr Bestandteil deiner Privatsphäre, auch wenn die Homepages mancher Leute wie Wohnzimmer aussehen.

Urheberpersönlichkeitsrechte

Bis hierhin hat sich das ja so angehört, als schütze das Urhebergesetz vor allem die materiellen Interessen der Urheber. Tatsächlich aber regelt das Urhebergesetz noch vor den zuvor behandelten Verwertungsrechten das so genannte Urheberpersönlichkeitsrecht (anderswo *droit moral* oder *moral rights* genannt). Das Urheberpersönlichkeitsrecht umfasst das Recht, zu bestimmen, ob und wie ein Werk (zum ersten Mal) zu veröffentlichen ist, das Recht, als Urheber des Werkes anerkannt zu werden (also zum Beispiel zu bestimmen, dass der Name oder Künstlername auf allen Vervielfältigungen genannt werden muss), sowie das Recht, Entstellungen oder andere Beeinträchtigungen des Werkes zu verbieten, die geeignet sind, die berechtigten geistigen oder persönlichen Interessen am Werk zu gefährden. Diese Urheberpersönlichkeitsrechte können nicht übertragen werden, und der Urheber kann nicht im Vorhinein auf sie verzichten. Das bedeutet, dass der Urheber, auch wenn er jemandem die ausschließlichen Nutzungsrechte an einem Werk wirksam übertragen hat, eine Verwendung seines Werkes in einem völlig ungewünschten Zusammenhang

(z. B. als Hintergrundmusik für eine Werbung für eine rechtsradikale Partei) verbieten kann.

Urheberschaft an einem Werk

Ein Musikwerk kann von nur einer Person geschaffen werden, der dann auch das gesamte Urheberrecht an dem Werk zusteht. Eine Komposition kann aber auch in Teamarbeit von mehreren Personen gemeinsam geschrieben werden. Die Urheber eines gemeinsam geschaffenen, einheitlichen Werkes nennt man Miturheber. Wenn Kenny „Dope" Gonzalez und „Lil'" Louie Vega von Masters At Work gemeinsam einen neuen Track schreiben, sind sie also Miturheber. Steht Kenny Dope dann das Urheberrecht an den ersten drei Minuten des Tracks zu und Little Louie das Recht an den letzten drei Minuten des Tracks? Nein, auch hier entsteht an dem Werk nur ein Urheberrecht, das aber den Miturhebern gemeinsam zusteht. Das bedeutet, die Miturheber müssen gemeinsam entscheiden, ob ihr Werk veröffentlicht und verwertet wird. Auch für Veränderungen an dem gemeinsamen Werk ist die Zustimmung aller Miturheber erforderlich.

Was aber, wenn sich Kenny Dope und Little Louie zerstreiten, nachdem sie den Track fertig produziert haben? Kenny Dope möchte nun seine Zustimmung zu einer Veröffentlichung des Tracks und der Herstellung von Remixen verweigern, weil er seinen Namen nie wieder zusammen mit dem von Little Louie auf einem Plattencover sehen möchte?

Nach § 8 Absatz 2 des Urheberrechtsgesetzes darf ein Miturheber seine Einwilligung zur Veröffentlichung, Verwertung oder Veränderung des Werkes nicht wider Treu und Glauben verweigern. Ein Verstoß gegen „Treu und Glauben" läge vor, wenn die Verweigerung der Einwilligung den anderen Miturhebern gegenüber völlig unredlich wäre bzw. eine Art Vertrauensbruch darstellen würde. Um das zu beurteilen, muss man sich vor allem die Zwecke und Absichten anschauen, die von den Miturhebern mit der Werkschaffung verfolgt wurden. Wurde der Track nur zum Spaß für den privaten Gebrauch geschrieben und war nie von einer kommerziellen Veröffentlichung die Rede, so kann die Verweigerung der Einwilligung durchaus berechtigt sein. Auch die Verletzung von Urheberpersönlichkeitsrechten kann die Verweigerung der Zustimmung zu Veränderungen des gemeinsamen Werkes rechtfertigen.

Wie sieht es aber aus, wenn beipielsweise bei Gang Starr ein Werk entsteht und DJ Premier nur die Musik komponiert, während Guru den Text ganz allein schreibt? Haben Gang Starr damit ein gemeinsames Werk geschaffen? Steht den beiden zusammen ein Urheberrecht an Text und Musik für den Track zu?

Bei Text und Musik für einen Track handelt es sich in der Regel um zwei selbstständige Werke, die lediglich zum Zwecke ihrer gemeinsamen Verwertung miteinander verbunden wurden. Das Urhebergesetz spricht in diesen Fällen nicht von Miturheberschaft, sondern von einer Werkverbindung. An verbundenen Werken entsteht kein gemeinsames Urheberrecht. Somit ist Premier der alleinige Urheber der Musik und erwirbt durch die Verbindung mit Gurus Text keine Rechte am Text, umgekehrt ist Guru nur Urheber des Textes. Jedoch kann – ähnlich wie bei der Miturheberschaft – nach § 9 des Urheberrechtsgesetzes jeder Urheber vom anderen die Einwilligung zur Veröffentlichung, Verwertung und Änderung der verbundenen Werke verlangen, wenn das dem anderen nach Treu und Glauben zuzumuten ist. Jeder Urheber kann sein Werk auch weiterhin allein, d. h. außerhalb der Werkverbindung, verwerten, es sei denn, die Urheber haben etwas anderes vereinbart.

Zu unterscheiden sind also in Miturheberschaft geschaffene einheitliche Werke und bloß verbundene Werke. Entscheidend ist, ob die einzelnen Beiträge der Urheber trennbar sind und auch allein, für sich genommen, wirtschaftlich verwertet werden könnten. Da Premier die Musik eines Gang-Starr-Tracks auch ohne den Rap als Instrumentalstück und Guru den Text vielleicht auch noch in seinem nächsten Gedichtband veröffentlichen könnte, handelt es sich bei Musik und Text in diesem Fall eben nur um eine Werkverbindung.

Dauer des Urheberrechts

Das Urheberrecht an einem Werk ist kein ewiges Recht, sondern es erlischt in der Regel 70 Jahre nach dem Tod des Urhebers. Wurde das Werk von Miturhebern geschaffen, so kommt es für die Berechnung der siebzigjährigen Frist auf den Tod des letzten Miturhebers an. Danach ist das Werk gemeinfrei. Das bedeutet: Jedermann kann das Werk verwenden, ohne hierfür irgendwelche Zustimmungen einholen zu müssen.

Leistungsschutzrechte

Bisher haben wir eine Menge über Urheberrechte, die Rechte an einem Musikwerk, geredet. Urheberrechte stehen demjenigen zu, der einen Song geschrieben hat. Aber was ist mit den Künstlern, die diesen Song auf ihrem Instrument spielen oder ihn singen? Besitzen die gar keine Rechte an ihrer Darbietung?

Genau aus diesem Grund haben wir Carl Orff benutzt, um das Konzept von Urheberrechten zu erklären: In den seligen Tagen der klassischen Komponisten haben sich Leute wie Ludwig van Beethoven mit einem Stapel Papier und einem Bleistift an ihr Klavier gesetzt und ihre Kompositionen in Noten aufgeschrieben. Sie haben ihre Kompositionen aber selten selbst gespielt. Ausübender Künstler war jemand ganz anderes – ein berühmtes Orchester zum Beispiel. Als das deutsche Urhebergesetz verabschiedet wurde (1871), gab es keine Plattenspieler oder Radios. Damit gab es aber auch keinerlei Veranlassung, diese ausübenden Künstler und ihre Rechte zu schützen. Denn deren Darbietung konnte nicht reproduziert werden – man musste Eintritt bezahlen, um ein Konzert zu besuchen, oder man bekam es nie zu Gehör.

Mit fortschreitender technischer Entwicklung hat der Gesetzgeber jedoch die Notwendigkeit des Schutzes auch der ausübenden Künstler erkannt. Also wurde das Urhebergesetz 1966 um Bestimmungen für so genannte verwandte Schutzrechte erweitert. Genauso wie Urheberrechte dem Urheber gewisse Rechte in Bezug auf die Vervielfältigung oder öffentliche Aufführung seines Werkes einräumen, verleihen Leistungsschutzrechte den ausübenden Künstlern, also denjenigen, die ein Werk vortragen oder aufführen oder bei der Aufführung künstlerisch mitwirken, ganz ähnliche Befugnisse.

So heißt es im Urhebergesetz:

§ 74 Die Darbietung des ausübenden Künstlers darf nur mit seiner Einwilligung außerhalb des Raumes, in dem sie stattfindet, durch Bildschirm, Lautsprecher oder ähnliche technische Einrichtungen öffentlich wahrnehmbar gemacht werden.

§ 75 Die Darbietung des ausübenden Künstlers darf nur mit seiner Einwilligung auf Bild- oder Tonträger aufgenommen werden. Die Bild- und Tonträger dürfen nur mit seiner Einwilligung vervielfältigt werden.

§ 76 (1) Die Darbietung des ausübenden Künstlers darf nur mit seiner Einwilligung durch Funk gesendet werden.

Der Schutz der ausübenden Künstler geht aber nicht ganz so weit wie die Befugnisse des Urhebers, denn gewisse Nutzungen kann der ausübende Künstler nicht verhindern, sondern hierfür nur kassieren:

§ 76 (2) Die Darbietung des Künstlers, die erlaubtermaßen auf Bild- oder Tonträger aufgenommen wurde, darf ohne seine Einwilligung durch Funk gesendet werden, wenn die Bild- und Tonträger erschienen sind; jedoch ist ihm hierfür eine angemessene Vergütung zu zahlen.

§ 77 Wird die Darbietung des ausübenden Künstlers mittels Bild- oder Tonträger oder Funksendung seiner Darbietung der Öffentlichkeit wahrnehmbar gemacht, so ist ihm hierfür eine angemessene Vergütung zu zahlen.

In der Praxis existiert insoweit kein so großer Unterschied zwischen Urhebern und ausübenden Künstlern. Genauso wie Urheber ihre Rechte zur Funksendung und öffentlichen Darbietung an eine Verwertungsgesellschaft abtreten, besitzen auch die ausübenden Künstler eine Verwertungsgesellschaft, die für solche Nutzungen Gebühren einzieht, die GVL (Gesellschaft zur Verwertung von Leistungsschutzrechten).

Zu den „ausübenden Künstlern" im Sinne des Urheberrechtsgesetzes gehören übrigens nicht nur Sänger und Musiker, auch die Produzenten können Leistungsschutzrechte an einer Tonaufnahme erwerben, wenn sie bei der Produktion im Studio die Interpretation des Werkes beeinflussen, also nicht rein mechanisch die „Record"-Taste drücken, sondern kreativ mitwirken.

Blättert man im Urhebergesetz ein paar Paragraphen weiter, so stößt man interessanterweise auf noch mehr Inhaber von Leistungsschutzrechten:

§ 85 (1) Der Hersteller eines Tonträgers hat das ausschließliche Recht, den Tonträger zu vervielfältigen und zu verbreiten. Ist der Tonträger in einem Unternehmen hergestellt worden, so gilt der Inhaber des Unternehmens als Hersteller. Das Recht entsteht nicht durch Vervielfältigung eines Tonträgers.

Wie uns der dritte Satz in § 85 Absatz 1 zeigt, ist mit „Tonträgerhersteller" offensichtlich nicht das Presswerk gemeint. Es geht hier vielmehr um denjenigen, in dessen Verantwortung eine Musikaufnahme finanziell und organisatorisch vorbereitet und durchgeführt wird. Das kann ein Schallplattenunternehmen oder eine Produktionsfirma oder, wenn er das Risiko allein trägt, auch der Künstler selbst sein. An einer Aufnahme haben somit nicht nur die Künstler Rechte, die hierauf singen oder spielen, und die Produzenten, sondern auch derjenige, der die Aufnahme organisiert und bezahlt hat.

Mit den Rechten dieses Tonträgerherstellers geht es sogar noch weiter:

§ 86 Wird ein erschienener Tonträger, auf den die Darbietung eines ausübenden Künstlers aufgenommen ist, zur öffentlichen Wiedergabe der Darbietung genutzt, so hat der Hersteller des Tonträgers gegen den ausübenden Künstler einen Anspruch auf angemessene Beteiligung an der Vergütung, die dieser nach § 76 Abs. 2 und § 77 erhält.

In der Praxis sind auch die Tonträgerhersteller Mitglieder der Verwertungsgesellschaft GVL. Die angemessene Aufteilung z. B. der Zahlungen der Radiosender zwischen Künstlern und Tonträgerherstellern wird von dieser nach festgelegten Schlüsseln durchgeführt. Im Gegensatz zur GEMA vergibt die GVL keine Vervielfältigungsrechte für Tonträger. Wie viel von den Einnahmen aus Schallplattenverkäufen bei der Schallplattenfirma verbleibt und wie viel der Künstler erhält, das regeln diese Parteien eben im Rahmen eines Künstler-, Bandübernahme- oder Auftragsproduzentenvertrages.

Dauer der Leistungsschutzrechte

Wie das Urheberrecht sind auch die Leistungsschutzrechte nicht von ewiger Dauer. Die Leistungsschutzrechte der ausübenden Künstler erlöschen 50 Jahre nach Erscheinen des Tonträgers bzw. 50 Jahre nach der Darbietung des Musikwerks, wenn der Tonträger nicht innerhalb dieser Frist erschienen ist. Die Leistungsschutzrechte des Tonträgerherstellers erlöschen 50 Jahre nach dem Erscheinen des Tonträgers bzw. 50 Jahre nach der Herstellung der Tonaufnahme, wenn der Tonträger nicht innerhalb dieser Frist erscheint.

Intermezzo mit Carl Orff

Versuchen wir doch mal, das bisher erworbene Wissen zusammenzufassen. Wenn wir uns noch mal eine „Carmina Burana"-Platte vorstellen, welche Rechte benötigt eine Schallplattenfirma eigentlich für deren Herstellung? Nun, zuerst kommt Carl Orff, oder vielmehr seine Erben, die die Urheberrechte an dem Werk der GEMA als Verwertungsgesellschaft übertragen haben, von welcher die Firma das mechanische Vervielfältigungs- und Verbreitungsrecht erwerben kann. Ausübende Künstler sind die Musiker des Orchesters, und deren Rechte erwirbt die Schallplattenfirma z. B. im Rahmen eines Künstlervertrages. Wenn die Firma die Aufnahme auch noch bezahlt und organisiert hat und damit die Tonträgerherstellerrechte ohnehin selbst besitzt, dann hat sie alle für eine Veröffentlichung erforderlichen Rechte beisammen.

Wie gesagt, Carl Orff bietet ein gutes Beispiel, um die Grundzüge des Urheberrechts zu verstehen. Hätten wir einen Techno-Produzenten wie

Jeff Mills als Beispiel gewählt, so wäre der Überblick verwirrender geworden. Wenn Jeff Mills auf seinem eigenen Label eine Platte veröffentlicht, dann ist er gleichzeitig a) als derjenige, der sich die Struktur des Stücks ausgedacht hat, Urheber des zugrunde liegenden Werkes, b) als der Typ, der die richtigen Knöpfe auf seiner 909 gedrückt hat, ausübender Künstler, und c) als Ein-Mann-Schallplattenfirma, die die Aufnahmen bezahlt hat, auch Tonträgerhersteller. Heutzutage fallen eben viele Rollen im traditionellen Rechtekonzept des Urhebergesetzes zusammen. Das bedeutet aber nicht, dass man den Unterschied zwischen Urheberrechten und Leistungsschutzrechten außer Acht lassen darf. So mancher Filmproduzent hat schon sein Budget gesprengt, als er kurz vor der Premiere feststellte, dass er für seinen Soundtrack nicht nur die Rechte an einem Werk teuer bei einem Musikverlag einkaufen muss, sondern die Plattenfirma für die Rechte an der Aufnahme noch einmal fast dieselbe Summe verlangt.

Covers, Samples, Remixes

Coverversionen, Samples, Remixes – das scheinen auf den ersten Blick sehr verschiedene Dinge zu sein, also warum diskutieren wir sie allesamt in einem Abschnitt? Weil sie eines gemeinsam haben: Sie benutzen fremdes geistiges Eigentum – ein Werk oder eine Aufnahme.

Fangen wir mit Coverversionen an. Zunächst müssen wir dieses Wort mal für unsere Zwecke definieren. Eine Coverversion ist eine Wiederaufnahme eines schon erschienenen Werkes ohne größere Änderungen. Ein Beispiel wäre der Titel „S'Express" von dem gleichnamigen Projekt um DJ Mark Moore, den der deutsche Phil Fuldner vor kurzem gecovert hat.

Wenden wir doch unsere Urheberrechtskenntnisse an, um herauszufinden, welche Rechte man benötigt, um solch eine Coverversion zu veröffentlichen. Wenn man Maxi-Singles einer neuen „S'Express"-Version pressen lässt und verkauft, dann vervielfältigt und verbreitet man damit das Werk „S'Express". Hierzu braucht man die entsprechende Genehmigung oder Lizenz. Woher bekommt man die? Von der GEMA oder vom Komponisten selbst, wenn dieser nicht Mitglied einer Verwertungsgesellschaft sein sollte.

Könnte der Urheber, wenn er nicht GEMA-Mitglied ist, einfach „nein"
sagen? In Deutschland (und in einigen anderen Ländern wie den USA)
könnte er das nicht. Denn es gibt hierzulande eine merkwürdige Erfindung namens „Zwangslizenz", die in § 61 UrhG geregelt ist. Danach
muss ein Urheber, der einem Tonträgerhersteller das Recht zur Nutzung
eines Werkes eingeräumt hat, dieses Recht nach Erscheinen des Werkes
auch jedem anderen Tonträgerhersteller einräumen. Mit dieser Bestimmung wollte man seinerzeit Monopole im Musikbereich verhindern.
Heutzutage führt sie dazu, dass manchmal, wie bei „This Beat Is Techno-
tronic" oder „Samba De Janeiro", nahezu identische Kopien von aktuellen Hits sich gleichzeitig mit den Originalen in den Charts befinden, weil
die Urheber deren Veröffentlichung nicht verhindern können.

Bearbeitungen

Vielleicht hat sich jemand an den Worten „ohne größere Änderungen" in
unserer einleitenden Definition gestört. Was ist denn, wenn meine Coverversion sich vom Original unterscheidet? Man denke nur daran, wie
anders ein Song wie „Black Steel ..." in den Versionen von Public Enemy
und Tricky klingt. Tempo, Länge, Instrumentierung und eine Vielzahl von
Kompositionselementen wurden verändert. Und mit diesen Veränderungen haben wir die Grenze von der Coverversion zur Bearbeitung über-
schritten.

In § 62 des Urhebergesetzes ist festgelegt, dass auch bei einer erlaubten
Nutzung eines Werkes im Rahmen einer Zwangslizenz Änderungen am
Werk nicht vorgenommen werden dürfen, mit Ausnahme von notwendi-
gen Übertragungen in andere Stimmlagen oder dergleichen. Bearbeitun-
gen oder andere Umgestaltungen des Werkes dürfen dagegen nach § 23
UrhG nur mit Einwilligung des Urhebers veröffentlicht werden.

Es ist hierbei unerheblich, ob man von der Originalkomposition 95 %
unberührt lässt und lediglich 5 % ändert oder ob man einen komplett
neuen Song komponiert, der nur ein einziges urheberrechtlich geschütz- **275**
tes Element eines schon existierenden Werkes verwendet, wie zum Beispiel die melodische Basslinie aus Liquid Liquid's „Cavern", die bei
Grandmaster Melle Mel's Rap-Klassiker „White Lines" nachgespielt wur-

de. Wer einen alten Song benutzt, um daraus eine neue, abweichende Version zu basteln, der benötigt die Einwilligung des Rechteinhabers des Originalwerks.

Woher bekommt man diese Genehmigung? Nicht von der GEMA, denn der wird das Recht zur Bearbeitung nicht übertragen. In Ländern wie den USA gibt es professionelle Clearing-Agencies, die diese Rechte einholen. In Deutschland sollte man mit seinem Verleger sprechen. Der kennt seine Kollegen bei den anderen Musikverlagen und hat vielleicht noch den ein oder anderen Gefallen offen. Oder man wendet sich selbst an den auf jeder Platte angegebenen Verlag des Originalwerks – alle großen Verlage haben eine Niederlassung auch in Deutschland.

Warum könnte mein eigener Verleger daran interessiert sein, sich für die Klärung meiner Bearbeitung eines fremden Werkes einzusetzen? Die Antwort steht wie fast immer im Urhebergesetz:

§ 3 Übersetzungen und andere Bearbeitungen eines Werkes, die persönliche geistige Schöpfungen des Bearbeiters sind, werden unbeschadet des Urheberrechts am bearbeiteten Werk wie selbstständige Werke geschützt.

Wenn also Grandmaster Melle Mel und seine Crew der Basslinie von Liquid Liquid einen neuen Rap und eine Melodie hinzufügen, die eine urheberrechtlich relevante Schöpfungshöhe haben, so haben sie damit ein neues, selbstständig geschütztes Werk namens „White Lines" geschaffen, an denen ihnen das Urheberrecht zusteht, genauso, wie weiterhin Liquid Liquid das Recht an dem Werk „Cavern" zusteht. Verwerten darf Melle Mel sein neues Werk aber nur mit Zustimmung von Liquid Liquid.

In der Praxis wird der Originalurheber bzw. dessen Verlag diese Zustimmung davon abhängig machen, dass dieser einen mehr oder weniger angemessenen Anteil der Erlöse aus der Verwertung der Bearbeitung erhält. So kann es durchaus passieren, dass die Zustimmung zur Veröffentlichung eines HipHop-Tracks einer Newcomer-Gruppe, der nur im Refrain eine Hook aus einem Stevie-Wonder-Song benutzt, von dem rechteinhabenden Verlag nur dann erteilt wird, wenn der HipHop-Track bei der GEMA als zu 100 % von Stevie Wonder geschrieben angemeldet wird, obwohl Stevie das neue Stück noch nicht einmal selbst gehört hat. Er bzw. sein Verlag könnte die Verwendung aber auch ganz und gar verbieten – ist eben alles Verhandlungssache. Dass die großen US-Rapper auch bei Soul-Heroen zumindest nicht ihr ganzes Copyright abgeben müssen, beweisen die Credits zahlreicher HipHop-Platten.

Sampling

Apropos HipHop. Gehen wir einen Schritt weiter. Wie steht es eigentlich, wenn ich nicht nur Teile eines fremden Werkes, sondern auch noch Teile einer fremden Aufnahme benutze? Genau, das nennt man Sampling.

Bei „Hard Knock Life" zum Beispiel hat Jay-Z den Kinderchor-Refrain aus einer Platte des „Annie"-Musicals gesampelt. Weil er damit einen Teil des Werks „It's The Hard Knock Life" für seine eigene Komposition verwendet hat, musste er die Genehmigung des Verlages der Musical-Komponisten einholen. Weil Jay-Z aber auch die Aufnahme der Original-Broadway-Aufführung benutzt hat, bedurfte es noch der Genehmigung der Schallplattenfirma Sony, der die Rechte an dieser Aufnahme zustehen. Als Merksatz formuliert: Sampling verletzt sowohl die Rechte am Werk als auch die an der Aufnahme. Um hier auf dem Pfad der Gerechtigkeit zu bleiben, muss man also mit zwei verschiedenen Stellen sprechen.

Natürlich gibt es keine Regel ohne Ausnahme. Wie wir im Kapitel über Urheberrechte erfahren haben, sind Teile eines Werkes nicht schutzfähig, wenn sie nicht genügend Schöpfungshöhe besitzen. Was urheberrechtliche Kategorien angeht, so sind sie wertlos. Zum Beispiel würde ein simpler Drumbeat – ohne jegliche Melodie – nicht als urheberrechtlich schutzfähig angesehen werden (interessant wäre, was hierzu die afrikanischen Urhebergesetze sagen). Aus diesem Grund kann man im Allgemeinen einen fremden Drumloop ohne Urheberrechtsverletzung benutzen. Aber was ist mit den Leistungsschutzrechten? Interessante Frage, und zwar eine, über die in der Rechtswissenschaft Streit herrscht. Manche sagen, was urheberrechtlich nicht geschützt ist, kann auch von Leistungsschutzrechten nicht erfasst werden. Andere sind der Überzeugung, dass man auch winzigste Soundfetzen nicht einfach so benutzen darf. Ein Gerichtsurteil einer höheren Instanz gibt es zu dieser Frage bisher nicht.

Die sichere Alternative wäre in einem solchen Fall natürlich, einfach einen Drummer zu engagieren und den Drumloop nachspielen zu lassen. Weil das Drumarrangement urheberrechtlich nicht geschützt ist, wäre die Verwendung der neuen Aufnahme vollkommen legal. Vergessen sollte man auf jeden Fall Produzenten-Bauernregeln wie „fünf Sekunden sind erlaubt" oder „fünf Töne sind OK". Was die Leistungsschutzrechte angeht, ist die Lage, wie aufgezeigt, völlig ungeklärt. Aber auch was Urheberrechte angeht, sollte man mit solchen Vereinfachungen vorsichtig sein. Die Frage ist nicht, wie kurz ein Teil eines Werkes ist, sondern ob er die erforderliche persönlich-geistige Schöpfungshöhe aufweist. Spiel das Sample deinen Nicht-DJ-Freunden vor, und wenn sie es auf Anhieb erkennen, besitzt es vermutlich genügend Schöpfungshöhe, um dir eine Menge Ärger zu bereiten. Das Schlimmste, was dir passieren kann, ist, dass der Original-Urheber deine Platte und alle Compilations, auf denen sie enthalten ist, per einstweiliger Verfügung stoppt. Vor Gericht weisen Professoren mit Hilfe von musikwissenschaftlichen Gutachten und Frequenzanalysen deinen Diebstahl spielend leicht nach. Zu den Lizenzforderungen des Urhebers kommen dann noch die Schadensersatzforderungen aller Schallplattenfirmen, die deinetwegen ihre CDs einstampfen mussten, hinzu.

Denk einfach an Nas und das Schicksal seines Puff-Daddy-Duetts „Hate Me Now". Der dachte, er wäre clever, als er für den offiziellen Release seines letzten Albums das „Carmina Burana"-Sample nachspielen ließ. Doch leider hatte er (bzw. die schlauen Jungs von seiner Plattenfirma Sony) wohl übersehen, dass Carl Orff zwar ein großer klassischer Komponist, doch unglücklicherweise noch keine 70 Jahre tot ist. Und so stoppte dessen Erbin, die gute alte Witwe Orff, erst mal die Auslieferung des gesamten „I am"-Albums, bis „Hate Me Now" neu aufgenommen war – diesmal ohne „Carmina Burana"-Gesänge.

Remixes

Das bisher Gelernte hilft uns auch beim nächsten Thema. Bei einem Remix wird eine bestehende Aufnahme neu abgemischt und damit verändert, und das geht natürlich nicht ohne die Genehmigung des Rechteinhabers, also der Schallplattenfirma, auf deren Anfrage man somit für die Veröffentlichung des eigenen „Strings Of Life"-Remixes leider warten muss.

Ein guter Remixer knallt aber nicht einfach nur fettere Beats unter einen alten Track, sondern verändert die Struktur des gesamten Tracks. Oft bleibt vom Original bei Mixen von DJs wie Todd Terry oder Armand van Helden nur der Vocal-Part, und das meist auch nur in Teilen, übrig. Urheberrechtlich stellt dies mit Sicherheit eine Bearbeitung des der Originalaufnahme zugrunde liegenden Werkes dar. Was kein Problem sein sollte, wenn der zu remixende Act auch den Song selbst geschrieben hat und somit auch als Urheber mit der Bearbeitung einverstanden ist. Problematisch kann es aber dann werden, wenn ein Remix einer ja ohne jegliche Genehmigung zulässigen „echten" Coverversion angefertigt wird. Ein solcher Remix einer Coverversion bedarf der Genehmigung der Originalurheber, und das wird leicht vergessen.

Wie wir ja vorhin festgestellt haben, werden Bearbeitungen wie selbstständige Werke geschützt. Heißt das, dass Remixer Urheberrechte an ihren Remixes erwerben und damit ein Anrecht auf eine Beteiligung an den GEMA-Einnahmen der von ihnen geremixten Songs haben? Theoretisch ja: Todd Terry hätte eigentlich das Recht, als Autor des Werkes

„Missing Remix" registriert zu werden. Im wirklichen Leben würde ein solches Anliegen in der Branche jedoch für Heiterkeit sorgen. Kein Remixer hat jemals Copyright-Anteile an den von ihm gemixten Tracks bekommen. Die großen Namen werden für ihre Mixe inzwischen zwar mit einer Umsatzbeteiligung an den Schallplattenverkäufen und nicht mehr wie früher mit einem einmaligen Pauschalhonorar entlohnt. Aber Urheberrechte sind nach wie vor tabu. Vielleicht ist es an der Zeit, die Reihen zu schließen und eine Remixer-Gewerkschaft zu gründen?

Literatur

So weit unser Crash-Kurs im Urheberrecht. Zum Schluss noch unsere Buchempfehlungen für alle, die mehr wissen wollen:

MOSER/SCHEUERMANN, *Handbuch der Musikwirtschaft*, 4. Auflage 1994, Josef Keller Verlag
Ein dicker Wälzer mit Aufsätzen zu allen Aspekten des Music Business, auch zu juristischen Themen. Enthält sogar Musterverträge.

DONALD PASSMAN, *All You Need to Know About the Music Business*, revised and updated U. K. edition 1998, Penguin books
Ein amerikanisches Buch in der uns etwas näher liegenden englischen Ausgabe. Nicht alles lässt sich auf Deutschland übertragen, doch da das Buch einfach super geschrieben ist, lohnt sich ein Blick allemal.

GERHARD SCHRICKER, *Urheberrecht*, Kommentar, 2. Auflage 1999, C. H. Beck
Für Juristen und alle, die es ganz genau wissen wollen. Neben dem Kommentar von Fromm/Nordemann das Standardwerk.

Handbuch Wirtschaftskanzleien, 2. Auflage 1999, JuVe Verlag
Hier findet man die Adressen der wichtigsten auf das Musikbusiness spezialisierten Rechtsanwaltskanzleien, die Vertragsverhandlungen und Prozesse übernehmen.

„Wo soll ich unterschreiben?"

IM BETT MIT DER INDUSTRIE

„Im Popgeschäft lässt sich durch Talent, Ausstrahlung oder den berühmten innovativen Ansatz ein respektables Level erreichen. Doch irgendwann stehen die meisten Musiker vor der schnöden Erkenntnis, dass die nächste Karrierestufe nur mit einem Haufen Geld möglich ist." (Tina Funk, Mute Records)

Mit einem Umsatz von rund fünf Milliarden Mark pro Jahr bediente die deutsche Musikbranche 1998 nach den USA (23,74 Mrd.) und Japan (11,73 Mrd.) und vor Großbritannien (4,85 Mrd.) und Frankreich (3,84 Mrd.) den drittgrößten Tonträgermarkt der Welt. 85 % dieser Einnahmen entfallen dabei auf die übrig gebliebenen fünf „Major"-Konzerne Universal Music Group (UMG), BMG Ariola, Thorn EMI, Warner Music und Sony Music. Zum Jahreswechsel 98/99 übernahm der Getränkekonzern Seagram die Polygram-Musiklabels der holländischen Phillips-Gruppe und legte sie mit Universal zum größten Plattenkonzern der Welt zusammen. Durch Fusionen verschiedener Großlabels und den Zukauf erfolgreicher kleinerer Firmen besteht diese sog. Plattenindustrie heute aus den Labelzentralen, die in allen wichtigen Ländern vertreten sind, und einem weit verzweigten Netz von Sublabels. Zu EMI gehört z. B. die selbstständig arbeitende Firma Virgin, wogegen das ebenfalls aufgekaufte Stuttgarter Label Intercord ab dem Jahr 2000 vollends vom Kölner Mutterhaus geschluckt und damit verschwinden wird. Das Bertelsmann-Unternehmen BMG hat mit Logic, Chlodwig oder Gun Records im Laufe der Neunziger ganz gezielt auf sein „Satelliten-Modell" gesetzt. Durch finanzielle Beteiligungen entstand eine dezentrale Struktur aus spezialisierten Kleinlabels. Wer sich einen generellen Überblick über diese Landschaft verschaffen möchte, besorgt sich die „Who is Who"-Poster der Fachzeitschrift „Musikwoche" (gegen 10 Mark unter FAX 089/451 144 43 zu bestellen). Hier sind alle Major- und die größten unabhängigen Labels mit Adressen und interner Struktur aufgeführt.

Die Arbeitsweise der Major-Labels mit eigener CD-Produktion und fester Vertriebsmannschaft ist generell darauf ausgerichtet, Hitsingles und Alben von Superstars in großer Stückzahl unter die Leute zu bringen. Über die enge Zusammenarbeit mit den marktbeherrschenden Handelsketten wie Saturn oder Mediamarkt wird ein Massenpublikum bedient, das bei „Mambo No.5" von Lou Bega dann allein in der BRD 1,5 Millionen oder bei Eiffel 65 „Blue (Da Ba Dee)" eine Million Mal zugreift. In diesen Fällen spielt die Industrie ihre Stärken aus und versorgt auch die letzten Winkel des Landes mit ihrer Ware. Eine Langzeitstatistik besagt aber auch, dass nur 10 % aller Bands und Musiker überhaupt Hit-Qualitäten erreichen. Bei den restlichen 90 % darf man sich bereits freuen, wenn die Produktionskosten wieder eingespielt werden. Ein nicht sonderlich verschwenderisches Musikvideo für den Programmeinsatz bei MTV oder Viva kostet 40–80.000 Mark. Fällt dieser Clip durch die entscheidende Konferenz, in der wöchentlich aus rund 60 Angeboten nur vier bis sechs Stücke in die Dauer-Rotation aufgenommen werden, ist diese Investition weitgehend verpufft. Nur wenn besagter Song auf anderen Wegen zum Publikum findet und in die Top 20 der Hitlisten steigt, erscheint das Video noch häufiger im Tagesprogramm. Das jedoch verlangt weitere Investitionen in anderen Medienbereichen. „Manchmal kommt es vor", sagt die frühere stellvertretende V2-Geschäftsführerin Tina Funk (heute Mute Records), „dass man sich als Produktmanager total verschätzt und sein Budget völlig überzieht, weil man so sehr an einen Act glaubt."

Mit der Aufsplitterung der Musikstile und Käufergruppen hat auch die Musikindustrie ihre einst schwerfällige Arbeitsweise an die Besonderheiten der verschiedenen Genres angepasst. Die klassische Funktion der Abteilung „A&R" (Artist & Repertoire), also den Aufbau von Nachwuchskünstlern, übernehmen oftmals Kooperationspartner oder spezielle „Dance Departments", die sich an den gewachsenen Strukturen der elektronischen Clubmusik orientieren. Das offiziell abgeschaffte Vinyl, das in der Jahres-Umsatz-Auswertung gerade noch 0,3 % ausmacht, wird hier zur DJ-Bemusterung und für den Trendvertrieb gehegt und gepflegt. „Mit einem Wechsel zum Industrie-Label wagt man den Sprung aus der Nische", beschreibt Funk die Mechanismen. „Es beginnt damit, dass kleinere Labels nur eine bestimmte Anzahl an Bemusterungs-Exemplaren für DJs, Journalisten und Radiostationen aussenden können, sagen wir

100-150 Stück. Ein Majorlabel verteilt auch mal 1000 Freiexemplare und kann allein durch die personelle Ausstattung auf allen Ebenen Promotion treiben. Außerdem sind die Vertriebsstrukturen in der Lage, erste Achtungserfolge auch in den großen Handelsketten unterzubringen, wo auch der ‚normale' Musikkäufer erreicht wird." So wichtig die spezialisierten Plattenläden für den Aufbau neuer Acts sein mögen, so überschaubar ist ihre Umsatzgröße für Unterhaltungskonzerne. Viele Industrielabels haben ihren Vinylverkauf deshalb auch an spezialisierte Vertriebe wie Groove Attack (u. a. HipHop, Drum'n'Bass) oder Discomania (meist House, Techno) abgegeben, die in den Nischenbereichen einfach kompetenter und effizienter arbeiten.

Wer also von einem Vertrag mit einem Major-Label träumt, sollte sich vorab folgende Frage stellen: Taugen meine Produktionen für eine Vermarktung hinein in den Mainstream-Bereich? Will ich mich selber als im Rampenlicht stehender Künstler vermarkten lassen? Wer in erster Linie an avantgardistischen Tracks für spezielle Clubs oder Szenen arbeitet, ist bei einem spezialisierten Indie besser aufgehoben. Hier ist man es gewohnt, mit kleinen Auflagen im 500er bis 2000er-Bereich umzugehen. Zumal die großen Labels im Club- und Dancebereich nicht wesentlich anders vorgehen. „Die meisten Produzenten kommen auf Grund ihrer eigenen technischen Möglichkeiten meistens mit fertigen Stücken zu uns", beschreibt Universal-Geschäftsführer Konrad von Loehneysen das Alltagsgeschäft. „Wenn das Stück in den entsprechenden Abteilungen gut ankommt, wird in der Regel ein sog. ‚Master-Deal' geschlossen. Das ist ein ganz normales Lizenzgeschäft für ein fertiges Produkt, bei dem die Künstler einen Prozentsatz zwischen 16 und 22 Prozent vom Abgabepreis an den Handel erhalten. Erfolgsproduzenten, die zwei Top-Hits hintereinander hatten, bekommen sicherlich mehr. Wir pressen je nach Erwartungshaltung eine gewisse Stückzahl in Vinyl, die in die DJ-Pools und zu unserem spezialisierten Vertriebspartner wandert. Nur wenn die Reaktionen und ersten Abverkäufe gut und besser sind, versuchen wir die Platten aus den Clubs heraus auf ein nächstes Level zu bringen. Wir müssen uns immer die Frage stellen: Bei welchen Platten lohnt es sich wirklich, Geld zu investieren, um sie über erweiterte Kanäle einem größeren Publikum näher zu bringen?"

Der Weg von DJs wie Ian Pooley, Hans Nieswandt oder DJ Hell hat darüber hinaus gezeigt, dass es sehr sinnvoll ist, den Aufbau der eigenen DJ-Reputation mit Veröffentlichungen im Independent-Bereich zu begleiten, um diese Erfahrung dann in der Zusammenarbeit mit einem Major-Label zu nutzen. Denn neben der Veröffentlichung von Tracks, die sich auf der Tanzfläche und/oder den Hitlisten beweisen müssen, ist das klassische Album gerade in den letzten Jahren zu einem erweiterten Betätigungsfeld für erfahrene DJs geworden. Abgesehen davon, dass das Albumformat für Labels und Musiker kaufmännisch lukrativer ist, lässt sich die Spielzeit einer CD oder Langspielplatte als erweitertes Spielfeld für die eigenen Ideen nutzen. Der DJ wird zu einer Art elektronischem Songwriter, der nicht nur seine Studiotracks arrangiert, sondern mit der Einbindung von Gastmusikern und Vokalisten seinen Ambitionen ganz anders Gestalt verleihen kann. Der Plattenkoffer bleibt bei dieser fast schon klassischen Produzentenrolle mehr und mehr in der Ecke stehen. Die DJ-Mentalität wird dennoch immer präsent sein.

Die Zusammenarbeit von DJ und Plattenindustrie lebt heutzutage von Zweckbündnissen. Nicht jede Veröffentlichung passt in den großen Rahmen eines Majors. Nicht immer ist die auf Mainstream-Erfolge ausgerichtete Arbeitsweise für den weiteren musikalischen Weg sinnvoll. Auch wenn irgendwann einmal der Major-Vertrag winkt, bedeutet DJ sein, weiterhin selbstständig zu bleiben. Ein Vor und Zurück aus den Underground-Clubs in die Charts (und umgekehrt) muss möglich bleiben. Ansonsten wird das größte Potenzial des DJs vernichtet: seine Frische und der direkte Kontakt zum Dancefloor. Es existieren mittlerweile zahlreiche Vertragsmodelle, die dem Künstler erlauben, ganz verschiedene Formate zu bedienen. Mit Gewinn für beide Seiten.

Bonus-Cut:

DIE WICHTIGSTEN VERTRAGSARTEN UND IHRE HÜRDEN
VON *SASCHA LAZIMBAT & KRISTINA EHLE*

In dem folgenden Abschnitt wollen wir einen kurzen Überblick über die wichtigsten Vertragstypen geben, mit denen man als Produzent in der Musikindustrie konfrontiert wird, egal ob Majors oder Indie.

Der Künstlervertrag

Auch Künstlerexklusivvertrag genannt. Diese Vertragsart ist für Künstler üblich, die ihre Musik nicht selbst oder zumindest nicht ohne zusätzliche Unterstützung produzieren wollen. Im Bereich Pop und Rock werden Künstlerverträge häufiger als im Club-/Dance-Bereich abgeschlossen, weil die Produktionen dort einfach teurer und aufwendiger sind. Bei einem Künstlervertrag organisiert die Plattenfirma die gesamte Produktion der Aufnahmen und bezahlt diese. Sie mietet also das Studio an, sucht einen geeigneten Produzenten, der dann im Auftrag der Firma mit dem Künstler die Aufnahmen produziert (Auftragsproduzentenvertrag, siehe unten), und schließt auch ggf. die Verträge mit den weiteren Mitwirkenden, wie z. B. Studiomusikern, Backgroundsängern, ab.

Der Künstler bleibt dadurch von einer Menge Organisationsarbeit und finanziellen Verpflichtungen verschont. Andererseits ist die Plattenfirma viel intensiver in den Produktionsprozess einbezogen und kann leichter Einfluss auf Terminplanungen und selbst Inhalte der Produktion nehmen, die sie ja schließlich auch bezahlt. Außerdem verdient der bloße Künstler weniger Geld als jemand, der sich um die gesamte Produktion kümmert. Da die Plattenfirma die Finanzierung und Organisation übernimmt, erhält der Künstler mit einem Künstlerexklusivvertrag geringere Vorauszahlungen und prozentuale Beteiligungen als bei Abschluss eines Bandübernahmevertrages.

Der Bandübernahmevertrag

Diese Vertragsart ist empfehlenswert für Leute, die ihre Musik selbst produzieren, also im Idealfall über das notwendige Studio-Equipment verfügen und auch ohne Hilfe fremder Produzenten eine zufriedenstellende Anzahl von Aufnahmen fertig stellen können. Hier werden die Aufnahmen eines Projektes oder Künstlers vom Produzenten eigenständig, ohne Beteiligung der Plattenfirma, produziert. Die Plattenfirma übernimmt dann vom Produzenten das fertig produzierte und gemasterte Band mit den Aufnahmen. Im Idealfall braucht sich die Plattenfirma daher nur noch um die Herstellung und den Vertrieb der Tonträger und das erforderliche Marketing kümmern. Der Produzent muss beim Bandübernahmevertrag auf eigene Kosten die gesamte Produktion organisieren und durchführen, also auch seinerseits die Verträge mit den sonstigen Mitwirkenden, wie Sängern, Studiomusikern usw., abschließen. Dafür sitzt ihm bei der Produktion nicht die Plattenfirma im Nacken, und am Ende gibt es auch mehr Geld.

Auftragsproduzentenvertrag

Wie schon oben erklärt, kümmert sich beim Künstlervertrag die Plattenfirma um die Produktion der Aufnahmen. Sie sucht – ggf. in Abstimmung mit dem Künstler – einen Produzenten aus und schließt mit diesem einen Auftragsproduzentenvertrag (auch einfach nur „Produzentenvertrag" genannt) ab. Der Auftragsproduzent verpflichtet sich, zu bestimmten Terminen mit dem betreffenden Künstler Tonaufnahmen bestimmter Werke zu produzieren. Meist wird hierfür ein festes Produktionskostenbudget vereinbart, das der Produzent nicht überschreiten darf. Als Vergütung erhält der Produzent entweder eine Pauschalsumme oder – wie mittlerweile üblich – eine prozentuale Beteiligung an den Verkäufen der Aufnahmen durch die Plattenfirma sowie eine Vorauszahlung, die gegen diese spätere Beteiligung verrechnet wird (zu verrechenbaren Vorauszahlungen und Beteiligungen kommen wir etwas später). Natürlich können die Aufnahmen für die Platte eines Künstlers auch von verschiedenen Auftragsproduzenten durchgeführt werden.

Da im Dance-Music-Bereich die meisten Künstler ihre Aufnahmen selbst produzieren und im Regelfall nicht auf die Anmietung teuren Studio-Equipments und einer Vielzahl von Studiomusikern angewiesen sind, werden wir im Folgenden einen Überblick zum typischen Inhalt eines Bandübernahmevertrags geben. Viele der nachfolgend erörterten Punkte sind aber auch für Künstlerexklusivverträge relevant.

Regelungsgehalt von Bandübernahmeverträgen

Wenn ihr eines schönen Tages vor dem Abschluss eines Plattenvertrages steht und euch durch das 10–20-seitige Vertragsformular wühlt, dann denkt daran: Nicht einfach unterschreiben, weil dieser ganze Papierkram nervt. Dieser Vertrag bindet euch u. U. mehrere Jahre an diese Firma und kann eure Karriere (und euren Kontostand) erheblich beeinflussen. So ein Vertrag ist nicht in Stein gemeißelt, und Standardverträge gibt es schon gar nicht. Es besteht fast immer die Möglichkeit, zumindest einzelne Punkte des Vertrages so zu ändern, dass ihr als Produzenten wesentlich vorteilhaftere Konditionen erhaltet.

Produktionsverpflichtung

Festes Produktionsvolumen

Der Produzent, den wir ganz business-like nachfolgend den „Lizenzgeber" nennen wollen, verpflichtet sich, eine bestimmte Anzahl von Tonaufnahmen bei der Plattenfirma anzuliefern: z. B.

Aufnahmen im Umfang von zunächst einer Maxi-Single oder gleich einem Album.

Optionen

Die Plattenfirma lässt sich dann in der Regel Optionen (zwei bis drei oder noch mehr) auf die Anlieferung weiterer Aufnahmen einräumen. Das bedeutet: Hatten deine ersten Singles und Alben Erfolg, übt die Firma ihre Option auf das nächste Album, die nächste Single zu den Bedingungen aus, die im Vertrag vereinbart sind. Bist du gefloppt und hält dich die Firma für einen hoffnungslosen Fall, dessen nächstes Album auch nicht besser verkaufen wird, übt sie die Option nicht aus und der Vertrag endet. Optionen sind also sehr bequem für die Plattenfirma, nicht aber für den Lizenzgeber: Hast du einen Vertrag als Newcomer abgeschlossen, mit einer dementsprechend niedrigen Umsatzbeteiligung und geringen Mitbestimmungsrechten, entwickelst dich dann aber rasch zum Megastar, so kassierst du trotz deines Erfolges für die weiteren Platten nur die Newcomer-Beteiligungen, während die Plattenfirma eine hübsche Summe einsteckt. Außerdem ist die Option eben einseitig: Wenn du mit der Plattenfirma nicht zufrieden bist, weil sie etwa eine miserable Promotion macht oder deine Platten nur über die falschen Kanäle vertreibt, kannst du dich nicht einfach von der Firma trennen. Daher solltest du versuchen, die Anzahl der Optionen möglichst gering zu halten.

Rechtsübertragung

Die Plattenfirma lässt sich vom Lizenzgeber die Rechte an den Tonaufnahmen (Leistungsschutzrechte, siehe Seite 272) und meistens auch alle urheberrechtlichen Nutzungsrechte an den zugrunde liegenden Musikwerken, die der Lizenzgeber nicht der GEMA oder einem Musikverlag zur Wahrnehmung eingeräumt hat, exklusiv übertragen. Übertragen werden regelmäßig die Rechte, die wir in den vorangegangenen Abschnitten erörtert haben.

Die Übertragung erfolgt hierbei für ein bestimmtes Gebiet („Territorium") – für die gesamte Welt oder z. B. nur für Deutschland, Österreich und Schweiz („GAS"). Die exklusive Rechtsübertragung betrifft des Weiteren einen bestimmten Zeitraum (die sog. Auswertungsdauer), entweder die Dauer der gesetzlichen Schutzfrist der Aufnahmen (50 Jahre), oder aber bei Bandübernahmeverträgen auch auf die Vertragsdauer plus 5–10 Jahre beschränkt, siehe auch Seite 275. Exklusiv bedeutet in diesem Zusammenhang, dass außer der Plattenfirma kein Dritter, auch nicht der Lizenzgeber selbst, die Aufnahmen in dem vereinbarten Gebiet und in der vereinbarten Auswertungsdauer in irgendeiner Form verwerten darf.

Du solltest in jedem Fall versuchen, dir bei bestimmten Auswertungsformen deiner Aufnahmen die Zustimmung vorzubehalten, z. B.:

– wenn die Firma deine Aufnahme zur Nutzung für einen Werbespot freigeben will (nicht alle Produzenten mögen ihre Stücke bei Werbung für Hundefutter oder Zahnprothesen-Haftcreme hören),

– bei der Herstellung von Remixes deiner Aufnahmen durch Dritte,

– bei der Auswahl, welche Stücke auf ein Best-Of-Album kommen,

– bei der Verwendung der Aufnahmen auf Various-Artists-Kopplungen.

Beachtung sollte man auch der Rechtsübertragung an den Aufnahmen im Online-Bereich einräumen. Mittlerweile lassen sich so ziemlich alle Firmen auch exklusiv die Online-Rechte, z. B. für Music-On-Demand-Nutzungen, einräumen. Damit verlierst du die Möglichkeit, deine Aufnahmen auf einer eigenen Homepage zu veröffentlichen oder sie selbst über das Internet zu vertreiben.

Exklusivität

Die Exklusivität in Bezug auf die Tonaufnahmen kann verschiedene Formen annehmen. Zum Beispiel kann vereinbart werden, dass der Plattenfirma die Rechte an allen Tonaufnahmen zustehen, die während der Dauer des Bandübernahmevertrags von einem bestimmten unter Vertrag genommenen Projekt unter dem jeweiligen Projektnamen hergestellt werden (sog. „Projektexklusivität"). Auf der anderen Seite kann sich die Exklusivität auch auf alle Aufnahmen beziehen, die unter Mitwirkung bestimmter Personen, wie z. B. einer bestimmten Sängerin oder eines bestimmten Produzenten, hergestellt werden (sog. „persönliche Exklusivität"). Hat der Lizenzgeber mehrere Projekte, von denen er aber nur eines an die betreffende Plattenfirma lizensieren will, so sollte er nur eine Projektexklusivität vereinbaren, sich aber nicht persönlich exklusiv binden lassen.

Außerdem wird in den meisten Verträgen auch noch eine sog. Titelexklusivität vereinbart. Mit dieser verpflichten sich der Lizenzgeber sowie die mitwirkenden Künstler und Produzenten, die aufgenommenen Werke für einen bestimmten Zeitraum (5 – 10 Jahre) nicht wieder aufzunehmen.

Auch am Namen des Projekts bzw. des Künstlers lassen sich die Platten-firmen für die Vertragsdauer regelmäßig exklusive Nutzungsrechte für die Auswertung der Tonaufnahmen einräumen.

Für den Produzenten bzw. die Künstler können sich Exklusivitätsklauseln sehr nachteilig auswirken, etwa wenn die Einnahmen, die ihnen aus dem Vertrag mit der Plattenfirma zufließen, zum Leben nicht ausreichen, sie aber durch die Exklusivität an einer musikalischen Mitwirkung an ande-ren Projekten gehindert sind. Man sollte sich daher zumindest vorbehal-ten, als Remixer, Produzent oder Studiomusiker an den Aufnahmen Drit-ter mitwirken zu können.

Verwertung der Tonaufnahmen

Die Vertragsmuster der meisten Plattenfirmen enthalten keine Verpflich-tung für die Firmen, die lizensierten Tonaufnahmen auch tatsächlich zu veröffentlichen. Und so passiert es hin und wieder, dass eine Platte, in die ein Produzent ziemlich viel Energie und Zeit investiert hat, einfach nicht veröffentlicht wird. Wegen der Exklusivitätsvereinbarung kann er die betroffenen Tonaufnahmen aber auch nicht selbst oder über Dritte veröffentlichen. Daher solltest du in jedem Fall versuchen, eine Veröf-fentlichungspflicht zumindest für ein bestimmtes Gebiet zu vereinba-ren. Beispiel: Ist als Lizenzgebiet z. B. die Welt vereinbart, könnte man eine Veröffentlichungspflicht für Deutschland, Österreich und Schweiz bis spätestens sechs Monate nach Ablieferung der Aufnahmen verein-baren.

Hilfreich ist auch, auf eine Rechterückfallklausel für den Fall der Nichtver-öffentlichung zu bestehen: Werden die Aufnahmen in einem bestimmten Gebiet nicht bis zu einem vereinbarten Termin veröffentlicht, fallen sämtliche eingeräumten Rechte an den betreffenden Tonaufnahmen für diese Territorien an den Produzenten automatisch zurück und kön-nen damit von ihm selbst verwertet oder Dritten zur Verwertung übertra-gen werden. Auch kann man sich das Recht einräumen lassen, für bestimmte Gebiete selbst einen Lizenzpartner aufzutreiben – z. B. wenn man im Gegensatz zur Firma gute Freunde im Musikbusiness in Grön-land oder Indonesien hat. Die Plattenfirma verpflichtet sich in diesem

Fall, die Rechte an den Tonaufnahmen für das betreffende Gebiet zu sublizenzieren.

Marketing und Promotion

Bei Bandübernahme- und auch bei Künstlerverträgen fällt Promotion und Marketing regelmäßig in den Zuständigkeitsbereich der Firma. Mit welchem Budget die Firma ein Album oder eine Maxi-Single bewirbt, liegt grundsätzlich im Ermessen der Firma. So genannte Marketing-Commitments, mit denen sich die Firma verpflichtet, ein bestimmtes Budget bereitzustellen, sind meist nur bei etablierten Acts zu erreichen bzw. wenn die Firmen einen „todsicheren" Hit schnuppern und mehrere Labels um das Signing dieses Projekts oder Künstlers konkurrieren.

Den Plattenfirmen wird im Vertrag auch das Recht eingeräumt, die Aufnahmen mit dem Namen des Künstlers/des Projekts/des Produzenten und auch deren Fotos zu bewerben. Hier solltet ihr darauf bestehen, dass nur von euch zuvor genehmigte Abbilder verwendet werden. Im Allgemeinen muss sich der Künstler/der Produzent auch verpflichten, an Interviews, TV-Auftritten u. ä. teilzunehmen.

Ein umstrittenes Thema sind Merchandising-Rechte. Viele Firmen versuchen sich nicht nur die Rechte für ein Merchandising zu Promotionzwecken (d. h. zur Absatzförderung der Tonaufnahmen, die berühmten Promo-Kaffeetassen) einräumen zu lassen, sondern auch die kommerziellen Merchandising-Rechte, also das Recht, Tassen, Bettwäsche, T-Shirts u. ä. mit eurem Abbild und Logo zu verkaufen. Die könnte man allerdings auch einer Firma einräumen, die sich in diesem Bereich besser auskennt.

Umsatzbeteiligung des Lizenzgebers an der Auswertung seiner Tonaufnahmen

Kommen wir nun zu einem der wichtigsten Punkte eines Plattenvertrages: die finanzielle Beteiligung des Lizenzgebers.

293

Vereinbart werden hier im Allgemeinen so genannte „Punkte", eine prozentuale Beteiligung am Umsatz der Plattenfirma, auch Lizenz oder *Roy-*

alties genannt. Achtet darauf, dass ihr die Beteiligung für die gesamte vereinbarte Auswertungsdauer erhaltet, solange die Aufnahmen ausgewertet werden. Die Höhe der Beteiligung hängt vor allem von eurem „Marktwert" und dem Status der Firma ab. Bei Bandübernahmen liegt sie regelmäßig zwischen 16 und 24 % vom HAP, dem Handelsabgabepreis (s. u.).

Der für normale Verkäufe gültige Beteiligungssatz wird auch Basislizenz genannt. Diese kann gestaffelt sein, d. h. sie erhöht sich, wenn eine bestimmte Anzahl von Tonträgerverkäufen erreicht ist, z. B. 19 % für den 1.–100.000. verkauften Tonträger, 20 % für den 100.001.–150.000. verkauften Tonträger und 21 % für den 150.001. und jeden darüber hinaus verkauften Tonträger.

Für bestimmte Verkaufsarten und -wege wird diese Basisbeteiligung aber reduziert, so z. B. für Auslandsverkäufe, TV- und Radio-beworbene, Club-, Mail-Order- und Direct-Response-Verkäufe von Tonträgern. Auch Tonträger, die nicht in der Hochpreisklasse, sondern Mid-Price oder Low-Price verkauft werden, sowie Tonträger, die von Sublizenznehmern verkauft werden, bringen nur 50 %, 66 % oder 75 % der Basislizenz. Denn in all diesen Fällen verdienen auch die Plattenfirmen selbst weniger Geld. Das Ausmaß der Reduzierung kann aber oft durch Verhandlung herabgesetzt werden.

Wovon genau bekommt man denn nun 16 oder 20 %?
Abrechnungsbasis für die Lizenzen ist in Deutschland meist der Händlerabgabepreis laut Preisliste (= HAP, auch „published price to dealer" = PPD genannt), also der Preis, für den der Schallplatteneinzelhandel die Tonträger einkauft. Bei einem Album wird sich dieser HAP um 24 Mark bewegen, bei Singles zwischen sieben und acht Mark. Vom HAP werden regelmäßig die sog. Technikkosten (also der Teil des Preises, der auf die Verpackung und das Plastik der CD entfällt) als Pauschale abgezogen: Gängige Sätze sind bei Vinyl 0–17 %, bei CDs 15–25 % und bei neuen Formaten wie CD-I, DVD usw. 20–30 %. Auch hier kann man versuchen, die Pauschale zu reduzieren.

Abgerechnet werden sollte auf 100 % der verkauften und nicht vom Händler retournierten Tonträger. Nicht abgerechnet werden folglich kostenlos abgegebene Promotionexemplare und als Naturalrabatt an die Händler abgegebene Tonträger. Da infolge des harten Wettbewerbs die Rabatte und ähnliche Vergünstigungen für die Händler wie Discounts, Skonti und Boni immer höher werden, kann man versuchen, diese Mengen von honorarfrei abgegebenen Tonträgern im Vertrag zu begrenzen, z. B. auf maximal 20 % der verkauften Tonträger.

Für bestimmte Auswertungsformen erhält die Firma eine sog. *flat fee*, d. h. einen Pauschalbetrag und keine stückzahlbezogene Lizenz, z. B. für die Vergabe der Synchronisationsrechte an den Tonaufnahmen für Kino- und Fernsehfilme oder TV-Spots. Hier werden die Nettoerlöse gesplittet, beim Bandübernahmevertrag z. B. 50 % Firma, 50 % Produzent.

Für die Auswertung der Tonaufnahmen im Online-Bereich (Music On Demand etc.) hat sich bisher noch keine branchenübliche Vergütungsregelung etabliert. Viele Firmen vereinbaren eine prozentuale Beteiligung (z. B. 80 % der Basislizenz für Tonträgerverkäufe) an den Nettoerlösen der Firma nach Abzug einer Technikpauschale zwischen 25 und 30 %.

Abrechnung und Zahlung

Die Beteiligungen werden meistens halbjährlich innerhalb von 90 Tagen, manchmal auch vierteljährlich abgerechnet. Dabei werden sog. Retourenreserven einbehalten für Tonträger, welche die Händler nicht verkaufen konnten und deshalb an die Firma zurücksenden. Ihr solltet darauf achten, dass solche Retourenreserven nach dem Vertrag in der nächsten, spätestens übernächsten Abrechnungsperiode aufgelöst werden.

Vorauszahlung

In der Musikindustrie ist es üblich, dass der Lizenzgeber von Tonaufnahmen pro Single/pro Album eine Vorauszahlung (auch Vorschuss = *advance* genannt) auf seine Lizenzen erhält. Bei der Höhe der Vorauszahlung kann auch eine Staffel vereinbart werden. Diese Vorauszahlung muss nicht zurückgezahlt werden, selbst wenn die Summe der durch den tatsächlichen Verkauf eingespielten Lizenzen nicht die Höhe der Vorauszahlung erreicht (Garantie). Die Vorauszahlung wird jedoch mit sämtlichen Beteiligungen, die dem Lizenzgeber auf Grund der Auswertung seiner Aufnahmen nach dem Vertrag zustehen, verrechnet. Dabei wird eine sog. Querverrechenbarkeit vereinbart, die wir am besten am folgenden Beispiel erörtern:

Der Lizenzgeber erhält folgende Vorauszahlungen:
DM 100.000,– für das 1. Album
DM 120.000,– für das 2. Album

Aus den Verkäufen der beiden Alben stehen ihm die folgenden Lizenzen zu:
DM 50.000,– für das 1. Album
DM 130.000,– für das 2. Album

Die erste Vorauszahlung in Höhe von 100.000 Mark wird mit den Lizenzen für das 1. Album in Höhe von 50.000 Mark verrechnet. Danach verbleibt ein Minus von 50.000 Mark. Die zweite Vorauszahlung in Höhe von 120.000 Mark wird zunächst mit den Lizenzen für das 2. Album in Höhe von 130.000 Mark verrechnet. Danach verbleibt ein Plus von 10.000 Mark. Dieses Plus an Lizenzen aus Verkäufen des 2. Albums wird aber nicht ausgezahlt, sondern mit dem Minus für das 1. Album verrechnet: 10.000 Mark minus 50.000 Mark = –40.000 Mark. Der Lizenzgeber hätte daher auf seinem Lizenzkonto eine Unterdeckung in Höhe von 40.000 Mark und würde keine Auszahlung erhalten, obwohl das zweite Album erfolgreich war und ihm hierfür eigentlich *Royalties* zustehen würden. Das „gefloppte" erste Album führt aber dazu, dass er über seine Vorschüsse hinaus keinen Pfennig sieht.

Videos

Man kann versuchen, die Firma zur Produktion eines Musikvideoclips zu verpflichten, was für Newcomer aber meist nur schwer zu erreichen ist. Meist entscheidet die Firma selbst, ob ein Video lohnt oder nicht. Die Videoproduktionskosten (die oft weit über 80.000 Mark betragen) werden von der Plattenfirma vorgestreckt. 50 % dieser gezahlten Produktionskosten werden in der Regel mit sämtlichen Lizenzen des Lizenzgebers verrechnet. Es sollte vereinbart werden, dass eine solche

Verrechenbarkeit nur stattfindet, wenn der Lizenzgeber der Höhe des Produktionskostenbudgets vorher zugestimmt hat. Falls das Video auch kommerziell, also nicht nur für Promotionzwecke ausgewertet wird, sollte auch hierfür eine Beteiligung des Lizenzgebers vereinbart werden.

Vertragsdauer

Die Vertragsdauer ist der Zeitraum, in dem die Produktionsverpflichtungen, Promotionverpflichtungen und Exklusivitätsvereinbarungen seitens des Künstlers/Produzenten gegenüber dem Tonträgerunternehmen bestehen. Davon zu unterscheiden ist die Auswertungsdauer, d. h. der Zeitraum, in dem das Tonträgerunternehmen zur Auswertung der Tonaufnahmen berechtigt ist. Die Auswertungsdauer ist regelmäßig länger als die Vertragsdauer.

Die Mindestlaufzeit des Vertrages, in der das feste Produktionsvolumen anzuliefern ist, sollte bis zu einem klar bestimmten Datum, z. B. ein Jahr ab dem 1.1.2000, oder abhängig von bestimmten Ereignissen, z. B. acht Monate nach Anlieferung der Tonaufnahmen, festgelegt sein. Wie bereits oben erörtert, kann die Plattenfirma durch Ausübung von Optionen die Vertragslaufzeit verlängern. Auch diese Optionszeiträume sollten wie die Mindestlaufzeit des Vertrages genau bestimmt sein. Außerdem sollte genau festgelegt werden, bis wann die jeweilige Option auszuüben ist, z. B. zwei Monate vor Ablauf der vorausgehenden Vertragsperiode oder vier Monate nach Ablieferung der Aufnahmen für das vorherige Album. Lehnt die Firma die Ausübung der Option ab oder übt sie die Option nicht innerhalb der vereinbarten Frist aus, sollte der Vertrag mit Ablauf der Optionsfrist enden und der Lizenzgeber auch mit all seinen zukünftig produzierten Aufnahmen frei sein.

Kristina Ehle, *29, studierte in Würzburg und Aberystweth. Nach ihrer Tätigkeit in der „Business Affairs"-Abteilung der BMG ist sie heute Rechtsanwältin in der Kanzlei Oppenhoff & Rädler in Berlin.*

Sascha Lazimbat, *30, hat als Redakteur und freier Autor für verschiedene Popmagazine geschrieben. Heute ist er Rechtsanwalt in der Kanzlei Zimmermann & Decker in Hamburg.*

„Downloading at 6.7k/sec, 30 secs remaining"

ZUKUNFTSBIZ ZWISCHEN VINYL UND INTERNET

Chuck D. von Public Enemy wagte im März 1999 auf der New York Music & Internet Expo eine drastische Prophezeiung: „MP3 wird die Schallplattenfirmen nicht zerstören, sondern lediglich den Markt ein wenig aufsplitten: in eine Welt mit 500.000 Labels und einer Million Künstlern!" Über der Tonträgerbranche scheinen sich dunkle Wolken zusammenzubrauen, seitdem die Technik wie eine höhere Instanz in ihr Alltagsgeschäft hineinfunkt. Da gibt es plötzlich supererfolgreiche Computerspiele, die genauso Pop sind wie das neueste Album der Beastie Boys. Wer sich für Musik und „Zelda" interessiert, splittet seinen „Entertainment-Dollar" neuerdings auf: ein Game, vier CDs oder acht Maxis, lautet die Frage im Multimedia-Kaufhaus. Die Rolle des Internet ist dabei noch unklar. Einerseits erwarten Beobachter bereits in nächster Zukunft „revolutionäre Veränderungen auf allen Ebenen des Musikgeschäfts". Andererseits listet eine interne Studie der aufgeschreckten Plattenbranche ganz nüchtern auf, dass der legale „digitale Vertrieb" im Jahre 2002 nur 2% des weltweiten Umsatzes ausmachen wird.

Offensichtlich alles eine Frage der Perspektive. Eine kommentierende Anmerkung in dieser Prognose jedoch macht stutzig: „Mit der gegenwärtigen Ausbreitung von illegalen MP3-Musikdateien im Internet scheint das Marktinteresse viel stärker gestiegen zu sein als ursprünglich erwartet. Für die Industrie hat ein Rennen um verlässliche Sicherheits-Standards im Internetvertrieb begonnen, bevor Piraterie den Markt gänzlich zerstört." Wie viel Angst die Industrie vor diesem illegalen Faktor hat, zeigt die im Herbst '99 mit großem Getöse von der Industrie gestartete Anzeigen- und Plakatkampagne „Copy kills music" gegen das „Schwarzbrennen" von CDs. Ob die um rund 10% zurückgegangenen Einnahmen der deutschen Musikbranche im ersten Halbjahr 1999 allein mit den dämonisierten „Schulhofpiraten" zu erklären sind, ist letztlich nicht zu beweisen. Noch geht es um körperliche Tonträger, doch dank rasender

Entwicklungen bei den Komprimierungsstandards für Downloads aus dem Internet sind selbst diese nicht mehr notwendig. MP3 hat längst den Sprung in die Bravo-Berichterstattung geschafft, und das „Millennium"-Album der Backstreet Boys stand wenige Stunden nach Veröffentlichung illegal im Netz. Niemand weiß genau, wie viele Gelder den Firmen dadurch wirklich entgehen. Doch allein die mögliche Dimension der unkontrollierten Speicher- und Weitergabe-Möglichkeiten ganzer Soundbibliotheken lässt die Branche erschaudern. Viele Funktionen und damit Jobs in der heute noch bestehenden Produktions-, Vertriebs- und Verwertungskette könnten schlichtweg überflüssig werden. Die trotzige Aussage der Plattenbranche, nur ihr eingespieltes System aus Presse-, Marketing- und Vertriebsabteilungen und nicht das Internet würde Stars machen, mag heute noch gelten.

„Grundsätzlich brauchen sich gerade junge Talente mit einer eigenständigen Musikproduktion noch die wenigsten Sorgen machen", sagt Universal-Geschäftsführer Löhneysen. „Neue Musik wird immer gebraucht. Insbesondere im Singles-Bereich, wo die etablierten Album-Acts kaum noch vorkommen." Die Vorbereitungen der Industrie, Online-Terrain zurückzuerobern, laufen auf Hochtouren. Doch auch wer nicht auf eine Charts-Platzierung hinarbeitet, kann schon heute neue Promotion- und Vertriebswege des Internet nutzen. Wie Pilze sind im zweiten Halbjahr 1999 legale MP3-Netzanbieter aus dem Boden geschossen. Diese *Web Communities* richten sich an Independent-Labels und vor allem an Acts ohne Plattenvertrag. Ob www.besonic.de, www.vitaminic.de oder www.peoplesound.com – sie alle bieten einfache, schnelle Deals, in denen Musiker und Produzenten bestimmen können, ob sie ihre Tracks kostenlos oder gegen Download-Gebühr zur Verfügung stellen wollen. Die Einnahmen werden in einem 50:50-Splitting aufgeteilt und direkt an den Künstler weitergeleitet. Bevor hier ein echtes Geschäft zu machen ist, müsste sich zwar die schleppende Bereitschaft zum E-Commerce wandeln, doch mit der direkten Verbindung zwischen Produzent und Fan ergeben sich auch neue Chancen. Denn das Schreckgespenst der privaten Kopien ist alt und verbreitet. Oftmals wird über ein unverbindliches Reinschnuppern erst der Reiz für das fertige Produkt geweckt. Hier sind die Firmen – nicht zuletzt auch dank der exorbitanten Margen der Vergangenheit – angehalten, dem Käufer einfach „mehr" für sein Geld zu bieten als die mechanisch vervielfältigte Musik. Ob mit aufwendigerer Gestaltung, Gimmicks, multimedialen Möglichkeiten oder faireren Preisen – der Anreiz zuzugreifen muss nicht nur Sammlern näher gebracht werden.

Für den DJ heißt das im Umkehrschluss: Bei allen Chancen der neuen Verbreitung bedeutet selbst der Industrie-Vertrag nicht sofort dicke Autos und Grand Hotels bis ans Lebensende. Alle Seiten werden sich in Zukunft ihr Salär einfach härter erarbeiten müssen.

Seine eigentliche Arbeit wird sich nur langsam ändern. Denn selbst wenn das Vinyl als Medium einmal überflüssig werden könnte, werden die zentralen Eigenschaften des DJs weiter gefordert sein. Musiker, Entertainer, Therapeut, Musikliebhaber, Dienstleister an der Gemeinschaft. Oder um mit Cristian Vogel zu sprechen: „Vielleicht sollten wir bestimmten Leuten einfach vertrauen. Der DJ hat das Recht zu sagen: Das ist gut oder schlecht. Damit wird er für die Gesellschaft noch eine lange Zeit wertvoll bleiben. Man kann den DJ nicht ersetzen, denn er filtert das Wichtigste aus dem ganzen täglichen Müll heraus."

Tracks

Wenn an dieser Stelle nun schnöde Auflistungen der jeweils „25 besten Platten aller Zeiten" innerhalb dieses oder jenes Genres stehen würden, hätten wir uns die 300 Seiten vorher auch sparen können. Dennoch war uns sehr daran gelegen, dem Musikfreund noch einmal Empfehlungen auszusprechen. Und was macht der sendungsbewusste junge Mensch in solch einer Situation? Richtig, er nimmt eine Kassette auf. Da allerdings niemand im Verlag bereit war, zum Kopierwerk zu laufen, hier wenigstens schon mal die Listings all jener Tapes, die hoffentlich erst ein Anfang einer spannenden Reise in musikalische Welten sind. Grob thematisch geordnet geht es hier mehr darum, Vibes und Stimmungen aufzubauen, statt mit den tollsten und rarsten Platten anzugeben. Von dubiosen Vollständigkeiten erst gar nicht zu reden. Ein Anreiz, vielleicht auch mal selbst wieder – ganz ohne Clubpublikum – seine musikalischen Vorstellungen in 60, 90 oder neuerdings eben 74 Minuten festzuhalten. Dein Freundeskreis wird es dir danken. Los Compilatores: Jan Elverfeld, Patrick Fiedler, Holger Klein, Michael Kummermehr, Torsten Schmidt. Emsige Fehlerteufel mailen bitte an fromskratch@redbullmusicacademy.com

„*Reggae Hits The Town*" – Egal, was die Leute sagen, diese Sounds machen ihren Weg. Die Menüfolge des Tages von ihrem Boss Dee Jay
The Maytals: 54–46 (That's My Number) • Max Romeo: Wet Dream • Harry J. Allstars: The Liquidator • Desmond Dekker: Israelites • Lee Perry: People Funny Boy • The Bleechers: Come Into My Parlour • Nora Dean: Barbwire • Bob & Marcia: Young, Gifted & Black • Dandy: Reggae In Your Jeggae • Symarip: Skinhead Moonstomp • Rudi Mills: John Jones • Soul Sisters: Wreck A Buddy • The Uniques: My Conversation • Niney: Blood And Fire • Clancy Eccles: Fatty Fatty • The Upsetters: Live Injection • The Pioneers: Long Shot (Kick De Bucket) • Soulmates: Them A Laugh And A Kiki • David Isaacs: Place In The Sun • Laurel Aitken: Skinhead Train • U Roy: Wake The Town • Stranger Cole & Lester Sterling: Bangarang • The Ethiopians: What A Fire • Derrick Morgan: Tougher Than Tough • Pat Kelly: How Long Will It Take • Eric Donaldson: Cherry Oh Baby • Delroy Wilson: Better Must Come • Ken Boothe: Everything I Own • Jimmy Cliff: The Harder They Come • Bob Marley & The Wailers: Trench Town Rock

„We are Mods!" – Ska, Bluebeat, R&B und Soul: Das Modernste, was die Sechziger zu bieten haben

Laurel Aitken: Bartender • Derrick Morgan & Patsy: Housewives Choice • Jimmy Cliff: Miss Jamaica • Lord Kitchener: Dr. Kitch • The Kingsmen: Louie Louie • Jackie Edwards: Tell Me Darling • Kentrick Patrick: Man To Man • The Wailers: Simmer Down • Eric „Monty" Morris: Samson • The Skatalites: Guns Of Navarone • Byron Lee & The Dragonaires: Jamaica Ska • Lord Tanamo: I'm In The Mood For Ska • Prince Buster: Al Capone • Delroy Wilson: Dancing Mood • Justin Hines & The Dominoes: Rub Up, Push Up • Jerry Naylor: City Lights • Phyllis Dillon: Don't Stay Away • Little Anthony & The Imperials: Better Use Your Head • Jay & The Americans: Got Hung Up Along The Way • Martha Reeves & The Vandellas: Jimmy Mack • Young Holt Unlimited: Soulful Strut • Chuck Jackson: The Breaking Point

„And These Are The Breaks" – Das Blockparty-ABC

Afrika Bambaataa & The Soul Sonic Force: Looking For The Perfect Beat • All The People: Cramp Your Style • Arthur Baker: Breaker's Revenge • Babe Ruth: The Mexican • Bar-Kays: Freak Show • BlackByrds: Rock Creek Park • Bobby Byrd: I Know You Got Soul • Booker T & The MG's: Melting Pot • COD: In The Bottle • Coke Escovedo: (Runaway) I Wouldn't Change A Thing • Commodores: Assembly Line • Crusaders: Chain Reaction • Curtis Mayfield: Move On Up • Cybotron: Clear • Dennis Coffey: Son Of Scorpio • Dexter Wansel: Theme From The Planets • Doobie Brothers: Long Train Running • Duke Williams: Chinese Chicken • Dyke The Blazers: Funky Nassau • Dynamic Corvettes: Funky Music Is The Thing • Fred Wesley & The JB's: Blow Your Head • Freeze: I. O. U. • Funkadelic: You'll Like It Too • Gap Band: Early In The Morning • Grover Washington Jr.: Mister Magic • Herman Kelly & Life: Dance To The Drummer's Beat • Honey Drifters: Impeach The President • In Search Of Orchestra: Phenomena Theme • Incredible Bongo Band: Apache • Incredible Bongo Band: Bongo Rock • Isaac Hayes: Break Through • Isaac Hayes: Disco Connection • Jackie Robinson: Pussie Footer • Jackson Sisters: I Believe In Miracles • James Brown: Funky Drummer • James Brown: Give It Up, Or Turn It Loose • JB's: The Grunt (Part 1) • Jimmy Castor Bunch: It's Just Begun • KC & The Sunshine Band: Do You Wanna Go Party • Kurtis Blow: The Breaks • Lafayette Afro-Rock Band:

Conga • Le Pamplemousse: Gimme What You Got • Lonnie Liston Smith: Expansions – Part 1 • Lynn Collins: Think • Manzel: Space Funk • Mohawks: The Champ • Munsters: Theme from ... • Ronnie Laws: Always There • Rose Windross: Love In The Making • Roy Ayers: Brother Green • Rufus Thomas: Do The Funky Penguin • Seventh Wonder: Daisy Lady • Sir Joe Quarterman and Free Soul: I've Got So Much Trouble In My Mind • Malcolm McLaren: Buffalo Gals • Soul Searchers: Ashley's Roachclip • Stanley Turrentine: Sister Sanctified • T-Connection: Groove To Get Down • Tom Browne: Funking For Jamaica • Tom Tom Club: Genius Of Love • Treacherous 3: Body Rock • UTFO: We Wanna Rock • Winstons: Amen Brothers

London 1976–83: A Tribute to Young Soul Rebels, Pirate Radio & Ford Capris

Universal Robot Band: Barely Breakin' Even • Roy Gee and Energee: I'm for real • Incognito: North London Boy • Ray Carless: Tarantula Walk • Level 42: Starchild (12"-Mix) • Atmosfear: Motivation • Will Powers: Adventures in Success • Esther Williams: Last Night changed it all • The Fresh Band: Come back Lover • Labi Siffre: My Song

Das Paradise Garage Construction Kit – Ein Magischer Ort, ein magischer Vibe. Als NYC seinem Ruf noch gerecht wurde

Larry Levan: Real Love • Taana Gardner: Work That Body • Peech Boys: Don't Make Me Wait • Blackbyrds: Rock Creek Park • Eddie Kendricks: Girl You Need A Change Of Mind • ESG: Moody • Man Friday: Love Honey, Love Heartache • Olantunji: Jingo/ Drums Of Passion • War: City Country City • Hamilton Bohannon: Let's Start The Dance • Machine: There But For The Grace Of God • The Beginning Of The End: Funky Nassau • Liquid Liquid: Cavern • Atmosfear: Dancing In Outer Space • MFSB: Love Is The Message • Candido: Thousand Finger Man • Fela Kuti & Africa 70: Shakara Oloje • D-Train: Keep On • Tom Tom Club: Genius Of Love • Inner Life: Ain't No Mountain High Enough • Gwen Guthrie: Seventh Heaven • Patti Labelle: Music Is My Way Of Life • Thelma Houston: I'm Here Again • Chaka Khan: I Know You, I Live You • Eddy Grant: Time Warp • George Krantz: Din Daa Daa • Class Action: Weekend • Dinosaur L.: Go Bang! #5 • Dan Hartman: Relight My Fire • Chicago: Street Player • The Clash: The Magnificent Dance • Sun Palace:

Rude Movements • Tamiko Jones: Can't Live Without Your Love • Martin Circus: Disco Circus • Stevie Wonder: As • Strafe: Set It Off • Cymande: Bra • Loleatta Holloway: Hit And Run • Klein & MBO: Dirty Talk • Yello: Bostich • Manuel Göttsching: E2 E4 • The Rolling Stones: Dance • Ashford & Simpson: Over And Over • Grace Jones: Slave To The Rhythm

Eine Nacht auf der Airbase. Die Besatzungskinder tanzen zurück – in der GI-Discotheque

Ice T w/War: Heartbeat • Joyce Sims: Come Into My Life • Johnny Kemp: Just Got Paid • SWV: I'm So Into You • R. Kelly: She's Got That Vibe • Guy: Do Me Right • Father MC: Treat'em Like They Wanna Be Treated • Toni Tone Toné: Oakland Stroke • Bobby Brown: My Prerogative • Bell Biv Devoe: Poison • Redhead Kingpin & The FBI: Do The Right Thing • Mantronix: Got To Have Your Love • Keith Sweat: I Want Her • Paula Abdul: Straight Up • Pebbles: Girlfriend • Midnight Star: Snake In The Grass • Michael Jackson: Wanna Be Startin' Something • Cameo: Word Up • Shannon: Let The Music Play • Gloria Estefan: Dr. Beat • Midnight Star: Operator • Tone-Loc: Funky Cold Medina • Zapp: More Bounce To The Ounce • George Clinton: Atomic Dog • Steve Arrington: Feel So Real • Kool & The Gang: Victory • Earth, Wind & Fire: Boogie Wonderland • New Edition: Candy Girl • BDK: R. A. W. • Rufus & Chaka Khan: Ain't Nobody • Prince: Erotic City • Ten City: That's The Way Love Is

„My Sound is the most wicked Sound" – Die Dancehall wird digitalisiert 1985–1992

Tenor Saw: Ring The Alarm • Tenor Saw w/Buju: Ring The Alarm Quick • Thriller U: My Sound is The Ruling Sound • Wayne Smith: Under Me Sleng Teng • Anthony „Red" Rose: Tempo • Nitty Gritty: Hog Ina Me Minty • Johnny Osborne: Buddy Bye • Shelly Thunder: Small Horse-woman • Amiral Baley: Big Belly Man • Tiger/Sister Nancy/Pliers: Bam Bam • Althea & Donna: Top Rankin' • Shaka Demus & Pliers: Murder She Wrote • Shabba w/Krystal: Papa San w/Lady G: Twice My Age • Leroy Gibbons: This Magic Moment • Shinehead: Billy Jean • Sanchez: My Prerogative • Shabba w/Deborahe: Don't Test Me • Buju Banton: Boom Bye Bye • Shabba Ranks: Peanie, Peanie • Paul Blake & the Blood Fire Posse: Every Posse Get Flat • Half Pint: Greetings • Frankie Paul: Alesha • Cocoa Tea: Come Again • Shabba Ranks: Wicked In Bed •

Admiral Bailey: Punaany • Ninjaman: Border Clash • Buju Banton: Batty Rider • Admiral Baley: Kill'em With it • Buju Banton: Murderer • Ninjaman: Murder Dem • Shabba Ranks: Respect

Von den Achtzigern in die Neunziger: New York, New Jersey, ein klein wenig Chicago und einige Klassiker – alle vereint in einem House

M. Jefferson pres. The Truth: Open Our Eyes • Sandee: Notice Me • Blaze: Whatcha Gonna Do • Phase II: Reachin' • Arnold Jarvis: Take Some Time Out • Fingers Inc.: Mystery Of Love • Ce Ce Rogers: Someday • Nightwriters: Let The Music Use You • T-Coy: Carino • Colonel Abrams: Trapped • Todd Terry prcs. Masters At Work: Alright, Alright • Nu Shooz: I Can't Wait • Bobby Konders: House Rhythms • Kraze: The Party • Nitro Deluxe: Let's Get Brutal • Ralphie Rosario/Xaviera Gold: You Used To Hold Me • Cultural Vibe: Ma Foom Bey • Urban Soul: Alright • Ten City: That's The Way Love Is • Lil' Louis: The Story Continues • Willie Colon: Set Fire To Me • Robert Owens: I'll Be Your Friend • Richie Rich: Salsa House • Frankie Knuckles pres. Satoshi Tomiie: Tears

Stoppelfelder und Elefantenhosen: Der zweite Sommer der Liebe 1988 und seine balearischen Kinder

FPI Project: Rich In Paradise • DJ H feat. Stefy: Think About It • Black Box: Right On Time • Katherine E: I'm Alright • Velvet: Hold Me • Starlight: Numero Uno • Double Dee feat. Danny: Found Love • Stevie V.: Dirty Cash • X-Pansions: (Elevation) Move Your Body • Beatmasters w/ Merlin: Who's In The House • Chad Jackson: Hear The Drummer Get Wicked • Silver Bullet: Bring Forth the Guillotine • The Farm: All Together Now (Farley/Heller Mix) • The Orb: A huge evergrowing pulsating brain that rules from the centre of the ultra world • Shamen: Pro-Gen • Baby Ford: Beach Bump • Primal Scream: Come Together Rmxs • Happy Mondays: Hallelujah • Flowered Up: Weekender • Electra: Jibaro • James: Sit Down • Stone Roses: She Bangs The Drums • Primal Scream: Don't Fight It Feel it • Bocca Juniors: Raise (63 Steps To Heaven) • Charlatans: The Only One I Know • Stone Roses: Fool's Gold 9.53 • My Bloody Valentine: Soon (Weatherall Rmx) • One Dove: Fallen • St. Etienne: Only Love Can Break Your Heart • Northside: Shall We Take A Trip • Happy Mondays: Bob's Yer Uncle • Barry K Sharpe: Masterplan • Primal Scream. Loaded • Candy Flip: Strawberry Fields Forever •

Carlton: Cool With Nature • Reggae Philharmonic Orchestra: Lovely Thing • Carlton: Do You Dream • St. Etienne: Only Love Can Break Your Heart • The Beloved: The Sun Rising • Innocence: Natural Thing • The Grid: Floatation •

„A New Conception": Die Talkin-Loud-Nachmittage im Dingwalls, London

Bobby Humphreys: Harlem River Drive • Milton Wright: Keep it up • Sons and Daughters of Lite: Let the Sunshine in • Stevie Wonder: Too High • Kitty Winter: New Morning • Gil Scott Heron/Bryan Jackson: The Bottle (live) • Airto Moreira: Jump • Azymuth: Dear Limmertz • Eddie Palmeri: Un dia Bonita • Chakachas: Stories • Azymuth: Manha • Detroit Emeralds: Baby Let Me Take You In Your Arms • Tito Puente: Ran Kan Kan • Fela Kuti: Upside Down • Oneness Of JuJu: Everything But Lose • American Gipsy: Golden Ring • Roy Ayers: Everybody Loves the Sunshine

„It's grim up north" – Bleeps, Plonks, Sub-Bässe und Clonks. England lernt das Fiepen

Unique3: Weight For The Bass • LFO: LFO • „LFO": 100 Hz • NOW: Aftermath • Sweet Exorcist: Testone • Forgemasters: Track With No Name • Nightmares On Wax: Dextrous • Psychotropic: Only For The Headstrong • Rhythmatic: Frequency • Tricky Disco: Tricky Disco • Unique 3: Musical Melody • Rhythmatic: Take Me Back • Tuff Little Unit: Join The Future • Nexus 21: Self Hypnosis • Ragga Twins: Wipe The Needle • Psychotropic: Hypnosis • R-Tyme: R-Theme • Nomad: (I Wanna Give You) Devotion • 808 State: Pacific State • Turntable Orchestra: You're Gonna Miss Me • Meat Beat Manifesto: Radio Babylon • RSW: Probably A Robbery (12 Gauge Turbo) • NOW: 21st Kong • SUAD: Derek Went Mad • A Guy Called Gerald: Voodoo Ray • Sueno Latino

Osten vs. Westen – Gegensätze ziehen sich an. Das Jahrzehnt mit der Acht in HipHop

Hashim: Al-Naafiysh (The Soul) • Jonzun Crew: Pack Jam • Newcleus: Jam On It • Rammelzee vs. K-Rob: Beat Pop • The Egyptian Lover: Egypt, Egypt • Whistle: Just Buggin' • Fearless 4: Rockin' It • T La Rock & Jazzy Jay: It's Yours • B + : B-Beat Classic • World Class Wreckin Crew: House Call • UTFO: We Work Hard • Slick Rick: Mona Lisa • MC Shan:

Down By Law • Audio Two: Top Billin' • Doug E. Fresh & Slick Rick: Ladidadi • Whodini: The Haunted House ... • K9 Posse: This Beat Is Military • MC Shan: The Bridge • BDP: The Bridge Is Over • LL Cool J: Rock The Bells • Run DMC: Beats To The Rhyme • BDP: South Bronx • NWA: Dopeman • Eric B & Rakim: Eric B. Is President • Ultramagnetic MCs: Ease Back • Gang Starr: Who's Gonna Take The Weight • Ice T: High Rollers • DOC: Whirlwind Pyramid • 7A3: Drums of Steel • Digital Underground: Freaks Of The Industry • Young MC: I Come Off • Donald D: A Letter I'll Never Send • ATCQ: If The Papes Come • MC Lyte: Paperthin • Nefateri: The Word • 3rd Bass: Brooklyn Queens • Jungle Brothers: Black Is Back • Beastie Boys: Shake Your Rump • Pete Rock & CL Smooth: T. R. O. Y. • Biz Markie: A Thing Named Kim • Showbiz & AG: Soulclap • Eric B. & Rakim: Paid In Full

„My House Is Your House ... ": **Die Achse Berlin–Detroit und stellvertretend die Frage nach dem Huhn und dem Ei alphabetisch**

3Phase feat. Dr. Motte • Bash! • Basic Channel • BFC • Blake Baxter • Chain Reaction • Circuit Breaker • Cosmic Baby • Cybersonik • Cybotron • Dark Comedy • DBX • Dick • E-Dancer • F. U. S. E. • Futurhythm • Hardtrax • Jeff Mills • Jonzon • Kick Ass Project • Kid Paul • M-Plant • Mainstreet • Maurizio • Mayday Anthem 1992 • MFS • Model 500 • Plus 8 • Probe • Red Planet • Reese & Antonio • Rhythim Is Rhythim • Richie Hawtin • Rob Hood • Rok • Space Teddy • Suburban Knight • Tanith • Tresor • Tronik House • UR • Veinmelter • Woody • X-101. 102. 103

„Are You Ready?!": **Das Omen zu Frankfurt am Main und die beliebteste One-Man-Show Deutschlands**

Pressure Drop: Back To Back • Djum Djum: The Difference • DNA: La Serenissima • Guru Josh: Infinty • Snap: The Power • Chantal: The Realm • Bobby Konders: Nervous Acid • Humanoid: Stakker Humanoid • B-SidesII • Quazar: The Seven Stars • Moby: Go! • Cola Boy: Seven Ways To Love • Shades Of Rhythm: Homicide • 4 Hero: Mr Kirk's Nightmare • N-Joi: Adrenalin • Major Problems: Overdose • A Homeboy, A Hippie And A Funky Dredd: Total Confusion • Ravebusters: Mitrax • The Hypnotist: Hardcore • Outlander: Vamp • Cubic22: Night In Motion • Second Phase: Mentasm • UR: Riot • Meng Syndicate: Sonar System • PCP: Fick Dich Doch Mal • Human Resource: Dominator • Mescalinum

United • Final Exposure: Vortex • Ravesignal III: Horsepower • D. H. S.:
The House Of God • Ramirez: La Musica Tremenda • Barbarella: My
Name is ... • Hardfloor: Hardtrance Acperience

**Milk! Mannheim (1990–1993) Classics – Nebel, Sirenen und Triller-
pfeifen. Das Manchester am Rhein**

Fingers Inc. feat. Chuck Roberts: Can You Feel It? (In Our House) • Night-
mares On Wax: A Case Of Funk • Gypsymen: Hear The Music • Basil
Hardhouse: Hard For The DJ • 33 1/3 Queen: Searchin' • Photon
Inc.: Generate Power • M1: Feel The Drums • Altern 8 vs. Evelyn „Cham-
pagne" King: Shame • Jonny L: Hurt You So • Nino: The Gun • Edge
Records #1: Componded • TronikHouse: Up Tempo • Agent Orange:
Sounds A Bit Flakey To Me • D'Cruze: Life (Remix) • Pure White: 4 A. M.
• One From the Posse: Scandis In My House • Nookie: Return Of Nookie
• Origin Unknown: Valley Of The Shadows • Maurizio: Ploy • 69:
My Machines Pt.1 • NRG: The Terminator • Kaotic Chemistry: Drum Trip
• 2 Bad Mice: Bombscare • Manix: Feel Real Good • Criminal
Minds: Baptised By Dub • Shut Up And Dance: The Green Man • Acen:
Trip To The Moon Part 2 • UBQ Project: When I Fell In Love • YBU: Soul
Magic

**„New York vs. New Jersey Deep": Einiges Essentielle dessen, was House in
den Neunzigern zu bieten hatte**

Cassio Ware: Paradise • Underground Solution: Luv Dancin' • Daphne:
Change • Jovonn: Be Free • Basil Hardhaus: Make Me Dance (Hard For
The DJ) • Soul Boy: Harmonica Track • Sole Fusion: We Can Make It •
Kerri Chandler: Atmosphere Track 1 • Earth People: Dance • Hardrive:
Deep Inside • Sounds Of Blackness: The Pressure (Knuckles/Morales) •
The Jasper St. Company: A Feeling • Mondo Grosso: Souffles H
(Maw Mix) • Cajmere feat. Dajae: Brighter Days • MAW feat. India: I
Can't Get No Sleep • Liberty City: Reach For Me • The Daou: Surrender
Yourself • Black Science Orchestra: New Jersey Deep • Urban Blues
Project: Deliver Me • Instant House: Over • DJ Camacho: Renegade (Joe
Claussell Mix) • Voices: Voices In My Mind • Basic Channel: Phylyps Trak
• Round One: I'm Your Brother • Ron Trent/Chez Damier: Morning
Factory • NuYorican Soul: The Nervous Track

„*A Journey Into Hardcore*" – Wie die Drums das Rollen lernten und der
Bass den Mann am Klavier erdrückte

The House Crew: The Theme • TDR presents Soundcorp: Dream Finder
• Lenny D Ice: We Are I E • Isotonik: Different Strokes • Genaside II: Nar-
ra Mine • DJ Seduction: Hardcore Heaven • Manix: Head in The Clouds •
Blame: Music Takes U (2 Bad Mice Rmx) • Acen: Close Your Eyes •
Kaotic Chemistry: Illegal Subs • Run Tings: Back Again • New Decade:
Statue Of Gold • Scott & Keith: Derranged • Metalheadz: Terminator •
Rufige Cru: Terminator 2 • Bay B Kane: Hello Darkness • Mole The
Dipper: Immortal Depth • Manix: Never Been To Belgium • Dance Cons-
piracy: Dub War • A Guy Called Gerald: 28 Gun Bad Boy • Chaos & Julia
Set: Atmosphere • Origin Unknown: Valley Of The Shadows • Deep
Blue: Helicopter • Leviticus: Burial • Smokey Joe: Gimmi My Gun • DJ
Hype: A Shot In The Dark • DJ Hype: Roll The Beats • Roni Size: It's a
Jazz Thing • Omni Trio: Vol. 3 • Hyper On Experience: Lords of the Null
Lines • Foul Play: Finest Illusion • Apollo Two – Atlantis (Bukem Rmx) •
Q Project: Champion Sound (Alliance Rmx) • Skanna: Until The Night
Is Morning • Adam F.: Circles • Alex Reece: Pulp Fiction • Nookie: Gonna
Be Alright • T. Power: Mutant Jazz • Dillinja: Threshold • Makai: Beneath
The Mask • Adam F.: Metropolis

„*Was am Ende übrig schäumt*": Pitbullfreie Nahrung für Booty & Soul,
von Championlovern empfohlen

The Notorius BIG: Warning • Beenie Man feat. Chevelle Franklyn: Dan-
cehall Queen (A-cappella) • DJ Luck & MC Neat: A Little Bit Of Luck •
Brandy: Almost (Two Step Bootleg) • Artful Dodger: Rewind • DJ Luck &
MC Neat: Ain't No Stoppin Us • Y-Tribe:Enough Is Enough • MJ Cole: Sin-
cere • Nasty Girls – Vanity 6 • Ginuwine: Do You Remember • Method
Man w/D'Angelo: Break Ups 2 Make Ups • Refused: New Noise • Ale-
xander Robotnick: Afrikan Kola • DJ Assault: Now Whus Up, Whus Up •
The Longines Symphonette Society: Eyewitness Report Bombing
Manila • DJ Assault: Asses Jigglin • DJ Godfather: Player Haters In Dis
House (Rmx) • Ghost Town DJ's: My Boo • B. M. W.: Get A Lil' Stupid •
Scholly-D: P. S. K. – What Does It Mean? • Mister Schnabel feat. Samy
Deluxe: Mic Check/Eimsbusch Stylee • Rasco: Me & My Crew (instr.) •
Absolute Beginner: Rock On (A-cap.) • Eins, Zwo: Hand Aufs Herz (instr.)
• Eins, Zwo: Hand Aufs Herz • Afrika Bambaataa pres. Time Zone: Zulu

War Chant (Rmx) • Mary J. Blige: Real Love • Eins, Zwo: Schön, Dass Es Euch Gibt (Championlover Phoneskit) • Bounty Killa: Anytime • Wayne Wonder: Let Your Conscience Set You Free • Richie Stephens: Take Me Away • Beenie Man/Mr. Vegas: Bad Man Nuh Flee • Nitty Kutchie: Love Me Down • Determine: Slow Dem Fast • Red Rat: Know Me Style • Goldie: Kemistry • The Brothers Grimm: No Use Crying Now • The Verve: Lucky Man • Notorious BIG: Juicy

Compilations

„Geschichte bezahlbar machen"

All diese geschichtsträchtigen Platten – wer soll das bloß bezahlen? Vor allem da es als offenes Geheimnis gilt, dass sich die Mentalität in manchem (2nd Hand-)Plattenladen nur unwesentlich von dem an der Frankfurter Terminbörse unterscheidet. Aber keine Bange: Der Preis muß stimmen, dachten sich schon die Herrschaften bei RMM, die ihre „Essential Jazz"-Reihe so charmant „Making Jazz more affordable" nannten.

Dabei lohnt es sich, stets die Augen offen zu halten. Nicht nur im Fachhandel. Auch in den Kaufhäusern großer Warenketten bleibt und blieb oftmals interessantes Material lange liegen und ist dementsprechend günstig zu haben. Generell gilt: Beim Secondhand-Laden und auf dem Flohmarkt sind die meisten Originale billiger als die Reissues. Einfach mal experimentieren und blind kaufen. Die sich einstellenden Erfolgserlebnisse sind beachtlich. Gerade in Gegenden, wo zu Zeiten des Kalten Krieges amerikanische Truppenkontingente stationiert waren, lässt sich manches Kleinod für kleines Geld finden.

Grundsätzlich unterscheiden lässt sich zwischen:

Neuerscheinungen, die mal mehr oder weniger kompetent ein aktuelles Phänomen auf den Punkt bringen. Die gelungensten Beispiele werden demnach auch Jahre später noch mit hell strahlenden Kinderäuglein ehrfurchtsvoll ausgesprochen: Techno 1 & 2, Biorhythms, Deepest Shade Of Techno, The House Sound Of Chicago, The Garage Sound Of Deepest New York, Panic In Detroit. Und gerade in schnelllebigen Genres wie Dancehall oder Two Step gibt es seit Jahren funktionierende Strukturen, in denen solide Adressen den Ausstoß kleinerer Produktionshäuser zusammenlizensieren.

Labelwerkschauen fassen meist das aktuelle Schaffen eines Labels und befreundeter Künstler zusammen. Fanden in den nur noch per Extrakoffer zu transportierenden Drum'n'Bass-Boxen ihren vorläufigen Höhepunkt. Dennoch immer wieder lohnenswert, hat „Label" als Kriterium doch bei vielen Genres den Produzenten/Künstler abgelöst. Neben den aktuell operierenden (Kleinst-)Labels und Clubs auch für etablierte Adressen immer noch interessant: Studio One, V, Kompakt, Trojan, Blue Note, Planet E., Mo'Wax, Metalheadz, Def Jam usw.

Historie-verhaftete Compilationlabels. Die Briten von Mastercuts stellen hier regelmäßig den Porsche dieses Phänomens. Läuft und läuft und läuft mit Zweifach-Vinyl, drei Tracks pro Seite, also auch noch kräftig genug, um mal im Club auszuhelfen. Ihnen immer dichter auf den Fersen sind BBE, Harmless, Soul Jazz und Mr Bongo. Teilweise schon eingestellte Traditionsnamen wie Streetsounds (Jazz-Juice-, Anthems-, HipHop-, Electro-Reihen), Luv'n'Haight Recordings, Famous Flame, Kent oder Westbound sind auch ihr Geld wert.

Hier lohnt sich auch immer wieder der Blick in den Secondhand-Laden, scheiterten doch im Laufe der Jahre viele engagierte Labels am Markt und/ oder an ihrem Idealismus. So finden sich teilweise unglaubliche Zusammenstellungen lange gesuchter Schätze, doch meist aus Kostengründen zu eng gepresst, um wirklich auch den Tanzboden in Feuer versetzen zu können.

Bootlegs. Meist über UK und vor allem US-Vertriebe erhältlich, gibt's hier mal mehr, mal weniger legal vielgesuchtes Material. DJs, nicht sammelnde Spekulanten sind hier klar die Zielgruppe. Alteingesessene Plattenläden in nordamerikanischen Metropolen verfügen meist über große Sektionen, in denen so ziemlich jedes Stück, zu dem mal mehr als 20 Leute auf einmal getanzt haben, nachgepresst zu finden ist. Dabei reicht die Spannbreite von einigermaßen ordentlich gemasterten 12"-Reihen wie Loft Classics und Dance Masters bis hin zu Compilations wie „Strictly Breaks …", die aktuell zersampelte Originale in überschaubarer Tonqualität bieten.

Nicht zu vergessen: **Das DJ-Mix-Album**. Nichts logischer als das. Schlage nach unter: Mix-Up, Journeys By DJs, Mixmag, DJ-Kicks, INCredible, Straight Up Detroit Shit, Funkmaster Flex., French House Sessions.

314

Bücher

Gerade in England erscheinen dieser Tage derart viele Titel, die sich rund um das Phänomen Clubkultur drehen, dass der Überblick schnell zu schwinden droht. Immer mal wieder beim Händler vorbeizuschauen kann sich also durchaus lohnen. Hier eine kleine Auswahl dessen, was auch nach mehr als zweimal Durchblättern noch Interessantes bot. Das ständig wachsende Feld an Prosa wurde ebenso außen vorgelassen wie die meist von überschaubarer Qualität beseelten Künstler-Monografien. Den Fan sollte dies allerdings nicht abhalten. Wo eine deutsche Übersetzung englischer oder amerikanischer Titel vorliegt, beziehen sich die Verlagshinweise auf diese Ausgaben:

PHILLIP ANZ/PATRICK WALDNER – *Techno* (Ricco Bilger 1995, mittlerweile als Taschenbuch bei Rowohlt erhältlich)
Elektronische Tanzmusik der frühen Neunziger – dieser Kosmos wird durch eine umfangreiche und facettenreiche Zusammenstellung einzelner Artikel von Aphex Twin bis zur „Raving Society" umrissen. Eine weltweite Musik, von Mitteleuropa aus betrachtet. Vielschichtig und ebenso ansprechend gestaltet. Die immer noch gültige Blaupause.

STASA BADER (REMIX VON GÜNTHER JAKOB) – *Worte wie Feuer* – Dance Hall Reggae und Raggamuffin (Neustadt, 1992)
Wenn man so will, ein schweizerisch-deutscher Ergänzungsband zum unten erwähnten Jamaika-Buch von Dick Hebdige. In der zweiten Auflage wird neben der historischen Basis auch der „neue" Reggae zwischen Slackness, Computer-Riddims und Crossover-Versuchen beschrieben und gedeutet.

STEVE BARROW & PETER DALTON – *Reggae* – The Rough Guide (The definitive guide to Jamaican music, from Ska through Roots To Ragga) (Rough Guides/Penguin, 1997)
Eine der kompetentesten Reihen widmet sich dem Erbe der jamaikanischen Musik. Liebevolle Gratwanderung zwischen erzählender Geschichtsschreibung und einem Paradies für Listenfanatiker. Ausgaben zu House, Techno und HipHop sollen bald folgen.

RICHARD BENSON (HRSG.) – *Night Fever* – Club Writing In THE FACE
1980–1997 (Boxtree, 1997)
Das Magazin, das zusammen mit i-D den Typus des Lifestyle-Magazins rund um Clubkultur immer wieder neu erfunden hat, hält Rückschau. 17 Jahre Reportagen aus Clubs, Lagerhäusern und anderen Orten der Nacht. Ein echtes Dokument.

BILL BREWSTER AND FRANK BROUGHTON – *Last Night A DJ Saved My Life* – *The History Of The Disc Jockey* (Headline, 1999)
The boys are back in town. Weitgehend fußnotenfreies Erzählstück, das einen ordentlichen Backkatalog an Interviews zu einem langen Set zusammenmischt. Aus vielen kleinen Anekdötchen wächst so die Geschichte der wichtigsten kulturellen Figur des ausgehenden Jahrhunderts. Obsessiv bis lasziv, leidenschaftlich bis zum Wahnsinn, Jungsspaß galore.

PASCAL BUSSY – *Kraftwerk* – **Synthesizer, Sounds und Samples – die ungewöhnliche Karriere einer deutschen Band** (Piper, 1995)
Stellvertretend für die mal mehr, mal weniger gelungenen unzähligen Künstler-Monografien. Der französische Journalist Bussy hat sich nicht nur der Düsseldorfer Radsportfanatiker angenommen, sondern auch die nachfolgenden Generationen befragt, was nun genau den Reiz der Mensch-Maschinen-Elektroniker ausmacht.

SARAH CHAMPION (HRSG.) – *Disco Bisquits.* **New Fiction from the Chemical Generation** (Sceptre, 1997; deutsch bei Rowohlt)
Kurzgeschichtensammlung zum Reinschnuppern in die Erzählungen der „chemischen Generation". Inzwischen gestandene Namen wie Douglas Rushkoff und Irvine Welsh geben sich die Pillen in die Hand mit überhypten Eintagsfliegen (Q) und engagierten Tausendsassas. Lohnenswert alleine wegen „White Burger Danny" vom unvergessenen Gavin Hills.

MATTHEW COLLIN – *Altered State.* *The Story Of Ecstasy Culture and Acid House* (Serpent's Tail, 1997)
Ein Beispiel dafür, dass soziologische Betrachtungen alles andere als staubtrocken sein können. Sehr britische Musik-, Drogen- und Kul-

tur-Geschichte rings um die Party-Pille, die engagiert verschiedene Dimensionen des Gemeinschafts-Erlebnisses Rave nachzeichnet und dabei den Fußnotendschungel zugunsten der Lesbarkeit vernachlässigt.

FREDERIC DANNEN – *Hit Men* (Zweitausendeins Verlag, 1998)
Sagenumworbene Skandalchronik der amerikanischen Schallplatten-Industrie aus den Jahren, als noch Milch und Honig flossen, das heißt bis in die Achtziger hinein. Geschrieben wie ein Roman, doch die (CBS-) Manager und Mafiosi sind alle echt. Wirkte auch schon in Prä-Multimedia-Tagen wie Sagen aus Tausendundeiner Nacht.

DAVID DEFRESNE – *Yo! Rap Revolution* – **Geschichten, Gruppen, Bewegung** (Taschenbuch bei Atlantis/Schott, 1998)
Zwischen Nachschlagewerk und Genrebetrachtung: Die Old und New School des HipHop wird aufgelöst in zahlreiche, nach Künstlern geordnete Kapitel. Dazu geschichtliche, soziale und politische Hintergründe – das alles aus französischem Blickwinkel (Stand 1991). Günther Jakob sorgte für das deutsche Update der Neuauflage sowie einige Seiten Polit- und B-Boy-Kultur.

KODWO ESHUN – *More Brilliant Than The Sun: Adventures in Sonic Fiction* (Quartet, 1998; deutsch ID-Archiv 1999)
Wenn schon Theorie rocken, dann aber mit dem Gaspedal nach unten. Die Brücke zwischen Science Fiction und schwarzer Tanzmusik wird in rasender Geschwindigkeit mit einer Horde an Neologismen und ebenso frischen Gedanken geschlagen. Eshun baut sich damit ein eigenes System, das trotz seiner Brüchigkeit enorm reizvoll ist.

S. H. FERNANDO JR. – *The New Beats* – **Exploring the Music, Culture and Attitudes of HipHop** (Anchor, 1994)
Skiz Fernando, Betreiber des Labels Wordsound und umtriebiger Chronist der HipHop-Kultur, zeichnet die Geschichte des Genres aus der Brooklyn-Perspektive nach. Den entscheidenden Blick über die Grenzen des Borroughs hinaus inklusive. Das zweite Standardwerk einer Kultur, die den „walk'n'talk" von Generationen veränderte.

JONATHAN FLEMING – *What Kind of House Music Is This* (IMY, 1995)
Großformatiger Bild- und Interviewband eines Fotografen, der sich hauptsächlich auf die Sicht der englischen Party konzentriert. Ergo über 100 DJs aus dem UK und den USA (plus Ibiza-Favoriten wie Sven Väth, Dimitri, Alfredo und Laurent Garnier). Erschien sehr früh, doch trotz seiner augenquälenden Gestaltung eine lohnenswerte Materialsammlung, vor allem für „Hardcore"-Fanatiker.

NELSON GEORGE – *The Death Of Rhythm'n'Blues* (deutsche Ausgabe bei Hannibal 1990)
Umfassende Sound- und Kulturgeschichte der Schwarzen Musik. Wie sich Blues und Soul ihren Weg durch die amerikanische Gesellschaft bahnen mussten, um dann in den siebziger und achtziger Jahren ihre Wurzeln an die Unterhaltungsindustrie zu verlieren: Hier wird vieles deutlich, was in Kurzbetrachtungen unter den Tisch fällt. Im 1998 erschienenen „HipHop America" schildert der gleiche Autor die subversive Rache der Hood am US-Mainstream.

DICK HEBDIGE – *Cut'n'Mix* – **Culture, Identity and Carribean Music** (London, 1987)
Eine der ersten umfassenden Beschreibungen der jamaikanischen Musik, die über die übliche Rasta- und Kiffer-Glückseligkeit der siebziger Jahre hinausging. Hebdige, Autor des Subkultur-Klassikers „The Meaning of style", verbindet den popkulturellen mit dem soziologischen Blickwinkel, was dem studierten Ex-Mod glänzend gelang. Nach wie vor Basislektüre.

GERRI HERSHEY – *Nowhere To Run/The Story of Soul Music* (Pan, 1985)
Helden, Tragödien und unsterbliche Songs. Als Sam Cooke, Marvyn Gaye oder Curtis Mayfield ihre ersten Erfolge feierten, war DJ-Musik zwar noch weit entfernt, doch genau hier hatten die tieferen Emotionen des Tanzbodens ihren Ursprung. Eine anekdotenreiche Reise durch die Blütezeit der schwarzen US-Musik, mit Schwerpunkt auf den Sechzigern und Siebzigern.

TONY HERINGTON (HRSG.) – *Invisible* Jukebox* (Quartet, 1998)
Trainspotter, hierher. Die Idee, Musikern die Werke anderer Leute

vorzuspielen und sie mehr oder weniger schlaue Sachen dazu sagen zu lassen, ist so alt wie Musikzeitschriften selbst. Sammelt man solch eine Kolumne wie hier die Herren der britischen WIRE, steht am Ende allerhand kurzweilige Munition für den nächsten Plattensammler-Stammtisch.

GERALD HÜNDGEN (HRSG.) – *Chasin' a Dream* (Kiepenheuer & Witsch, 1989)
Ungeheuer kompakter Überblick über die wichtigsten Genres schwarzer tanzbarer Musik bis Ende der Achtziger. Essayistische Geschichtsschreibung, genauso einführend wie kommentierend. Nicht nur wegen der liebevollen Listen immer wieder einen Blick wert.

ULF POSCHARDT – *DJ Culture* (Rogner & Bernhard, 1995)
Wie der DJ als Gesamtkunstwerk in die Geistesgeschichte des europäischen Abendlandes eingebunden ist. Eine Doktorarbeit in Buchform. Von den Radiopionieren bis zur Love Parade über Bristol und zurück finden sich immer wieder Ansatzpunkte, die sich in der nächsten Seminararbeit weiterspinnen lassen. Für „Cultural Studies" unverzichtbar.

SIMON REYNOLDS – *Energy Flash* (Picador, 1998)
Der Alte Mann und der Rave. Simon Reynolds, in den USA lebender Brite, hat sich vor allem durch einige Standards der neueren Rockschreibung einen Namen gemacht. Unverhohlen gibt er zu, welcher Schlag ihn dank „Hardcore" traf. Seitdem versucht er das Erlebte mit einem Gerüst aus musikologischen Neuschöpfungen und theoretischen Begeisterungen zu ordnen.

RONIN RO – *Have Gun Will Travel* – The Spectacular Rise and Fall of Death Row Records (Quartet, 1998)
Nur ein Beispiel für die zahlreich erhältlichen Betrachtungen von Einzelphänomenen. Mehr Vermutungs- als Enthüllungsgeschichte über das kalifornische HipHop-Label, dessen aggressive Politik in den mysteriösen Morden von Tupac Shakur und Christopher Wallace aka The Notorious B. I. G. einen vorläufigen traurigen Höhepunkt fand.

CYNTHIA ROSE – *Design After Dark* – The Story Of Dancefloor Style (Thames and Hudson, 1991)

Ausführlich kommentiertes britisches Design (Flyer, Magazine, Cover, Layouts). In diesem visuell geprägten Genreüberblick wird deutlich, wie sehr sich gerade der „Planet London" zu Beginn der Neunziger in puncto Stil und Präsentation vernetzte und weltweit wahrgenommene Zeichen setzen konnte. Als Musik und Layout begannen, gemeinsam miteinander zu tanzen.

TRISHIA ROSE – *Black Noise* – Rap Music and Black Culture in Contemporary America (Wesleyan UP, 1993)

Guter Einstieg für Cultural-Studies-Interessierte, die tiefer graben wollen. Mit wachem Blick seziert Trishia Rose viele der im HipHop omnipräsenten Männlichkeitsrituale, ohne den Respekt vor der Kultur missen zu lassen. Aus den Einzelteilen setzt sie ein Bild zusammen, das klarer und einleuchtender strahlt als ein großer Teil anderer theoretischer Beiträge.

ADAM SEXTON (HRSG.) – *Rap On Rap* – Straight Up Talk On HipHop Culture (Delta, 1995)

Herausfordernde Textsammlung rund um HipHop. Auch wenn hier einige der prominentesten genre-affinen Theoretiker versammelt sind, bezieht sich die Herausforderung mehr auf die Vielzahl der Sichtweisen als auf die Lesbarkeit. Denn daneben kommen B-Boys und MCs selbst wie auch bürgerliche Medien zu Wort. So verworren kurzweilig wie inspirierend.

LAWRENCE A. STANLEY (HRSG.) – *RAP The Lyrics* – The Words to Rap's Greatest Hits (Penguin, 1992)

In Tagen, als noch nicht 56 Websites schon vor Erscheinen die Texte eines Raps veröffentlichten, war diese Zusammenstellung eine wahre Goldgrube. Auch in 2000 ist sie noch mehr als eine bloße Ansammlung von gerapptem Wort oder Lyrikbändchen: die Wortgewalt heutiger oraler Kultur zum Nachblättern. Nicht nur für Nachwuchs-MCs.

RICKEY VINCENT – *Funk* – The Music, The People, And The Rhythm Of
The One (St. Martin's, 1996)
Auf 400 prall gefüllten Seiten der Versuch, das neben Groove und
Soul am schwersten fassbare Phänomen zu umreißen. Geschickt
wird am Geschichtsfaden entlang das gleichnamige Genre aufge-
rollt. Von James Brown, Sly Stone, Stevie Wonder, Miles Davis, P-
Funk hin zu den Tanzböden und Moschpits unserer Tage. Pflicht für
alle, die Musik gerne „untenrum" spüren.

DAVID TOOP – *Rap Attack 2* – African Rap To Global HipHop (1991, als
deutsche Ausgabe bei Hannibal)
Ein Standardwerk, wenn es denn jemals eines gab. Die zweite und
erweiterte Version dieser umfassenden HipHop-Geschichtsschrei-
bung, die immer noch die ersten elf Kapitel von 1984 (!) enthält.
Wenn es um alte Schule geht, nahezu unschlagbar, nicht zuletzt
dank der Fotos. Eine dritte überarbeitete Ausgabe ist angekündigt.
Vom selben Autor: Der „Ocean Of Sound" und „Exotica".

Dank

Noch mal ein ausdrückliches „Dankeschön" an:
Franz Bruckner & Thomas Arndt bei Red Bull.
Ach ja, und Many Ameri. Nicht zu vergessen: Friends, Lovers & Families. Ihr wisst, wer ihr seid. Wir auch.

From Skratch-Crew: Alexandra Bohn, Christian Rindermann, Cornel Windlin, Daniel Hövel, DAX, Dirk Linneweber, Elmar Krick, Eric Remberg, Holger Klein, Jan Elverfeld, Kerstin Gleba, Klaas Jarchow, Kristina Ehle, Luuutz Voigtländer, Maik Euscher, Michael Kummermehr, Patrick Fiedler, Peter Untersander, Philipp Lembke, Sascha Lazimbat, Sascha Vogt, Thomas Zimmermann und Wulf Gäbele

Lecturers 98/99: Akim Walta, Alexander Bretz, Alexandra Dröner, Analogue Freestyle, Atilano Gonzales Perez, Bass Dee, Bassface Sascha, Bob Jones, Carola Stoiber, Claude Young, Cle, Concrete Jungle, Cristian Vogel, Cyfunk 3, Danny Breaks, David Rodigan, David Swindells, Dirk Linneweber, Dittmar Frohmann, DJ Assault, DJ Deep, DJ Hype, Dubplates & Mastering, Elmar Krick, Gerd Gummersbach, Gilles Peterson, Grandwizard Theodore, Hans Nieswandt, Harboro Horace, James Pennington, Jay Raq, Jef K, Jeff Mills, Jesse Saunders, John Acquaviva, John Stapleton, Jordi Lloveras, Juan Atkins, Keith Tucker, Kemistry & Storm, King Britt, Klaus Goldhammer, Konrad von Löhneysen, Kristina Ehle, Marc Jones, Martin Schopf, Michael Kummermehr, Miss Djax, Monika Kruse, Norman Jay, Patrick Carpenter, Peanut Butter Wolf, Pete Holdsworth, Peter Decuipre, Peter Grandl, Peter Undersander, Phil Asher, Robert Feuchtl, Sascha Lazimbat, Sascha Vogt, Sebel, Silly Walks, Steven Hall, Stretch Armstrong, Sven Röhrig, Thorsten Mehwald, The Invisibl Skratch Piklz, Tifanny Deang, Tina Funk, Uther Mahmud, VJ Avant, Westbam, X-Ecutioners

International RBMA-Team 1998/99: Alexandra Dröner, Anke Schäfer, Christian Fox, Christian Rindermann, Christian Tjaben, Christopher Romberg, Dani König, Dittmar Frohmann, Groove Merchant, Henk Witteveen, Jan Babka, Jimmy Costello, Kodwo Eshun, Krzysztof Bak, Leo Szmeliker, Many Ameri, Markus Blömer, Monika Zawista, Oliver Kottwitz,

Ralf Niemczyk, Ron Schindler, Sascha Lazimbat, Sascha Wolters, Torsten Schmidt, Wulf Gäbele

Sowie: Adrenalin, Akai Professional, AKG Accoustics, Alesis, Anne Bening at Mute, Apple, Art'otel, Arve Hemsel, Backroom Entertainment, Benchmark Agency, Blaou, Boxen Gross, Christian Riefling, Claudia Wegworth, Contex, das, Dax Fotodesign, Defcom Webdressing, Delicious Doughnuts, Djax Records, Ecler, Eric „Specter" Remberg, E. Erdmann, Electrofunk, Emagic, Gemini, Groove Attack, Gregor Wildermann, I Love Techno, Interstate Audio, Johannes Braun, Johnny Häusler, Jomox, Jörg & Co, Josche Alwarth & Judith Kurz, Kalkscheune, Kastner & Partner, Kopernikus 23 Team, Korg & more, K!7, Ladomat, Loud!, Low Spirit, Mackie, Magnet Booking, Martin Professional, Martina Sahm, Michael Loos, Mix Machines, Motor Music, Musik & Technik Marburg, Neuton, Ninja Tune, 99 Distribution, Nobert Kraihammer, Niels Kugler, Oliver Förstl, Onkel Jürgen, Ortofon, Ovum, Pia Müller, Phonics, Pioneer, Pro Audio, Public Propaganda, Rane, Rotstift, RST Präsentationssysteme, Roland Musikinstrumente, Sandro Dressler, Siggi Woerner, Sony S3, Soundwave Audioteam, Stanton, Stefan Mauerer, Steinberg, Strictly Artists, Style & The Family Tunes, Sure Shot, Tak2, Technics, The Clubhouse Hostel, Thomas Dobberstein, Thomas Simon, Tokyoe, Tomekk, Tresor, Turbosound, Underground Resistance, Universal, V2, Vestax, Videodrome Berlin, Wall Of Sound, Wanda at Puzzle Box, WMF Berlin, Yamaha, Zille Poric

Filmteam 98/99: Anthony Lew Shun, Christian Schmidt, Christoph Le Bian, Christoph Blase, Christopher Romberg, Fabian Flade, Luis F. de Maja, Martin Schinz, Sascha Schilling

Glossar

7", 10", 12": Gängige Plattenformate, in Zoll gemessen (z. B. Single, Dubplate, Maxi).

Battle: Aus dem HipHop stammender (freundschaftlicher) Wettkampf zwischen DJs, ganzen Crews, tanzenden B-Boys oder freestylenden MCs. Hier meist auf organisierte DJ-Wettbewerbe bezogen.

Crossfader: Horizontal angebrachter Schieberegler am Mischpult, der ein schnelleres und einfacheres Umschalten vom linken auf den rechten Kanal bzw. Plattenspieler erlaubt.

Cut-Up-Filter-Disco: House-Acts wie Daft Punk, DJ Sneak oder Armand van Helden zerlegen Disco-Samples in ihre Bestandteile, filtern sie per Hardware und setzen sie ähnlich den Literaten um William Burroughs (scheinbar) wahllos wieder zusammen.

Dancehall: 1) Auch Dance. Der Ort, wo die Musik spielt. In Jamaika meist ein abgegrenztes offenes Gelände. 2) Reggae, der in erster Linie in und für diese Orte produziert worden ist, also fast alles ab den späten Siebzigern. Infolge der Digitalisierung ab 1985 auch Ragga genannt.

Dubplate: Auch Acetat oder Plate. Ein „Testschnitt" eines unveröffentlichten Stückes wird vor der eigentlichen Pressung auf eine folienbeschichtete dünne Metallplatte geritzt. Begrenzt abspielbar, fand von Jamaika den Weg in andere Kulturen wie D&B oder 2Step.

Fusion: Generell die Zusammenführung von ursprünglich unabhängigen Stilformen oder Elementen. Als Genrebegriff ab den frühen Siebzigern für Rock- und Funk-beeinflusstes Jazz-Gedaddel verwandt. Wegen seiner vielschichtigen Texturen beliebte Samplequelle.

Hardcore: Der harte Kern. Im UK der frühen Neunziger auch Bezeichnung für eine Frühform der Breakbeat-Kultur, die mit ihrem radikalen technischen Vorgehen, Stilmixturen und der zugehörigen Feierkultur die Grundlage für z. B. Drum'n'Bass schuf.

MC: Master of Ceremony, der Mensch mit dem Mikrofon in der Hand, der mit Wortspielen das Publikum anheizt und unterhält.

Riddim: Auch Rhythm. Der eigentliche Track, meist nur der Schlagzeug- und Bass-Teil, eines Reggae-Stücks. Wird in weiteren „Versions" unzählige Male neu aufgenommen.

Routine: Eine Übung. In einer Battle die einstudierte Aneinanderreihung mehrerer Scratches und/oder Juggles.

Selector: Bezeichnung des DJs in der jamaikanischen Soundsystem-Kultur. Der Mensch, der Plattenauswahl und Decks kontrolliert.

Soundsystem: 1) Das, was wir als mobile Disco kennen, und gleichzeitig die Wiege der DJ-Kultur. Ein Team aus mehreren Leuten kümmert sich bei dieser jamaikanischen Urform um die gigantischen Lautsprecher, Anlage und das Unterhaltungsprogramm. Auch kurz einfach nur Sound genannt. 2) Bezeichnung für die (große) Musikanlage bei einem Club oder Rave

Timestretching: Technik, die es erlaubt, ein Sample in der Geschwindigkeit zu verändern, ohne die Tonhöhe zu beeinflussen. Neben dieser eigentlichen Bestimmung lassen sich so auch interessante Effekte, besonders bei Drumsounds, erzielen.

Toaster: Jamaikanisches Gegenstück zum MC, wo man mit DJ nicht den Mensch an den Plattenspielern, sondern am Mikrofon meint → Selector.

Warehouse: Verlassene Lager- und Fabrikgebäude. Viele Genres haben ab den mittleren Achtzigern diese Orte genutzt, um alternative Partykulturen zu etablieren.

Weißmuster: Auch White Label. Unbeschriftete/bzw. -druckte Testpressung einer 12". Im Zeitalter digitaler Heimproduktionen auch gerne genutztes Schlupfloch für Bootlegs und andere unkompliziert abzusetzende Tanzmusik.

Register

+ 8, Label 55   65, 67, 70 f., 99

4 Hero   159, 161

808 State   70 f.

A

A & R (Artist & Repertoire)
    178, 282

Abtastfähigkeit   207

Acid Jazz, Label   151

Acquaviva, John   65

Adeva   58

Afrika Bambaataa   35, 69, 79,
    89 f., 172

Ahearn, Charly   33, 43 f.

Akai 3000   116

Akai MPC   237

Albini, Steve   128

Amen-Break   115

Amplitude   195 ff.

Anderson, Paul „Trouble"   155

Anderson, Vicky   57

Antiskating   206, 219 f.

Aphex Twin   97

Asher, Phil   146 f.

Assault, DJ   165–174

Atkins, Juan   82, 93, 97, 99, 102

Pablo, Augustus

Ausgleichsgewicht   207

Auswertungsdauer   290, 294, 299

Axis   93, 100

Ayers, Roy   91, 158

B

Baby Scratch   225

Balearic   58

Bam Bam   88

Bandübernahmevertrag   273,
    287 ff., 290 f., 293 f.

Banks, „Mad" Mike   93, 97, 99,
    169

Barrett, Aston „Family Man"
    27, 29

Basement Jaxx   94, 158

Basic Channel   311, 312

Basislizenz   294 f.

Bassline, Scratchen einer   234

Bearbeitung   275

Beat Junkies   177, 184

Beatcutz   233

Beatjuggling   181, 185, 232 f.

Beatles, The   28, 90

Beatmixen   129, 225

Beedle, Ashley   263 f.

Begg, Si   127, 130 f.

Bell, Dan   70

Berechtigungsvertrag   265

Bertram, Joey   98 f.

Big Beat   89, 134

Bird, Bobby   57

Biz Markie   35

Bizarre Inc   109

Blackwell, Chris   22 f., 26

Blaze   58, 141, 149

Blaze, feat. Cassio   143

Blockparty   33, 36, 38 f., 45

Bluebeat   19, 23

Body   206

Bodytricks   181, 235

Booking-Agentur   104

BPM (Beats Per Minute)   213, 224

327

Break, Breakbeat   36, 161
Brown, James   23, 31, 40,
   50, 55, 57, 59, 76, 84, 90
Burning Spear   27

C

Cabaret Voltaire   70
Capital Radio   153
Carry Go Bring Home   23
Carter, Derrick   74
Cartridge   206 f.
Casablanca Records   62 f.
Cassius   147
Chandler, Kerry   141,
   145, 149
Chic („Good Times")   53 ff.
Chirp   229
Chorus   143, 203, 224
Claussell, Joe   141
Clearing Agency   276
Clement "Sir Coxsone" Dodd
   21, 23, 25
Cole, MJ   161
Collins, Lynn   57
Coltrane, John   151
Compilations   161, 278
Compilations,
   Zusammenstellung von
   89, 106, 161
Cook, Norman   134
Coverversion   167, 261,
   274 f., 279
Coxsone's Hop   21
328   Crab   229
Craig, Carl   105, 149, 159
Cue-Punkt   221, 223,
   226, 231

D

DAF   81, 85, 90
Daft Punk   139, 147 f., 162
Danceteria   41
Dead Or Alive   80
Def Leppard   159
Delay-Lines   193
Dillinja   113, 116, 119, 122
Dingwalls   151, 157 ff.
Doc Scott   111 f., 121
Double Exposure   52
Drum & Bass   109–121, 134
DST, Grandmixer   42, 44
Dub   24
Dubplates, schneiden   23, 25, 111

E

Echo   191, 203, 236
Echo Fades   231
Edwards, Greg   153
Effekte, Effektgeräte   128 f., 144,
   171 f., 236 f.
EMU SP12   237
Electro   54, 81 f., 125, 165
elliptisch   206
Etienne, Cyril   139

F

Fabio   89, 110, 116, 158
Fantastic Five   44
Flanger   203
Flare   229 f.
Flat Fee   262, 292
Flint, Keith   116
Forwards   226 ff.
Freddy, Fab Five   45 f.
Freeze   152

Frequenz 194 f., 197 f., 200 f.

Frost, „Jumping" Jack 111, 118, 121

Fung, Trevor 89

G

Galliano 59, 157 ff.

Gamble & Huff 51

Ganja 28

Garage House 23

Garnier, Laurent 146, 162, 252

Gaye, Marvin 30, 60, 76, 135

Gayle, Barbie 22

Gehör 199 f., 201 f.

GEMA, -Anmeldung 254 f., 262 f., 266, 273 ff., 276, 290

Geräuschsspannungsabstand 215 f.

Gewichte, Einstellung von 219 f.

Goldie 111 f., 114 ff.

Grandmaster Flash 33, 44, 53

Green, Al 50

Grill, The 41

Grooverider 89, 110 f., 112, 116, 121, 158

Giuliani, Rudolph W., 45, 73

GVL 255, 272 f.

H

Hamsterschalter 222 f.

Hancock, Herbie 152

Händlerabgabepreis (HAP) 294

Hardy, Patrick 80

Hawtin, Richie 65, 67, 70, 73

Hendrix, Jimmy 36, 50

Hill, Chris 154

Hi-NRG 79 f., 83, 143

HipHop 33, 36, 38, 40 f., 44, 54, 80, 112, 169, 177, 180, 182 f., 226, 246 f.

Holloway, Nicky 58, 155 f.

Holt, John 28

Hörschwelle 199

Humphries, Tony 58, 75, 141

Hydroplane 231

I

IFPI 254, 267

Incognito 59, 152, 159

Independent 159, 284, 287, 301

Inner City 97

Invisbl Skratch Piklz 167, 177, 184 f., 219, 223, 228

Ishii, Ken 128

Island Records 22 f.

J

Jalal 160

James Brown's Funky People 57

Jamiroquai 59, 157

Jay, Norman 49, 189, 242

Jefferson, Marshall 81, 82

Joel, Billy 36 f.

John, Elton 159 f.

JoJo 82

Jungle 37, 109, 111, 122

Junior 152, 247

Junior Reid 98

K

Kanaltrennung 207

Kemistry & Storm 109–122

Kevin „Reese" Saunderson 97 ff.

Kevorkian, François 144

Kid'n'Play 35
King Sporty 21
King Stitt 21
King Tubby 24 f., 29
Kiss 100 FM 49, 56, 58
Klein & MBO 84
Klirrfaktor 215 f.
Kool DJ Herc 33, 35,
44, 80
Kopfhörer 103, 105, 216 f.,
221, 224
Kraftwerk 76, 83, 86,
90, 170
Krupps, Die 85
Krust, DJ 117 f.
Künstlervertrag 273, 287 f. 293

L
Label 65, 83, 97, 99 ff., 125,
130 f., 151, 158, 160 f., 165 ff.,
170, 281–284, 299
Labelcode (LC-Nummer) 255
Landstrumm, Neil 127, 135
Larkin, Kenny 70
Laser Scratches 110, 231
Last Poets, The 160
Leistungsschutzrechte,
Dauer der 255, 270, 272 f.,
274, 277 f.
Lemon D. 119, 122
Levan, Larry 52, 58, 140, 143
Level 42 152
LFO 110, 122
Liasons Dangereuses 85
Lidell, Jamie 125, 127
Light Of The World 152, 154
Lil' Louis 67, 76, 87, 149

Limelight, The 42, 73
Lizenz (Nutzungsrecht) 58, 97,
254, 262, 264 ff., 274, 290,
292 f., 295 f.
LL Cool J 41
Loft, The 55 f., 316

M
Majik, J. 119, 122
Major 59, 117, 159 ff., 167, 284
Mancuso, David 55
Maunick, Jean-Blue „Bluey" 152
Markierungen 221
Marley, Bob 25 ff.
Master-Deal 286
Mastering, -studio 161, 254
Mateo & Matos 141
May, Derrick 71, 82, 87, 91, 93,
97, 99, 103, 149
Maze 152
McFarlane, Dego (4 Hero) 118
mechanische Rechte 260, 263,
265, 273
Mental Instrum 141
Merchandising-Rechte 293
Metallica 159
Metropol 79 f., 81, 83 f.
Mickey & The Soul Generation
157
MIDI 236 ff.
Milles Plateaux 130
Mills, Jeff 71, 83, 93, 99,
131, 172
Minimal Sound 101 f.
Ministry Of Sound 60, 146
Mischpult 86, 126, 144, 203,
211 f., 213, 221, 223, 226

Mischpulte, elektronische
Komponenten der   211–218

Mitchbal   81 f.

Mit-Urheber   268 ff.

Mixtechnik   171 f., 224

Mod, Mods   23, 26

Modularität   211

Monitor   103 f., 221 f.

Motorbass   139, 147

Moulton, Tom   52

MP3   132, 261, 264,
267, 299 f.

Mr. Fingers (Larry Heard)   141

Murphy, Paul   155

Music Institute, The   98

Musikverlag   254, 261 f., 265,
274, 276, 290

N

Nadelreinigung   209

Nadelschliff   206, 208

Netzteil   213 f., 216

Nieswandt, Hans   250, 284

Nightmares On Wax   110

Nordlead   128 f.

Notorious BIG, The   314

Notting Hill Carnival   13, 53

O

Oakenfold, Paul   58, 158

Odeon   79

Ohr   194, 201 f., 208, 221

Online-Rechte   265, 291, 295

Optionen   289, 297 f.

Oral Culture   50

Owens, Robert   141

P

Pan-Pot   202 f.

Paradise Garage   52, 58, 83, 140

Parker, Terrance   97

Paul, Frankie   28

Peel, John   153 f.

Pegel   197 ff., 200 ff.

Perry, Lee „Scratch"   25

Persönliche Exklusivität   293

Persönlichkeitsrecht
(moral rights)   269

Peshay   119

Peterson, Gilles   59, 147, 151,
153–161, 191

Pflege   113 f., 191, 211

Phase   195–197, 216

Phon   200 f.

Photek   119

Phuture   88, 156

Piller, Eddie   159

Piratensender, -station   56, 59,
110 ff., 153

Piratenstation,
Betrieb einer   20, 49, 151 f.

Pitch-Regler, „pitchen"   157,
223, 234

Pitchshifter   238

Plan, Der   85

Planet   87 f., 161

Plattenpflege   111 f., 209

Plattensammlung   189

Plattenspieler   129, 144, 151 f.,
166 f., 177, 179, 182, 189 f.,
219, 226

Premaster   252 f.

Presswerk   159, 254

Prince Buster   23

Prince Jammy 29, 91
Prince Lincoln 20
Prisoners, The 159
Prodigy, The 90, 116 f.
Produktionsverpflichtung 289
Produzentenvertrag (Auftrags-)
    273, 287 f.
Projektexklusivität 291
Psychoakustik 191, 195, 201,
    221, 253
Public Enemy 60, 151, 299
Purim, Flora 158
Purpose Maker 93, 100

R
Radio Caroline 20
Radio Invicta 153
Rage @ Heaven 110, 116
Rampling, Danny 58, 158
Rare Groove 56 f., 60 f., 84 f.
Rave Club 84
Read The Crowd 95
Rechterückfallklausel 292
Rechtsübertragung 265, 290
Redding, Otis 50
Regelungsgehalt 289
Reggae 25–31, 54 f., 84
Regisford, Timmy 143
Reid, Duke 23 f.
Remixes 58, 70 f., 257, 261,
    268, 274, 279 f., 291
Reprazent 118 f., 160 f.
Residency 60, 141, 247
Retouren-Reserven 295
Reverse 228
Robinson, John (Robinson Wall
    Project) 139, 143

Rocksteady 24 f., 30, 40
Rodigan, David 19 f.
Rodigan's Rocker 19
Rolling Stones, The 26
Ronettes, The 23
Ronnie Scott's 156
Roxy, The 41
Royalties (Umsatzbeteiligung)
    257, 262, 293 f., 296
Rug, Eric 148

S
Salsoul Records 51 f., 83
Sampler 82, 115 f., 145,
    166, 237
Samples 82, 112, 115, 145,
    166 f., 237 f., 257, 261, 274
Sampling 145, 232, 277
Saunders, Jesse 81
Schall 191 ff., 194 f., 202
Schall, -welle (Schwingung)
    191 ff., 194–197, 201
Schallgeschwindigkeit 193
Schallplatte 205, 208 f., 225
Schallwelle 193–195
Schieberegler, Fader 212 f., 217,
    221, 223, 226, 228
Schmerzgrenze 199
Schöpfungsgrad, Schöpfungshöhe
    258 f., 276 ff.
Scratch Perverts 185
Scratch, scratchen 33 f., 36, 40,
    53, 86, 90, 206, 208 f., 225 f.,
    228 f., 231
Scratchtechnik 33
Scribble 231
Sequenzer 81, 86, 166, 237

Sex Pistols, The   90
Shelter, The   140 f.
Shut Up And Dance   117
Sinclair, Bob   147
Size, Roni   159 f., 162 f.
Ska   19, 21 f., 23 f., 25, 30
Skatalites   22 f., 25
Slave   152
Sleazy D.   82
Slipmats   220 f.,
Sly & Robbie   28
Smack   141
Smith, Wayne   29
Sound Factory   73, 140, 247
Sound Factory Bar   140
Soundclash   19, 20 f., 29
Spektrum   197 f.
sphärisch   206
SPL (Schalldruckpegel)   199 ff.
Squire, Billy   37
Starsky, Bussy Bee   43 f.
Stein, Chris   42, 44
Stereo   202 f.
Strongman, Jay   85
Studio One   25, 28 f.
Stylus   206
Sublabel   283
Sugarhill Gang   40, 44
Summer, Donna   51, 67, 76,
   80, 89, 91
Sweet Smoke   86

T
Teamroutines   179, 233 f.
Tears   228 f.
Technikkosten   296
Technotalk   24

Telex   80
Ten City   58
The Legend (Bob Marley)   26
Theodore, Grandwizard   33 f.,
   41, 45
Thin Lizzy   53
Three Degrees   51
Titelexklusivität   291
Tonabnehmer (Cartridge)
   205 f., 207
Tong, Pete   154
Tonhöhe (siehe auch Frequenz)
   195, 200
Tony Humphries,   58, 75,
   141 f.
Top Buzz   112
Tosh, Peter   25, 28
Transformer   228 f.
Treasure Island   29
Tresor   87 f., 99, 130,
   245
Trüby, Rainer   162
Tuff Gong   25
Turntablism   177, 179–185

U
Übersprechen   211, 215 f.
UFO   84 f., 87 f.
Underground Resistance   93,
   97, 106
Urheberpersönlichkeitsrecht
   267 f.
Urheberrecht, Dauer des   257,
   259 ff., 265, 267 f., 268 ff., 274,
   276 ff., 280, 290
U-Roy   21, 24
UTFO   96

V

Väth, Sven   104, 241

Vega, „Lil'" Louie   58, 141, 144

Verband Unabhängiger Tonträgerunternehmen (VUT)   254 f.

Verbreitungsrecht   260, 265

Veröffentlichungspflicht   294 f.

Version   29, 276

Verträge   119, 255, 261, 265,
290, 296

Verträge, nicht exklusive
(non-exklusive)   161

Vertragsdauer   266, 290,
292, 297

Vertrieb   255

Video   171, 189, 231,
282, 296 f.

Vincent, Robbie   153

Visage   68

Vogel, Cristian   125, 301

Vorhör-Einrichtung   221 f.

Vorschüsse   295 f.

Vortex   71

V-Recordings   117

V-Rocket   21

W

Waggy T   20

Wail'n'Soul   25

Wailers, The   25 f., 29

Wartung   217

Weekender
(Soul Weekender)   154, 309

Werkverbindung   269

Westbam   79, 90

Westend   83

WetWetWet   159

Wild Style   33, 40, 42 f.

WINZ   21

Wonder, Stevie   50, 56, 163

X

X-101, X-10x   99 f.

X-Ecutioners   177–186, 223

Y

Young Disciples   59, 158 f.

Young, Claude   97, 105, 235

Z

Zanzibar, The   58, 141

Z-Factor   81

Zwangslizenz   275

Zweckübertragungsregel   265

Bildnachweis

DAX-Fotodesign, Arve Hemsel & Christian Riefling: Alle DJ-Porträts von Seite 18–183, 190, 210, 237 (Claude Young und „Berlin trifft Bern"), 238, alle Bilder von 242–302.

Dirk Linneweber (Archiv): 214, 215, 216

Eric „Specter" Remberg: Graffiti-„Piece", 242

Lutz Voigtländer: 206, 219, 221, 222, 223, 224, 226–236, 237 (Bodytrick), 239